CONTOTERAPIA

Bases Teóricas e Narrativas do Cuidado

CONTOTERAPIA

Bases Teóricas e Narrativas do Cuidado

ANNA ROSSETTO

Contoterapia : bases teóricas e narrativas do cuidado

Autora: Anna Rossetto
Editor: Sandro Bier
Coordenação: Mozart Sávio
Revisão e preparação de texto: Ana Clara Tomaelli, Aline Serão e Henrique Dias
Projeto Gráfico, diagramação e capa: Cesar Oliveira
Ilustração: Luke Boaro
Colaboradores: Renata Brügger, Sílvia Guimarães, Sylvio Lincoln

Dados Internacionais de Catalogação na Publicação (CIP)

Rossetto, Anna
Contoterapia [livro eletrônico] : bases teóricas e narrativas do cuidado / Anna Rossetto ; [coordenação Mozart Sávio ; ilustração Luke Boaro; colaboração de Renata Brügger, Sílvia Guimarães, Sylvio Lincoln]. -- Toledo, PR : Contoterapia, 2025.
Bibliografia
380 p.
ISBN 978-65-988327-1-1

1. Arquétipos (Psicologia) 2. Autoconhecimento 3. Contos - Aspectos psicológicos 4. Escuta (Psicologia) 5. Narrativas orais 6. Psicologia simbólica I. Sávio, Mozart. II. Boaro, Luke. III. Brügge, Renata. IV. Guimarães, Sílvia V. Lincoln, Sylvio. VI. Título.
25-291981 CDD-153.3

---

1. Contoterapia : Narrativas orais : Psicologia 153.3
Eliete Marques da Silva - Bibliotecária - CRB-8/9380

@contoterapia

anna@contoterapia.com.br
www.contoterapia.com.br

Curitiba-PR

CAFÉ DO Escritor®

DEDICATÓRIA

Aos meus pais e aos meus ancestrais, pois sem suas histórias e seus caminhos percorridos, eu não estaria aqui.

Ao meu companheiro, Jean Pierre Rossetto, cujo apoio inabalável e incentivo tornaram a Contoterapia® uma realidade.

Aos meus filhos, Oliver e Benjamin, minha fonte inesgotável de amor e inspiração. Por vocês, busco ser um ser humano melhor a cada dia.

AGRADECIMENTOS

A todos aqueles que amam os contos e acreditaram no meu trabalho, possibilitando que eu criasse e narrasse histórias, além de estruturar essa forma de conexão e cuidado que a Contoterapia® oferece. Cada escuta, cada partilha, cada olhar que se iluminou diante de uma história me mostrou que as palavras são sementes que criam realidades.

Ao Lucas Gaspar, que foi a primeira pessoa a me pedir um conto terapêutico e, com isso, sem saber, acendeu a centelha do que viria a se tornar uma nova forma de escuta e criação.

À minha querida amiga Luiza Reis, cuja presença sensível e olhar profundo foram essenciais no nascimento dos primeiros atendimentos em Contoterapia®. Seu trabalho com florais, sempre delicado e intuitivo, abriu caminhos de percepção e cuidado que ressoam até hoje neste ofício.

Ao Sven Fröhlich, meu instrutor em Comunicação Não Violenta, por me mostrar, com firmeza gentil e escuta profunda, a incrível potência de ouvir para compreender. Foi por meio dessa abordagem, inspirada no trabalho de Marshall Rosenberg, que aprendi a atravessar o certo e o errado e a cultivar o espaço da presença, em que a empatia pode realmente florescer.

Aos meus mestres e guias no caminho das histórias: Martha Teixeira, minha primeira professora de contação de histórias, que me acolheu na Casa do Contador de Histórias, em Curitiba, e me introduziu a esse universo encantado pela via antroposófica; Ashley Ramsden, que me ensinou a enxergar o invisível e a respeitar o tempo de uma história; e Roi Gal-Or, que revelou o ofício do contador de histórias de maneira sensível e humana, tocando corações e imaginações, despertando em mim um amor ainda mais profundo por essa arte.

A todos que me inspiraram e que acreditaram que contar histórias é mais do que um ato é um chamado, um gesto de cuidado e um fio que nos conecta ao que é essencial.

"Se você quiser que uma história sobreviva, você deve contá-la.

Se quiser que ela floresça, deve amá-la.

E se quiser que ela se transforme, você deve habitar nela."

— Ben Okri

Nota da Autora

Este livro é a partilha do caminho que venho trilhando com a Contoterapia®. Ele oferece fundamentos, reflexões e relatos sobre esta abordagem.

É fundamental ressaltar, no entanto, que a prática da Contoterapia® como ofício terapêutico exige formação específica. A leitura desta obra, por si só, não habilita a atuação profissional como contoterapeuta, nem autoriza o uso da marca e da metodologia registradas.

Que cada página inspire cuidado, mas jamais substitua o compromisso com o aprendizado ético, profundo e acompanhado.

Sumário

PREFÁCIO

> *"Não há agonia maior do que carregar uma história não contada dentro de você"– Maya Angelou"*

Gosto de inícios! O primeiro passo é o mais importante, como disse o Visitante da Meia-Noite, num conto sobre a tradição escocesa de Hogmanay, criado na Contoterapia®. A maneira como iniciamos, como damos o primeiro passo, diz muito sobre nós. Sobre quem somos, onde estamos e como caminhamos na vida.

Este primeiro impulso remete ao nascimento? Sim, claro!

Anna encontra sua essência a cada passo! O primeiro após a formatura: Estados Unidos! Precisava se tornar fluente na língua e aprender a viver como adulta em outra cultura.

Depois a "experi-ciência" profissional na cozinha, com seus doces e *cookies*. Um novo lugar: estrangeira. Outro jeito de produzir a vida, doméstica e comercial, dentro e fora, casa-mundo.

Como se vende doces? Com um largo sorriso e um brilho nos olhos. Já me sinto na casa da vovó de João e Maria. Aquela mesma, de paredes doces e um forno quente esperando para jogar você lá dentro e o transformar. Não é mesmo, João? Foi Maria, muito sagaz, que o salvou da morte. Mas algo já havia acontecido neste forno: a proximidade com a bruxa nos faz tremer. Assim foi com Vasalisa na casa da Baba Yaga. Ai, ai, menina esperta! Apenas pergunte o que se deve! Pois há o mistério. O mistério.

E disso se trata este primeiro livro de Anna Rossetto. De sua busca incansável do caminho, da porta, da montanha, do além da floresta, dos rios, das tempestades, dos literatos, das teorias, das filosofias, das psicologias, das antropologias, das contradições. Até que chega ao reino da complexidade, onde a Torre de Babel foi construída.

Para quê?

Para dar sentido aos inícios. À mãe, à maternidade, à nutrição, ao cuidado. A todos os inícios dos mamíferos que aprendem a falar ouvindo as canções de ninar nas longas noites com cólica.

A mãe balança o neném e canta. Eis a primeira história terapêutica. E essa experiência ganha camadas mais complexas, cria histórias que respondem a perguntas cada vez mais difíceis e fundamentais. Como convencer que está na hora de tomar banho, de jantar, de sair da piscina, de colocar o casaquinho, de tomar aquela injeção que vai doer um pouco? Dizer que depois tem sorvete? E os primeiros dias na escola, na nova turma, na nova cidade, na nova cultura...

Estudando e praticando contação de histórias, Anna adentra outros mundos. Neles e com eles, comunica-se melhor com seus filhos. E entende que, se consegue ser clara, boa e verdadeira com uma criança, pode ser com todas as outras. Mesmo, e principalmente, com as que habitam os humanos de todas as idades.

Anna adentra então o território da tradição oral. Com leveza e maestria, busca sentidos, perde-se na poesia de outros tempos, ainda tão atuais: mitos, lendas, fábulas. Constrói o território dos contos biográficos, dos contos terapêuticos e o entrelaça com a linguagem da Neurociência. Com sagacidade, sem se deixar intimidar, sai da cozinha, reino materno, e adentra a sala da biblioteca, buscando outros saberes. Da Biologia à

Sociologia, passa pela Medicina, o modo masculino de cuidar das profissões. A Dona Ciência dá a mão à Senhora Tradição!

A boneca no bolso diz: "Não pergunte mais!". Curiosa como uma menina perguntadeira na casa da bruxa, ela segue. Deixa a casa velha da infância arder nas chamas. Pega a caveira com o fogo interior, o fogo do espírito que queima as sombras das irmãs invejosas, e o leva para o mundo.

E segue recomeçando, esta nossa heroína. Destemida, olhar atento, sorriso largo, sobrancelhas arqueadas...

Abra o coração e este livro.

E senta que lá vêm histórias!

Com amor,

SILENE DE LIMA OLIVEIRA

INTRODUÇÃO

Histórias que cuidam: um caminho entre realidade e imaginação

> *"O universo não é feito de átomos, é feito de histórias"*
> *— Muriel Rukeyser*

Acordamos com notificações, corremos contra o relógio, atravessamos o dia em meio a tarefas, compromissos, urgências. Tudo exige ação. Pouco espaço sobra para escutar e menos ainda para sentir. Vivemos tempos de aceleração e ruído. A vida cotidiana nos empurra para fora, enquanto o espaço interno da escuta, do sentir e da elaboração vai sendo silenciado.

As palavras continuam a circular, performando ao invés de dizer. O que era encontro se torna distração. O que poderia ser sentido vira apenas sobrevivido. E, assim, desconectados de nossos próprios significados, seguimos em repetição, abafando dores, desfocando desejos.

Nesse cenário, cresce a sensação de ausência. Uma ausência que não sabemos nomear, embora seja sentida como um vazio por dentro, algo suspenso por um fio. Faltam imagens para expressar o que é vivido. Faltam histórias que abracem o que ainda não tem forma. Falta uma linguagem simbólica que transforme a experiência em consciência.

É justamente nesse limiar, em que o sentir ainda não virou linguagem, que a Contoterapia® atua. Como uma escuta simbólica, sensível e respeitosa, cria um espaço no qual as palavras voltam a ter corpo, o silêncio também fala, a narrativa se transforma em cuidado.

A Contoterapia® é uma metodologia de cuidado simbólico expressa por meio das histórias, articulando escuta, imaginação e linguagem para promover reintegração e sentido. Ela nasceu do ofício, não da teoria. Foi sendo tecida ao longo de mais de dez anos de prática clínica, pesquisa, escuta empática e trabalho com a tradição oral. Partiu de encontros com pessoas reais, em suas dores, suas buscas e seus processos de transformação, não de conceitos. Com o tempo, tal ofício se traduziu em método e é esse caminho que este livro apresenta.

Este livro também integra múltiplas vozes. A Contoterapia®, embora tenha emergido de um chamado pessoal, é, acima de tudo, uma prática viva, plural e partilhada. Alguns trechos que compõem esta obra são assinados por colaboradores que também atuam como contoterapeutas. Suas histórias de entrada na metodologia, seus modos de aplicação e suas compreensões simbólicas enriquecem o tecido desta escrita e ajudam a revelar a potência da Contoterapia® em diferentes contextos.

Sylvio Lincoln, por exemplo, transita entre a precisão técnica e o mergulho simbólico. Engenheiro de formação, descobriu na Contoterapia® uma forma sutil e potente de acessar o inconsciente por meio da criação de histórias. Com ele, a prática se mostra como elo entre a racionalidade das estruturas e os movimentos sutis da psique. De acordo com ele, uma história tem o poder de levar o inconsciente a se revelar sem resistência. Quando o cliente se vê no conto, algo se movimenta, e as respostas emergem quase naturalmente.

Renata Brügger, por sua vez, sempre carregou as histórias na própria essência. Desde menina, buscava os significados ocultos nos contos que ouvia, até perceber, já na vida adulta e clínica, que as narrativas eram pontes entre mundos internos e externos. Com a Contoterapia®, encontrou uma linguagem que já vivia nela, agora com forma, propósito e profundidade. Sua escuta imagética e sistêmica ilumina os sentidos que ainda não haviam sido nomeados. Em sua perspectiva, as narrativas refletem quem somos e também quem podemos nos tornar.

Silvia Guimarães traz o sagrado dos contos como quem cultiva um jardim de memórias. Na infância, escutava histórias ao pé de um castanheiro; hoje, reconhece-as como presenças vivas que tocam e transformam. Como contoterapeuta, entrelaça o trabalho com mulheres e crianças com a força simbólica das narrativas, criando espaços de acolhimento profundo. Silvia cita que as histórias nos convidam a olhar para o que estava escondido, fazendo isso de maneira gentil. Para ela, contar é um gesto de cuidado e escutar, permitir que sementes se abram por dentro.

Ademais, é preciso reconhecer uma presença que atravessa silenciosamente o percurso deste livro, ainda que não tenha assinado diretamente nenhum dos trechos: Silene Lima, cuidadora, psicanalista e contoterapeuta, foi uma figura fundamental na construção da base reflexiva da Contoterapia®. Sua escuta refinada, sua dedicação ao cuidado por meio das histórias e sua forma única de pensar o simbólico ajudaram a dar corpo e sentido a muitos dos alicerces que sustentam esta obra.

Silene prefere ser chamada de cuidadora, um termo que, para ela, carrega o gesto de nutrição, vínculo e escuta. Cuidar, em sua perspectiva, é oferecer nutrientes simbólicos ao solo invisível do inconsciente, como quem aduba, semeia e espera o tempo da frutificação. Sua contribuição, mesmo não formalizada em capítulos, pulsa como raiz silenciosa que sustenta e inspira o desenvolvimento deste livro.

Esta obra é destinada a profissionais da escuta e do cuidado — terapeutas, psicólogos, educadores, arte-educadores, contadores de histórias, médicos, enfermeiros, cuidadores, facilitadores de grupos — e a todos aqueles que intuem a potência das histórias, embora ainda busquem um caminho claro, ético e sensível para integrá-las à sua prática.

Neste livro, o leitor encontrará fundamentos simbólicos, filosóficos e psicológicos que dialogam com essa abordagem, e também uma escuta que se deixa atravessar por diferentes vozes e olhares. Desde o início, eu intuía que as histórias têm uma natureza ambígua: deslizam entre sentidos, recusam definições únicas e revelam interpretações opostas que, curiosamente, podem coexistir. Ao escrever este livro, percebi que a fundamentação teórica que emergia, ainda que vinda de lugares distintos, refletia o vivido. As histórias desafiam os contornos rígidos das categorias. Elas pedem abertura. Pedem presença.

Por isso, a Contoterapia® não se ancora em uma única teoria, mas em uma prática viva, que encontra ressonância em múltiplos campos sem perder sua raiz simbólica: fértil, plural e profundamente humana.

Enraizada no presente, a Contoterapia® se volta para o futuro. Abre espaço para que novas imagens possam emergir e florescer. Sua escuta é profunda e respeitosa, interessada em acompanhar o que se revela com delicadeza, sem conduzir. A imaginação ocupa lugar central: é território simbólico em que possibilidades ganham forma. Assim, o conto terapêutico surge como gesto de cuidado, um lugar no qual a experiência pode ser acolhida, transformada e redesenhada em imagens que tocam o sentido da vida.

E isso não é apenas metáfora. Como veremos neste livro, há histórias que tocam lugares tão profundos que parecem lembrar o corpo de algo que ele já sabia, embora houvesse esquecido. Foi o que ocorreu com a jovem que, ao ouvir um conto sobre uma caverna escura, encontrou sentido em seu luto e floresceu em propósito. Esse é um dos contos que você encontrará nas próximas páginas. São histórias que revelam ao invés de explicar. Cuidam ao invés de corrigir.

A Contoterapia® constrói pontes entre Filosofia, Psicologia, Arte, mitologia e oralidade, permanecendo sempre próxima da experiência viva. É uma presença a ser cultivada, não uma técnica a ser aplicada. O contoterapeuta é aquele que escuta com o corpo, imagina com o coração e tece com as palavras um espaço possível de reintegração simbólica.

ESTE LIVRO É UM CONVITE.

Um convite para atravessar a ponte entre realidade e imaginação. Para redescobrir o poder das imagens internas. Para escutar o que ainda não encontrou palavras. Para contar histórias que que reencantam o mundo, ao invés de explicá-lo.

E você? Qual história pulsa em você e ainda não nasceu? Talvez ela esteja aqui, adormecida entre estas páginas. Ou pode ser que só desperte quando você mesmo começar a escutá-la.

As próximas páginas são para quem deseja caminhar com encantamento e responsabilidade pelo ofício simbólico de contar, escutar e transformar.

CAPÍTULO 1

QUANDO AS HISTÓRIAS FALAM ONDE AS PALAVRAS FALHAM

> *"As histórias que ouvimos moldam as histórias que contamos. E as histórias que contamos moldam quem nos tornamos"—Alida Gersie*

Quantas vezes você tentou nomear sua dor em sessões de terapia, sentindo que as palavras só arranhavam a superfície? Já buscou respostas em métodos racionais, conselhos bem-intencionados, práticas reconhecidas e, ainda assim, algo dentro de você permaneceu em silêncio? Uma ferida não cicatrizada, um desconforto persistente, uma sensação vaga de que falta algo... Mesmo quando tudo parece já ter sido dito, algo ainda insiste em falar.

Esse incômodo não é só seu. Ele é compartilhado, mesmo que raramente reconhecido. Vivemos cercados por palavras, nas mensagens instantâneas, nas redes sociais, nos discursos prontos, mas o excesso de comunicação nem sempre gera encontro. Falta tempo. Falta escuta. Falta um espaço onde o sentir possa existir antes de ser traduzido. Falta o tempo da alma.

Em um mundo que exige clareza, produtividade e velocidade, aprendemos a organizar nossas dores em diagnósticos, a responder antes de sentir, a buscar certezas nas situações nas quais a vida pede pausa e elaboração. O que acontece, entretanto, quando a dor não cabe nessas categorias? Quando o que sentimos é ambíguo, contraditório ou simplesmente inexplicável?

Mesmo com tantos recursos terapêuticos disponíveis, ainda existem camadas da experiência que permanecem à margem, sensações que não cabem em diagnósticos, dores que não se traduzem em explicações. Nem sempre a palavra alcança o que precisa ser dito. Nesses momentos, o simbólico pode surgir como gesto que sustenta o que ainda não tem nome. Uma escuta que não se apressa a interpretar, permanecendo presente, oferecendo abrigo ao indizível.

Essa escuta é rara. A dificuldade de alcançá-la reside no medo que temos do não saber. No desconforto de habitar o intervalo entre uma pergunta e sua resposta. No cansaço de sermos cobrados por soluções quando nossa maior necessidade é que sejamos vistos. Há algo em nós que se defende da dor negando o sentir, distraindo-se no fazer, afastando-se da imaginação como se ela fosse inútil ou perigosa. Justamente ali, naquilo de que não temos controle, é que algo vivo ainda pulsa.

Por muito tempo, tentei entender essa dor. Primeiro em mim, depois nos outros. E quanto mais eu escutava, mais percebia um padrão sutil: as pessoas buscavam ser vistas e escutadas de verdade, além de uma solução. Conseguir isso, contudo, é mais raro do que parece.

Escutar verdadeiramente exige presença e desconstrução do hábito tão automático de escutar para responder. Já observei, em grupos e atendimentos, profissionais experientes tentarem ajudar oferecendo caminhos, conselhos, interpretações. Frequentemente, contudo, essa tentativa de ajudar apenas acelera o que deveria amadurecer em silêncio. Há um tipo de escuta que sustenta ao invés de resolver. E é aí que a história pode nascer. Como eco, ao invés de resposta. Como imagem que acompanha.

Eu não cheguei a isso por teoria. Cheguei pela prática.

Desde a infância, fui atravessada por narrativas. Primeiro, pelas imagens que surgiam ao som da "Dança da Fada Açucarada", que ressoava no toca-discos do meu pai. Enquanto a música ecoava, eu me lançava em aventuras no quintal de casa, onde cada folha podia ser uma floresta e cada sombra, um portal. Depois vieram os contos de fadas, os mitos e as histórias que ele me narrava, lembranças da juventude, carregadas de simbolismo e afeto.

Na época, eu não sabia nomear o encantamento que sentia, mas ele se plantou em mim. Com o tempo, as histórias retornaram pela maternidade, pela escuta, pelo desejo de conexão com meus filhos. Mais tarde, nos atendimentos terapêuticos, nos grupos, nas formações. Foi então que compreendi: a imaginação constitui uma linguagem de cuidado, um recurso essencial quando o que sentimos ainda não encontrou palavra, embora já precise ser visto.

Lembro-me de um atendimento marcante. A paciente vivia um relacionamento que silenciava sua essência. Sentia-se dividida entre manter o vínculo e seguir seu próprio caminho. Ao invés de interpretar sua dor ou dizer o que deveria fazer, ofereci uma história: "A canção da Linda Rouxinol", um conto sobre uma ave que precisa encontrar sua própria melodia antes de compartilhá-la com outro ser. A narrativa plantou uma semente simbólica, sem dar respostas ou propor soluções. Nas semanas seguintes, a paciente tomou decisões importantes: finalizou a relação, ingressou na faculdade dos seus sonhos e passou a ouvir aquela história como um lembrete da própria força. A rouxinol havia encontrado sua canção. Ela também.

Essas experiências me ensinaram que a escuta sensível já é, em si, uma forma de cuidado. Que o conto, quando surge tomando essa escuta como ponto de partida, constitui uma oferenda simbólica, lançada com intenção e respeito, ao invés de uma resposta moralizante ou um espelho da biografia disfarçado em fantasia. Uma imagem que conversa com o que a pessoa ainda não sabe dizer, embora já reconheça quando escuta.

Foi nesse gesto entre escutar e oferecer que a Contoterapia® nasceu, expressão de um ofício que sustenta, tece e cuida, sem a pretensão de explicar tudo.

Neste capítulo, tocamos a dor que tantas vezes permanece mesmo depois de tantos caminhos tentados. E começamos a vislumbrar que o problema talvez resida na ausência de espaços nos quais a ambiguidade, o silêncio e a imaginação sejam bem-vindos, em vez da falta de ferramentas.

No próximo, vamos explorar essa ausência em profundidade. Olharemos para o esvaziamento da linguagem simbólica e entenderemos por que, mesmo com tantos recursos à disposição, ainda nos sentimos órfãos de sentido.

Antes, porém, pense: Você já teve a sensação de ser verdadeiramente escutado, não pelo que disseram a você, mas pelo que conseguiram sustentar em silêncio?

Talvez seja esse o começo de uma nova história.

CAPÍTULO 2

A IMAGINAÇÃO E O SIMBÓLICO COMO CAMINHOS DE CUIDADO

> *"Cada um de nós tem dentro de si uma boa notícia. A boa notícia é que você não sabe o quão grande pode ser, o quanto pode amar, o que pode realizar e qual é o seu potencial" — Anne Frank*

Já vislumbramos a dor de quem sente, embora não consiga dizer. Agora, buscaremos compreender por que essa experiência se tornou tão comum e tão resistente à mudança. Por que, mesmo com acesso a terapias, informações e discursos elaborados sobre saúde mental, tantas pessoas continuam estagnadas, repetindo padrões, sentindo-se desconectadas de si?

A raiz da paralisia talvez resida na recusa, muitas vezes inconsciente, do que não pode ser explicado, em vez de estar na falta de ferramentas. Fomos educados a duvidar daquilo que é ambíguo, simbólico ou intuitivo. Desde cedo, aprendemos que o saber válido é o que pode ser medido, testado, organizado em categorias. A imaginação é relegada à infância, à arte ou à fantasia. Sentir tornou-se suspeito e sonhar, irrelevante.

Nessa dinâmica, a linguagem simbólica perdeu prestígio. A metáfora virou ornamento. O silêncio passou a ser desconforto. O sonho, um ruído a ser decifrado ou descartado. Dessa forma, o que antes era espaço legítimo de elaboração — o mito, a imagem, a narrativa — foi substituído por diagnósticos ágeis e soluções replicáveis. A dor, para ser ouvida, precisa caber num nome. A angústia, para ser acolhida, precisa virar síndrome.

E o que não cabe? O que escapa às molduras convencionais? O que pulsa fora do discurso lógico?

Cria-se, então, um descompasso entre o que se vive e o que se consegue dizer. Muitas experiências permanecem sem elaboração porque não encontram linguagem adequada. A subjetividade se estreita. O simbólico se fragmenta. Quando a escuta existe, frequentemente ocorre dentro de estruturas que, ainda que bem-intencionadas, priorizam o que pode ser explicado**, ao invés do** que pede para ser escutado.

Muitos profissionais do cuidado também sentem que algo falta, além de quem sofre que se frustra. Intuem que há, diante deles, algo que nenhuma técnica alcança. Sentem a ausência de uma escuta mais ampla, aquela que acolhe o que não foi dito, o que emerge como gesto, pausa, sonho ou metáfora. Aquilo que se comunica entrelinhas ou em silêncio.

É exatamente nesse ponto que a Contoterapia® se apresenta. Mais do que um método, constitui uma mudança de posição. Um deslocamento do foco da interpretação para a presença. Uma escuta que acompanha o outro no mistério que se revela aos poucos, em vez de buscar decifrá-lo.

A Contoterapia® parte do presente como solo fértil para o que ainda pode emergir. Prepara o campo simbólico em que algo novo possa brotar, ao invés de buscar resolver o passado. Trabalha com a imagem como força criativa que organiza o interno. A imaginação, aqui, constitui via, ponte, matéria-prima do cuidado, em vez de fuga.

Escutar simbolicamente é abandonar a pressa de diagnosticar. É confiar na imagem que vem, mesmo antes da explicação. É sustentar o que ainda está em formação. A história, nesse contexto, funciona como espelho que revela em camadas, ao invés de explicação. Como fio que tece significados. Como semente que, se for lançada no tempo certo e no solo propício, pode gerar transformação.

Uma metáfora bem colocada atravessa resistências. Ela convida ao invés de forçar. Revela sem definir. Pode reorganizar o caos interno ao permitir que o sentido se forme dentro do próprio ouvinte. O conto embala a dor em imagem, em vez de nomeá-la diretamente, e é nesse invólucro simbólico que algo começa a se mover. Essa imagem abre espaço interno, trazendo respiro onde antes existia aperto.

As histórias, quando cuidadas com intenção, constituem território fértil, gestos de cuidado, modos de fazer sentido onde o sentido se perdeu, ao invés de só palavras. Escutar uma história, na Contoterapia®, constitui o coração do processo, em vez de um momento decorativo ou inspiracional. A escuta simbólica torna-se chão; a narrativa, presença; a imaginação, caminho.

Por isso dizemos que a Contoterapia® é, antes de tudo, uma postura. Exige mais do estar do que do fazer. Mais do sustentar do que do explicar. Ela valoriza a latência como parte da linguagem, o que ainda não encontrou palavra embora já respire no corpo, a dúvida como espaço criativo e o não saber como pré-condição da escuta verdadeira. É nesse espaço, entre o que ainda não tem nome e o que pede imagem, que nasce o conto terapêutico.

Como isso acontece na prática, contudo? Como nasce uma história em sintonia com a vivência de alguém? De que modo o contoterapeuta escolhe, ou cria, uma narrativa que ressoe, toque, reorganize, além de apenas ilustrar?

Essas perguntas nos conduzem ao coração da metodologia da Contoterapia®. Pedem uma travessia ao invés de respostas prontas. Um caminho que será revelado nos próximos capítulos, com clareza, sensibilidade e presença.

Antes disso, é preciso lembrar: as histórias sempre estiveram entre nós, em vez de serem invenções recentes. Desde os tempos mais antigos, serviram para cuidar, orientar, fortalecer e transformar. Foram elas que, muito antes da psicologia, já sabiam: a alma fala por imagens.

No próximo capítulo, vamos mergulhar na natureza profunda das narrativas humanas: a origem, a função simbólica e o poder de ressonância delas. Seguiremos, assim, tecendo os fios entre imaginação e cuidado, linguagem e presença, experiência e reinvenção.

Capítulo 3

Histórias que tecem o humano: da fogueira ao futuro

> *"As palavras são eventos. Elas fazem coisas, mudam coisas. Elas transformam tanto o falante quanto o ouvinte; alimentam energia, iluminação, cura e alegria"– Ursula K. Le Guin*

As histórias são os fios que entrelaçam o tempo e o espaço, bordando a essência de nossa humanidade. Elas conectam o visível ao invisível, guiando-nos em questões práticas e revelando camadas profundas de significado para o viver. Desde os mitos narrados ao redor de fogueiras até os contos que ecoam nos dias de hoje, as narrativas sempre transcenderam a mera transmissão de informações. Elas se tornaram presença, rito, memória e cuidado.

A historiadora Karen Armstrong (2005) lembra que os mitos surgiram como respostas às grandes perguntas da existência: "De onde viemos?", "Para onde vamos?", "Qual é o sentido da vida?". Essas respostas, contudo, eram apresentadas como símbolos que transcendiam a experiência cotidiana, em vez de de maneira literal. Eram mapas da alma, capazes de religar o humano às forças invisíveis que regem o mundo. Por meio do ritual e da imaginação, os mitos explicavam e transformavam, oferecendo orientação espiritual e prática. Dessa forma, mostravam que buscar significado constitui um gesto que nos constitui e nos permite viver com mais inteireza, além de uma necessidade humana.

Joseph Campbell, em *O voo do pássaro selvagem* (1997, p. 41), descreve os mitos como "o útero da iniciação da humanidade", destacando o papel essencial que eles assumem na conexão do ser humano com o cosmos e na orientação dos processos de transformação individual e coletiva. Em *O herói de mil faces* (2008), Campbell complementa essa visão, mostrando como os mitos oferecem modelos simbólicos de superação, morte e renascimento psíquico — um percurso que reverbera em nossas jornadas íntimas até hoje.

A força das histórias reside na capacidade que elas têm de refletir emoções humanas, aspirações e dilemas universais. O mito grego de Prometeu, por exemplo, explica a origem do domínio humano sobre o fogo ao mesmo tempo em que simboliza o desejo de progresso e as consequências de obtê-lo. Da mesma forma, o épico indiano Mahabharata explora dilemas éticos, enquanto os contos africanos de Anansi, a aranha, ilustram a astúcia e a criatividade diante dos desafios. Apesar das origens diversas, todas essas histórias compartilham algo essencial: contêm sabedoria codificada que atravessa gerações e culturas.

Com o tempo, os mitos foram sendo tecidos em novas formas narrativas: contos de fadas, fábulas, parábolas. A simbologia permaneceu viva, ganhando outros contornos. Os contos populares passaram a lidar com os conflitos da vida cotidiana — medo, abandono, desejo, justiça — utilizando figuras arquetípicas e situações emblemáticas. Fábulas como "A lebre e a tartaruga" ou "A raposa e as uvas" continuam a ecoar lições sobre persistência e humildade. Além da moral, porém, havia uma pedagogia da alma, um jeito de ensinar sem ferir, de cuidar sem invadir.

Nas culturas indígenas, as histórias narradas pelos mais velhos contêm saberes práticos juntamente com visões espirituais e éticas que formam a base da vida em comunidade. O ato de contar é sagrado. É voz ancestral. É pertencimento. Conforme nos lembra Santos (2020), essas histórias ensinam a viver: com a natureza, com os outros, consigo. E, como dizem Pacheco e Souza (2019), elas vivem em movimento, pois cada contador a reconta com a alma do tempo presente. É essa maleabilidade que as mantém vivas e curativas.

Na Grécia Antiga, os mitos e as tragédias não estavam apenas nos templos ou nos livros, e sim nos teatros, que eram lugares onde o público era tocado pelas dores humanas e purificado por elas. Aristóteles reconheceu nas tragédias uma poderosa ferramenta ao explorar emoções como o medo (*phobos*) e a piedade (*eleos*), conduzindo o público à catarse (*katharsis*) (Aristóteles, 1991). Essa experiência viabilizava uma purificação emocional, ajudando os indivíduos a compreender a condição humana e a enfrentar os dilemas da vida. Embora Aristóteles também reconhecesse a importância de outros gêneros narrativos, como a epopeia e a comédia, esses formatos complementares reforçavam a capacidade das histórias de explorar aspectos éticos e existenciais do ser humano, em suas diversas facetas.

Walter Ong, filósofo e historiador, ressalta que, em sociedades orais, as narrativas desempenham papel de memória coletiva, organizando conhecimentos e valores por meio de estruturas que favorecem tanto a memorização quanto o fortalecimento dos vínculos comunitários. Segundo ele, "[...] nas culturas orais primárias [...] as narrativas servem para armazenar, organizar e comunicar boa parte do que sabem" (ONG, 1998, p. 158). Regras de convivência, valores morais, identidade: tudo isso era preservado pela oralidade, uma narrativa viva, tecida no corpo, na escuta e no tempo do encontro.

Mais tarde, com a escrita e, depois, com a prensa, as histórias ganharam permanência, embora tenham perdido a escuta viva. O filósofo francês Paul Ricoeur (1990, p. 135) observa que, ao se tornarem autônomos, os textos se distanciam da intenção de seus autores, abrindo-se a "[...] uma série ilimitada de leituras, situadas em contextos socioculturais sempre diferentes". Isso significa que o texto já não coincide, necessariamente, com o que o autor quis dizer. Dessa forma, as histórias passaram a alcançar novos horizontes, atravessando fronteiras geográficas e temporais. A invenção da prensa no século XV intensificou essa expansão, possibilitando a circulação em larga escala. Essa transição da oralidade para a escrita, no entanto, também trouxe um novo desafio: o que antes pulsava na presença do narrador agora repousa silencioso no papel à espera da escuta ativa do leitor para ganhar vida. A escrita ampliou o alcance e a preservação das histórias, reduzindo, contudo, a conexão imediata entre quem conta e quem escuta, transformando profundamente o modo como as narrativas são experienciadas.

Durante a Reforma Protestante e a Contrarreforma, as histórias também se transformaram. Peter Burke (2010), renomado historiador britânico, ao explorar essas mudanças narrativas, mostra como os discursos religiosos ajustaram suas formas simbólicas para servir a novos propósitos. Isso demonstra que, mesmo quando mudam os contextos e intenções, as histórias permanecem sendo ferramentas de transformação.

A evolução das histórias continuou a acompanhar os movimentos culturais e sociais. No Renascimento, passaram a refletir as complexidades da experiência humana de maneira mais profunda. Obras como as de Shakespeare marcaram uma transição das narrativas moralizantes para reflexões sobre subjetividade e dilemas existenciais, explorando conflitos internos universais e revelando as profundezas da alma humana. Esse período preparou o terreno para as transformações trazidas pela Revolução Industrial, que impactaram profundamente o consumo e a criação de histórias.

A Revolução Industrial, com os avanços tecnológicos e as mudanças sociais propiciadas, transformou as narrativas em produtos culturais amplamente disseminados, mas consumidos de maneira cada vez mais individualizada. O pensamento cartesiano, aliado ao surgimento de novos meios de comunicação, como o cinema e o rádio, trouxe novas formas de contar histórias, ampliando o alcance e a imersão emocional, ainda que muitas vezes distantes da escuta sensível promovida pela oralidade. Apesar disso, as histórias continuaram a evoluir, adaptando-se a novos formatos e tecnologias para permanecerem relevantes.

Hoje, em meio a algoritmos e aceleração, as narrativas continuam nos atravessando — seja numa série, num jogo ou num *post* nas redes sociais. O objeto de nossa busca ainda é o mesmo: um enredo que nos abrace, que nos ajude a entender, que nos permita continuar.

É nesse terreno fértil que a Contoterapia® finca suas raízes. Ela não cria algo novo; em vez disso, lembra-se. Resgata o valor ancestral das histórias como cuidado. Une oralidade, presença e intenção para fazer da narrativa um gesto de escuta simbólica. Nesse gesto, aquilo que parecia solto encontra lugar; aquilo que era dor encontra imagem; aquilo que estava perdido reencontra caminho.

A Contoterapia® reconhece nas histórias uma força antiga e futura. Retoma o fio que liga as fogueiras de ontem aos consultórios de hoje. E tece, com palavras e silêncios, um espaço no qual o cuidado e a cura vêm da escuta que acolhe e do símbolo que transforma, em vez da análise.

No próximo capítulo, vamos compreender com mais profundidade o que é a Contoterapia®, como ela se diferencia de outras abordagens e de que modo atua como espaço de reintegração simbólica por meio da escuta e da narrativa.

CAPÍTULO 4

O QUE É CONTOTERAPIA®?

> *"Se queres compreender a totalidade da vida, não podes desprezar as pequenas coisas"– Italo Calvino*

A Contoterapia® é uma abordagem terapêutica integrativa que utiliza narrativas como vias simbólicas para promover transformação emocional, autoconhecimento e desenvolvimento pessoal. Embasada no poder ancestral das histórias, essa prática constrói um espaço seguro e acolhedor, permitindo que os participantes explorem suas emoções e enfrentem seus desafios de maneira intuitiva e indireta. É um convite para acessar novos ângulos de compreensão e descobrir, nas imagens e nos símbolos das histórias, caminhos interiores que conduzem ao cuidado e à transformação.

A Contoterapia® se estrutura como um ofício humanizado, enraizado na escuta profunda e na criação narrativa. Resgata o gesto ancestral de contar histórias como forma de cuidado e o reintegra às necessidades contemporâneas, criando pontes entre o antigo e o moderno, o consciente e o inconsciente, a realidade e a imaginação.

A SINGULARIDADE DA CONTOTERAPIA®: HISTÓRIAS QUE CUIDAM

A Contoterapia® é um ofício de escuta, presença e criação. Uma prática simbólica que reconhece a complexidade da experiência humana e acolhe, com delicadeza, o que ainda não foi plenamente nomeado, embora pulse em busca de expressão.

Entre os encontros que marcaram o percurso desta abordagem, destaca-se uma conversa com Silene de Lima Oliveira, contoterapeuta, psicanalista e formada em Enfermagem, cuja escuta sensível e pensamento refinado contribuíram profundamente para a consolidação desta metodologia. Fui entrevistada por ela no contexto do trabalho de conclusão de seu curso em Cuidados Integrativos, realizado no Instituto de Estudos e Pesquisas (IEP) do Hospital Sírio-Libanês, em São Paulo.

Foi nesse diálogo que ouvi, pela primeira vez, uma formulação que viria a se tornar um dos pilares conceituais da Contoterapia®: o uso das narrativas em saúde pode se apoiar em um tripé essencial composto por tradição, ciência e experiência. Essa tríade, originalmente proposta por Plínio Cutait, coordenador da formação, foi retomada por Silene com profundidade, abrindo espaço para um entendimento integrador da prática narrativa no cuidado.

A tradição nos reconecta ao saber ancestral das histórias como forma de cuidado transmitido oralmente de geração em geração. A ciência oferece instrumentos para compreender seus efeitos sobre a subjetividade. E a experiência, por sua vez, revela na prática viva como essas narrativas tocam, movem e transformam.

É nesta confluência que a Contoterapia® encontra sua força: na combinação entre o respeito pelo mistério, a observação do efeito simbólico e a vivência direta do cuidado narrativo.

Nessa prática, a história é acolhida como linguagem simbólica e presença viva. Sua função é oferecer imagens que se deixem sentir, para que, no tempo singular de cada um, possam ser integradas como sentido. Por meio da escuta, é estabelecido um campo de ressonância entre a narrativa e quem a recebe, permitindo que o sentido brote organicamente da relação entre palavra e vivência.

A escuta contoterapêutica se aproxima com respeito, com a intenção de compreender, não de responder. Acolhe o que emerge da história de vida como semente de sentido, lançando luz sobre o presente e oferecendo imagens que possam florescer no tempo simbólico de cada pessoa.

Cada história escolhida ou criada nasce como resposta poética a um momento específico de desafio ou travessia. É uma narrativa elaborada com intencionalidade, sensibilidade e precisão simbólica. Algumas vezes criada, outras curada — recolhida do repertório mítico, das tradições orais ou dos contos de fadas e maravilhosos —, é escolhida e preparada para cuidar. Trata-se de um gesto narrativo, um ato de presença e escuta em que a história é entregue como cuidado, como o ato de acender uma chama para Iluminar o caminho interno de alguém.

Essa história atua como referência simbólica: uma imagem interna que pode inspirar ações, escolhas e transformações. Orienta por ressonâncias. Atua de forma indireta, sutil e, por isso mesmo, profundamente potente.

A Contoterapia® valoriza o tempo simbólico, não aquele regido por Chronos, o deus grego do tempo linear e mensurável, e sim o orientado por Kairós, o deus do instante oportuno, que não se mede, mas se reconhece quando chega. É por isso que aquilo que foi tocado por uma história pode continuar germinando muito além do instante da escuta, tecendo sentidos em espaços nos quais antes havia apenas silêncio ou confusão.

Uma prática que se sustenta pela relação entre quem escuta, quem conta e aquilo que é contado. O contoterapeuta cria e cuida: escuta com atenção e oferece com intenção.

Embora dialogue com outras abordagens que utilizam narrativas em contexto terapêutico, como a Psicologia Analítica, as Terapias Expressivas, a Terapia Sistêmica ou a Terapia Existencial, a Contoterapia® se diferencia na forma como compreende e oferece a história. Nela, o foco reside na criação de um campo simbólico fértil no qual a história atua como semente, evocando, ressoando e favorecendo a reintegração simbólica, ao invés de decifrar a narrativa ou reconstruir a biografia do sujeito com base nela. A prática prioriza a criação de um espaço simbólico onde a experiência possa ser elaborada, em vez de sua explicação.

O diferencial da Contoterapia® está no modo de disponibilizar a história compreendida como vivência simbólica que se constrói na relação, sem ser reduzida a ferramenta ou conteúdo a ser analisado. No contexto terapêutico, cultiva-se o encontro vivo entre a pessoa e a narrativa, permitindo que os sentidos surjam de forma orgânica e enraizada na experiência singular de cada participante, ao invés de enquadrar os símbolos em categorias prévias ou partir de um mapa teórico fechado.

Durante a prática terapêutica, não se conduzem interpretações ou leituras simbólicas guiadas. No entanto, a formação do contoterapeuta contempla o estudo das tradições psicanalíticas, analíticas e de outras epistemologias simbólicas. Esse conhecimento não serve para aplicar teorias ao participante, mas para ampliar o olhar simbólico de quem escuta e favorecer uma presença mais sensível e afinada ao que emerge da história.

Mesmo reconhecendo a importância de fundamentos teóricos no processo formativo, é no encontro que a Contoterapia® revela sua verdadeira potência: na escuta presente, na palavra viva, na imagem que toca antes de ser entendida. O contoterapeuta confia no campo simbólico formado entre o gesto narrativo e a escuta profunda, ao invés de se apoiar necessariamente em conceitos para conduzir o processo. Nesse espaço, a história constitui imagem viva, semente lançada no terreno fértil da escuta, em vez de explicação.

A Contoterapia® é, assim, um cuidado que age pelo ritmo, pela presença e pela força evocativa das imagens. O que promove a transformação é o modo como a história é escutada, acolhida e integrada. E, nesse movimento silencioso e simbólico, a narrativa toca o que estava disperso e começa, pouco a pouco, a reorganizar por dentro.

O PAPEL DAS HISTÓRIAS COMO ESPELHO DA EXPERIÊNCIA HUMANA

Desde os tempos mais remotos, as histórias têm sido alicerce da experiência humana. Elas registram, revelam e reorganizam emoções, desafios e conquistas, funcionando como espelhos simbólicos de nossa psique. Na Contoterapia®, as narrativas atuam como portais para o autoconhecimento e a transformação, viabilizando aos participantes reconhecer nelas suas vivências e encontrar novos ângulos para compreender seus desafios e enfrentá-los, transcendendo o entretenimento.

Para exemplificar, é possível dizer que histórias como a da Cinderela podem evocar temas de superação e resiliência. Essa narrativa, originada na tradição oral europeia, foi popularizada por Charles Perrault no século XVII e, mais tarde, já no século XIX, recontada pelos irmãos Grimm.

O mito grego de Ícaro, por sua vez, convida a reflexões sobre ambição e equilíbrio. Cada uma delas carrega imagens simbólicas que despertam sentidos distintos em quem as escuta, tocando assuntos universais com impacto pessoal e subjetivo.

O impacto dessas narrativas está profundamente enraizado nos arquétipos e nos símbolos que estruturam as histórias. O psiquiatra e psicoterapeuta suíço Carl Gustav Jung, fundador da Psicologia Analítica, descreveu os arquétipos como padrões universais presentes no inconsciente coletivo (2002). Esse conceito será explorado com mais profundidade adiante no livro, quando discutiremos a influência deles na construção das narrativas e o papel que desempenham na Contoterapia®. Por ora, cabe ressaltar que as imagens arquetípicas possibilitam conexões com temas humanos profundos, mesmo quando não é possível nomear as próprias dores. Em nossa prática, esses elementos simbólicos são cuidadosamente integrados para criar uma experiência de exploração emocional segura, intuitiva e não invasiva.

Além disso, a imaginação e as emoções desempenham papel fundamental no aprendizado e na transformação pessoal. Segundo a neurocientista Mary Helen Immordino-Yang e o neurologista e neurocientista António Damásio (2007), os processos cognitivos mais importantes para a educação — como atenção, memória, tomada de decisão e motivação — estão profundamente entrelaçados com a emoção, configurando o que chamam de pensamento emocional. Nesse sentido, histórias emocionalmente envolventes ativam áreas do cérebro associadas ao processamento emocional e à memória, contribuindo para a integração de experiências emocionais e cognitivas. Essas narrativas facilitam reorganizações internas que podem promover *insights* duradouros e subjetivamente significativos, influenciando o armazenamento de emoções e o uso delas na construção de novos significados.

CONTOTERAPIA COMO PROCESSO DE REINTEGRAÇÃO SIMBÓLICA

A reintegração simbólica — que também poderia ser nomeada como "aquisição simbólica" ou, ainda, "nutrição simbólica" — refere-se ao processo pelo qual um indivíduo reorganiza sua experiência psíquica partindo da reconstrução de significados e da reconexão com símbolos estruturantes. É essencial para a coesão subjetiva, pois quando essa capacidade é limitada, a pessoa pode sentir-se perdida em sua própria história, sem uma narrativa interna coerente para dar sentido às suas vivências.

Sujeitos cujo repertório simbólico é empobrecido ou fragmentado tendem a enfrentar maiores dificuldades emocionais, pois a ausência dessa elaboração pode gerar estados de vulnerabilidade psíquica e sofrimento. Quando a simbolização é deficiente, os acontecimentos da vida se tornam brutos e intransponíveis, ficando sem passagem por um processo de integração que permite absorvê-los e compreendê-los.

O psicólogo e pensador Erich Neumann (1954), discípulo de Carl Gustav Jung, descreve essa fragmentação psíquica como ruptura entre a parte consciente e a parte inconsciente da psique. De acordo com ele, tal cisão pode ocorrer pela divisão ou cisão de conteúdos inconscientes, sejam eles complexos, núcleos emocionais ligados a experiências pessoais, ou arquétipos, estruturas universais que organizam a experiência humana. Outros fatores incluem o esvaziamento afetivo, o excesso de racionalização ou a personalização de imagens simbólicas originalmente coletivas. Esses processos enfraquecem a ligação entre o ego e o inconsciente e comprometem a capacidade da psique de manter sua coesão simbólica. Quando o conteúdo arquetípico é fragmentado ou manipulado apenas como ideia abstrata perdendo a dimensão de imagem viva, a consciência perde o acesso à profundidade simbólica da experiência e ao sentido que dela pode emergir (Neumann, 1954). Nesse estado, o indivíduo pode sentir-se deslocado da própria história, sem um fio narrativo que organize sua experiência interna.

O processo de reintegração simbólica acontece em camadas. No primeiro momento, a emoção é mobilizada de maneira sensorial e primitiva. Antes mesmo de ser nomeada, a experiência emocional precisa ser sentida, e essa vivência inicial ocorre por meio de estímulos que antecedem a racionalização. A oralidade — com ritmo, voz e musicalidade — desempenha, nessa situação, papel essencial: evoca registros inconscientes e corporais, ativando memórias afetivas profundas. Assim como um bebê reconhece o cuidado materno através do tom de voz, do contato e do movimento, além do alimento, as imagens simbólicas despertam sensação de familiaridade e pertencimento pré-verbal.

Com o desenvolvimento da experiência simbólica, a emoção se estrutura em sentimento, processo que facilita a organização psíquica e viabiliza a criação de significados internos. A história fornece espaço intermediário, no qual as imagens ajudam o indivíduo a reconstruir sua narrativa pessoal. Quando Carl Gustav Jung (2000) desenvolveu o conceito de "inconsciente coletivo", argumentou que os arquétipos atuam como matrizes de significado que estruturam a psique. Ainda de acordo com o autor (2000, p. 155), esses padrões emergem em mitos, contos de fadas e fantasias inconscientes, funcionando como organizadores da experiência subjetiva. Dessa forma, o contato com histórias que ressoam com a psique possibilita uma nova ancoragem interna, fortalecendo a integração emocional e cognitiva.

No estágio final, o pensamento emerge como ato de integração consciente. A nomeação da experiência permite que o indivíduo elabore sua vivência e a ressignifique dentro de um novo horizonte de sentido. Esse processo ocorre por uma vivência de ressonância simbólica, em que a história age como espelho e como semente, abrindo espaço para transformações internas espontâneas, ao invés de por meio de uma análise racionalizada.

A trajetória da reintegração simbólica pode ser comparada ao trabalho de um tecelão, que recebe fios soltos de diferentes cores e texturas. No início, eles parecem desconexos, sem forma definida. Ao entrelaçá-los no tear com paciência e intuição, porém, padrões começam a emergir, revelando imagens antes invisíveis. Cada fio entrelaçado fortalece a estrutura do tecido, tornando-o mais resistente e significativo. O processo de tecer exige presença e ritmo, semelhante ao que ocorre na reintegração simbólica: emoções, sentimentos e pensamentos são entrelaçados para que o indivíduo possa reconstruir sua experiência interna. O que antes parecia solto e fragmentado ganha forma dentro de uma trama simbólica, restaurando continuidade e pertencimento.

A reintegração simbólica constitui uma experiência viva, diferindo de um processo de explicação intelectualizada ou interpretação guiada. Nessa experiência, símbolos, imagens e narrativas agem como organismos psíquicos em movimento, permitindo a cada indivíduo descobrir seus próprios significados e reinscrever sua experiência dentro de um horizonte mais amplo e integrado. Para que essa reorganização ocorra, é necessário ter acesso a um espaço simbólico adequado, no qual seja possível interagir com imagens e narrativas de maneira segura e intuitiva. Mais adiante, exploraremos como a Contoterapia® sustenta esse espaço, permitindo que as histórias atuem como pontes para a reintegração simbólica de forma orgânica e respeitosa ao processo individual.

O ESPAÇO SIMBÓLICO E A AUTONOMIA DO PARTICIPANTE

Para que a reintegração simbólica ocorra de maneira autêntica, é necessário haver um ambiente seguro, no qual a escuta seja respeitosa e as pessoas tenham liberdade para encontrar seus próprios significados, sem a mediação de explicações externas. Este é um dos pilares da Contoterapia®: oferecer um espaço simbólico que favoreça a reorganização interna, sem impor caminhos ou sentidos prontos.

Essa ambiência simbólica, cuidadosamente cultivada ao longo da prática, permite ao participante se aproximar de suas emoções e de seus desafios com mais leveza, evitando as resistências emocionais que muitas vezes surgem em abordagens diretas. **Nesse campo simbólico, as experiências são vividas e ressignificadas por meio das imagens evocadas pelas histórias. Trata-se de um espaço que transcende a reflexão racional: constitui também um território de reinvenção simbólica, em que a autonomia do participante é fortalecida pelo contato com suas imagens internas.**

Cuidado e autonomia se entrelaçam nesse processo. **O suporte oferecido pela Contoterapia® cria as condições necessárias para que a capacidade interna se reorganize, ao invés de buscar substituí-la. Esse princípio dialoga com a concepção**

de autocuidado desenvolvida por Dorothea Orem, enfermeira teórica norte-americana reconhecida por seu trabalho pioneiro no desenvolvimento da Teoria do Déficit de Autocuidado, que enfatiza que todos os indivíduos têm recursos internos para cuidar de si, mas podem precisar de apoio em certos momentos da vida. De acordo com ela, tal suporte, no entanto, deve ser transitório, viabilizando que a pessoa reencontre sua própria força e retome sua capacidade de agir por conta própria.

Na Contoterapia®, as narrativas exercem esse papel com delicadeza e potência: criam espaços férteis para que todos, de forma individual, se reorganizem simbolicamente, a seu próprio ritmo, ao invés de oferecer prescrições. O respeito à autonomia simbólica é essencial para que os sentidos emergentes sejam autênticos, em vez de reflexos da expectativa alheia.

Imagine, por exemplo, alguém diante de um dilema. Ao escutar a história de um viajante que encontra uma bifurcação no caminho, essa pessoa será convidada a refletir sobre seus próprios recursos internos e suas possibilidades de escolha, ao invés de receber uma resposta pronta.

Na Contoterapia®, o simbolismo da bifurcação permanece aberto, possibilitando a cada participante atribuir sentidos a ela de acordo com sua própria experiência, ao invés de ser explicado ou traduzido, num primeiro momento. Nessa abertura, a história atua como guia simbólico, como paisagem viva que se comunica de forma intuitiva com quem a atravessa.

Esse tipo de escuta ativa em que o mundo ganha voz simbólica, ressoa com a mística da participação, conceito proposto pelo antropólogo francês Lucien Lévy-Bruhl (1923). Segundo essa perspectiva, a experiência humana se dá com base em vínculos simbólicos e afetivos que interligam o sujeito ao mundo. Estradas, árvores e rajadas de vento são percebidos como presenças que participam da realidade vivida e que podem evocar sentidos profundos em quem os atravessa, em vez de serem vistos como meros elementos da paisagem. Da mesma forma, dentro do espaço simbólico da Contoterapia®, a bifurcação pode ser sentida como um chamado, conduzindo o participante a um diálogo interno mais profundo. Para uma pessoa, esse encontro pode representar a escolha entre manter um emprego seguro ou seguir um sonho arriscado. Para outra, pode simbolizar um conflito entre ser fiel a si mesma ou atender às expectativas alheias. É essa liberdade interpretativa que viabiliza um *insight* simbólico genuíno.

Em contraste, se essa mesma narrativa fosse analisada em uma sessão de Psicanálise, o terapeuta poderia interpretar a bifurcação como símbolo do conflito interno entre o desejo inconsciente e as demandas do superego. Na teoria freudiana, o desejo (id) e as restrições morais e sociais (superego) frequentemente entram em choque, necessitando da mediação do ego. Tal leitura é coerente com os fundamentos da Psicanálise, mas, para que essa investigação ocorresse de forma aprofundada, seria necessário um *setting* individual.

No contexto grupal, a metodologia contoterapêutica não favorece a análise profunda das associações livres individuais nem o manejo direto das transferências inconscientes, elementos fundamentais no *setting* psicanalítico. Além disso, a presença de outras pessoas no grupo poderia inibir o participante de acessar conteúdos mais íntimos ou gerar dinâmicas de transferência e resistência difíceis de manejar sem foco exclusivo no indivíduo, exigindo outra abordagem técnica.

Na Psicologia Analítica, a bifurcação poderia ser vista como representação de um arquétipo: o herói no início de sua jornada, confrontando uma escolha que simboliza um passo crucial no processo de individuação. Nesse contexto, esse personagem pode enfrentar a necessidade de integrar aspectos da sombra — as partes inconscientes da psique que foram reprimidas ou ignoradas. Embora o simbolismo arquetípico seja reconhecido, o psicólogo analítico assumiria papel ativo em ajudar o paciente a explorar o que a bifurcação evoca pessoalmente, conectando o arquétipo às imagens internas e experiências únicas do paciente.

A Contoterapia®, por sua vez, escolhe confiar no campo simbólico criado pela narrativa. O contoterapeuta sustenta a experiência ao invés de buscar dirigi-la. Acolhe o que emerge com abertura e escuta, em vez de apresentar interpretações ou conduzir à análise de um símbolo específico. Nesse sentido, a condução é mais poética do que analítica, mais intuitiva do que estrutural.

As referências psicológicas, filosóficas ou espirituais podem enriquecer o olhar do contoterapeuta, sem serem transformadas em verdades interpretativas. O papel do contoterapeuta envolve semear: criar um espaço simbólico fértil no qual cada participante possa descobrir, por si, os significados que ressoam com sua vivência, ao invés de necessariamente explicar.

Para sustentar esse processo com profundidade e sensibilidade, é essencial que o contoterapeuta cultive um repertório amplo e plural. Tal estudo — que pode incluir Psicologia, Filosofia, mitologia, tradições espirituais e até saberes menos convencionais, como Alquimia ou Astrologia — amplifica a escuta, ao invés de ter por objetivo definir o sentido da história.

Tais conhecimentos servem para qualificar as perguntas, em vez de oferecer respostas. Com esse cuidado, a Contoterapia® preserva o mistério do símbolo e o protagonismo de quem escuta, permitindo que as imagens da narrativa conduzam àquilo que precisa ser tocado, sem pressa, sem imposição e com inteira liberdade de significação.

A VERSATILIDADE DA CONTOTERAPIA® E SEUS LIMITES ÉTICOS

Uma das características mais marcantes da Contoterapia® é sua flexibilidade interdisciplinar, o que lhe permite ser aplicada em contextos variados, como terapias individuais, dinâmicas grupais, educação e, em menor escala, ambientes corporativos. No campo terapêutico, contribui para ressignificar experiências, integrar emoções e fortalecer a resiliência emocional. Pode ser utilizada de maneira autônoma ou empregada como complemento a outras abordagens integrativas. No âmbito psicoterapêutico, alcança maior profundidade emocional quando conduzida por profissionais habilitados, como psicólogos ou psicoterapeutas, com formação específica para lidar com questões mais complexas, como traumas ou conflitos inconscientes.

No campo educacional, as histórias desempenham papel formativo, promovendo empatia, aprendizado e criatividade. No contexto corporativo, embora esse não seja o foco principal da Contoterapia®, ela pode ser usada para fortalecer dinâmicas de grupo, aprimorar a comunicação e alinhar valores organizacionais. Nesses contextos, é fundamental que a prática seja compreendida como abordagem reflexiva, em vez de terapêutica em sentido clínico.

Apesar de sua adaptabilidade, é essencial que a Contoterapia® seja conduzida com clareza ética e técnica. Cada contoterapeuta deve atuar dentro dos limites de sua formação, respeitando as fronteiras entre práticas de cuidado, escuta e intervenções clínicas. Enquanto terapeutas integrativos podem utilizá-la para promover bem-estar e desenvolvimento pessoal, o trabalho com questões mais profundas exige a condução por profissionais especializados em psicoterapia. Essa distinção assegura que a prática seja aplicada com responsabilidade e sensibilidade de acordo com a complexidade de cada demanda.

Grupos de Contoterapia® também oferecem campo potente de escuta e ressonância simbólica, favorecendo a elaboração subjetiva e a construção de sentido. Contudo, tais grupos, não são espaços indicados para o enfrentamento direto de traumas severos. Quando conteúdos muito sensíveis emergem, é responsabilidade ética do contoterapeuta acolher com delicadeza e orientar o participante para o acompanhamento adequado, sugerindo, por exemplo, a psicoterapia individual.

Preservar a integridade do espaço simbólico é essencial para que a Contoterapia® mantenha sua potência transformadora. Isso significa garantir um ambiente seguro, respeitoso e livre de imposições interpretativas, no qual cada indivíduo possa elaborar sua vivência com autonomia, adequando-se ao seu ritmo e à sua linguagem interior.

O POTENCIAL TRANSFORMADOR DA CONTOTERAPIA®

A Contoterapia® é um convite para reencontrar um ritmo mais humano em tempos acelerados. Por meio das histórias, acessamos nossa interioridade e nos reconectamos com aquilo que nos constitui:

a capacidade de imaginar, de refletir e de dar sentido à experiência. É nesse território simbólico que as emoções se reorganizam e o vivido encontra novas possibilidades de elaboração, costurando o que estava fragmentado, restaurando o fio da continuidade e do pertencimento.

Transcendendo uma técnica, a Contoterapia® constitui um espaço de cuidado. Nesse espaço, a palavra se torna abrigo e as narrativas oferecem suporte simbólico que nutre, orienta e fortalece o imaginário. O espaço simbólico por ela sustentado mantém fértil o território no qual o sentido pode emergir, ao invés de pretender dar respostas prontas. Em sua essência, oferece um campo em que razão e emoção, consciente e inconsciente, realidade e imaginação se encontram de forma orgânica, sem pressa, sem rigidez, sem imposições.

Cada história narrada com intenção se torna um portal para a reintegração simbólica. Dessa forma, reconectam-se experiência e fluxo da vida, especialmente para aqueles que se sentiram, em algum momento, desconectados de si, do outro ou do mundo.

Ao resgatar a tradição ancestral de contar histórias, a Contoterapia® reconstrói vínculos e tece pontes entre o vivido e o possível. As histórias constituem gestos simbólicos que elaboram o que é e abrem caminho para o que pode ser, transcendendo apenas relatos do que foi. Elas oferecem imagens que organizam afetos e evocam novas compreensões, sem ferir a liberdade simbólica de quem escuta, ao invés de definir direções.

Contar e ouvir histórias é um gesto ancestral de cuidado. Ao entrelaçar palavra, escuta e presença, a Contoterapia® nos convida a reorganizar nossas experiências e imaginar futuros mais inteiros. Ela não se configura como um protocolo, mas como uma prática relacional viva, intuitiva, humana, na qual o vínculo e a escuta resgatam o lugar legítimo da imaginação como força transformadora.

Como, porém, sustentar uma prática que acolhe a ambiguidade, que valoriza o latente e confia na potência das imagens? Como sustentar, num mundo orientado pela objetividade e pelo controle, que há sabedoria no não saber e que a escuta simbólica pode ser, por si, uma forma legítima de conhecimento?

É nesse limiar entre intuição e presença que a Contoterapia® estabelece suas raízes. No capítulo seguinte, vamos explorar algumas das filosofias que dialogam com essa prática: o pensamento humanista, a fenomenologia e a ciência intuitiva de Goethe. Considerando-as como companhias que nos ajudam a nomear o que já sabíamos com o corpo e a alma, e que agora encontra linguagem no mundo, ao invés de tomá-las como fundamentos obrigatórios.

CAPÍTULO 5

FUNDAMENTOS FILOSÓFICOS BÁSICOS

> *"Nada do que foi será de novo do jeito que já foi um dia. Tudo muda o tempo todo no mundo"–*
> *Lulu Santos*

A Contoterapia® é uma prática fundamentada na essência humana de contar e ouvir histórias, gesto ancestral que atravessa tempos, geografias e cosmovisões. Esse processo não se limita à palavra, cria um espaço relacional onde mundos internos se tocam, ressoam e, por vezes, se transformam. Desde os primórdios da humanidade, as narrativas acompanham nossa jornada em busca de sentido. Elas não apenas registram o vivido, como também o reorganizam simbolicamente, ajudando-nos a decifrar o mundo e a elaborar a experiência.

Ainda que não se origine de uma teoria filosófica ou psicológica específica, a Contoterapia® encontra afinidades com tradições que valorizam a subjetividade, a escuta e o simbólico. Entre elas estão a Fenomenologia, que valoriza a experiência vivida como ponto de partida para compreender o ser humano; a Psicologia Analítica, na qual são explorados arquétipos e símbolos como guias para o autoconhecimento; e o método intuitivo de Johann Wolfgang von Goethe, que propõe uma abordagem sensível e integradora para compreender a realidade.

De início, é importante frisar que essas aproximações não configuram uma dependência teórica. A Contoterapia® não nasce da prática

— não da filosofia — da escuta em campo, da palavra partilhada, da presença viva no encontro. Os autores citados nesta seção não são pilares doutrinários,e sim pontes reflexivas que ajudam a nomear o que já emergia na experiência.

O cerne da Contoterapia® reside na relação, no espaço entre narrador e ouvinte. É nesse "entre" que a história ganha vida simbólica e se torna terreno fértil para a transformação. Ao permitir que símbolos, metáforas e imagens sejam acolhidos com liberdade e presença, o encontro narrativo atua como mediador entre o consciente e o inconsciente, ampliando a percepção de si e do mundo.

Quando exploramos a etimologia desse neologismo conceitual "contoterapia", encontramos dois eixos centrais: "conto" e "terapia". O vocábulo "conto" tem origem no latim "*computus*", que inicialmente significava "cálculo" ou "conta". Com o tempo, o termo foi associado a narrativas curtas e simbólicas, especialmente no contexto literário, consolidando-se na língua portuguesa como história breve e carregada de significados, de acordo com o Dicionário Priberam. O termo "terapia" deriva do grego "*therapeía*" (θεραπεια), cujo significado remete a "tratamento" ou "cura". Esse substantivo deriva do verbo "*therapeúo*", que se refere ao ato de prestar cuidados ou tratar, denotando uma ação de cuidado direcionada ao bem-estar do indivíduo (Rezende, 2010).

Essa fusão etimológica pede uma leitura simbólica, não apenas literal: trata-se de unir a potência transformadora do contar com o gesto cuidadoso da escuta. Refere-se ao cuidado simbólico que reorganiza o vivido, não à cura no sentido biomédico. Nesse contexto, a Contoterapia® é proposta como prática relacional, em que a narrativa não é aplicada, mas ofertada, como quem entrega uma imagem viva à escuta do outro.

A união entre narrativa e cuidado ressoa tanto com a tradição oral — em que histórias são transmitidas como formas de sabedoria, rito e orientação — quanto com os paradigmas terapêuticos contemporâneos, que buscam compreender a subjetividade humana por meio da linguagem, da escuta e da presença. Assim, cabe explicar que a Contoterapia® atravessa as heranças do pensamento moderno com sensibilidade poética, sem rejeitá-las. Nesse entrelaçamento entre o ancestral e o atual, entre palavra e silêncio, algo novo pode emergir: uma experiência simbólica que não pertence exclusivamente ao narrador ou ao ouvinte, e sim ao campo criado entre ambos.

A imaginação desempenha papel central nesse processo. É graças a ela que a narrativa ultrapassa o plano racional e se torna campo simbólico vivo. Ao mergulhar em uma história, o participante acessa imagens que lhe permitem reorganizar internamente sua experiência. Trata-se de ressonância, não de interpretação. A história evoca, não ensina; sugere, não direciona; acende pequenas lanternas ao longo da travessia, não define o caminho.

Cabe, contudo, problematizar um possível viés romântico na ideia de que toda escuta simbólica seja transformadora por si só. Embora a Contoterapia® valorize a potência da palavra viva, nem toda narrativa ressoa igualmente em todos os contextos. O contoterapeuta precisa cultivar discernimento simbólico, escuta ética e presença cuidadosa para que o gesto narrativo se configure como ato de cuidado, em vez de reforço de padrões simbólicos disfuncionais. A neutralidade do símbolo é uma ilusão: toda imagem carrega uma força, e a forma como ela é mobilizada requer responsabilidade.

Nos tópicos seguintes, serão exploradas as afinidades entre a Contoterapia® e algumas tradições filosóficas e psicológicas. O objetivo é dar nome e linguagem às intuições e práticas que já se mostraram férteis na experiência, sem encaixá-la em uma moldura teórica. A fenomenologia, a psicologia simbólica, a ciência goetheana e outras perspectivas serão revisitadas como fontes de diálogo, não como sistemas normativos. Afinal, trata-se de uma jornada que honra o saber ancestral das histórias, mas que também se abre ao pensamento contemporâneo — desde que este não se sobreponha à experiência viva.

FENOMENOLOGIA NA CONTOTERAPIA®: A EXPERIÊNCIA HUMANA COMO CAMINHO DE TRANSFORMAÇÃO

> *"A maravilha de toda experiência genuína é que ela abre um mundo antes invisível"– Hannah Arendt*

A experiência humana é sempre mais rica do que conseguimos expressar em palavras. Vivemos momentos, sentimos emoções e criamos histórias que moldam quem somos, mesmo quando não conseguimos compreendê-las plenamente. Nesse território da vivência, onde a linguagem se revela insuficiente e, simultaneamente, necessária, a fenomenologia encontra sua morada.

Fundada por Edmund Husserl, filósofo alemão, essa abordagem filosófica propõe um retorno ao essencial: observar as experiências como elas se desvelam à consciência, suspendendo julgamentos prévios e teorias preestabelecidas. Ela é uma filosofia das essências. Esse movimento, chamado de "volta às coisas mesmas" ("*Zu den Sachen selbst*" no original), busca captar as essências das vivências humanas. Segundo Husserl (2002, p. 13), "só na volta 'às coisas mesmas' o filósofo encontrará a realidade de maneira plenamente originária e com evidência plena".

É importante sublinhar que Husserl propõe que ciência e teoria sejam suspensas temporariamente, a fim de que a experiência possa se revelar em sua plenitude, ao invés de negá-las. Essa suspensão (chamada de "*epoché*") constitui um exercício rigoroso de escuta fenomenológica, em vez de simples neutralidade.

Na Contoterapia®, essa postura inspira o modo como a história é escutada: como fenômeno vivo, que se manifesta no tempo presente da escuta. Os símbolos e as imagens presentes na narrativasão acolhidos como sementes de sentido, potencialmente germinativas no terreno subjetivo de quem escuta, ao invés de conteúdos a serem decodificados. O foco reside no que a história provoca e movimenta, em vez de buscar interpretar ou explicar o que ela "quer dizer", num primeiro momento. Essa escuta, afinada com o gesto fenomenológico de suspender o já sabido através de uma disposição sensível para acolher o novo, ao invés do sentido mais rigoroso da epoché, prepara o contoterapeuta para um encontro não saturado de sentido, disponível ao que emerge. Martin Heidegger, discípulo de Husserl, aprofunda a fenomenologia ao introduzir o conceito de *ser-no-mundo* (originalmente, "*In-der-Welt-sein*"). Para ele, o ser humano não está simplesmente "no" mundo, como um objeto em um espaço físico, e sim está sempre envolvido ativamente com ele. Heidegger chama esse ser de "*Dasein*" (em tradução, "ser-aí"), referindo-se à existência humana como relação dinâmica com o mundo, que é ativa e pré-reflexiva, não passiva. Assim, envolve um constante engajamento com as coisas, as pessoas e as situações da vida. Conforme pontua Nunes (2002, p. 14), "Ao *Dasein* é inerente essencialmente: ser num mundo. À compreensão do ser que é inerente ao *Dasein*, concernem, com igual originariedade, o compreender o que se chama 'mundo' e o compreender o ser dos entes que se tornam acessíveis dentro do mundo".

Na Contoterapia®, essa compreensão se manifesta na forma como o participante se relaciona com a narrativa: a atravessa com o corpo, com a memória, com a emoção, não apenas a escuta. O conto constitui um mundo a ser habitado, um espaço em que o participante se move, espelha-se e elabora, ao invés de um objeto a ser analisado.

O conceito de intencionalidade, central em Husserl, também ressoa na Contoterapia®. Toda consciência está sempre dirigida a algo, nunca é vazia. Na escuta contoterapêutica, essa direção se manifesta de forma simbólica: as imagens evocadas pela história despertam afetos, associações, memórias, que são experienciadas, não explicadas. O conto atua como um espelho fluido, no qual os indivíduos o que precisa ser olhado, em vez de o que já sabiam.

Heidegger desloca a intencionalidade para dentro da estrutura temporal do Dasein: o ser humano não vive em um tempo linear, mas em um entrelaçamento constante entre passado, presente e futuro: "A intencionalidade [...] tem por condição de possibilidade a temporalidade" (Nunes, 2002, p. 16). Na Contoterapia®, essa dinâmica aparece no modo como as histórias abrem portais para diferentes tempos psíquicos. O que foi vivido ressurge sob nova luz; o presente se organiza; o futuro se insinua. Ainda que não se trate exatamente do *Dasein*, essa relação com o tempo vivido encontra afinidade com o modo como a Contoterapia® permite reencenar o vivido e imaginar, a partir das imagens que portam o porvir.

Esse modo de ser lançado no tempo, já envolvido com o mundo, está enraizado numa atitude de cuidado. Heidegger amplia essa ideia ao introduzir o conceito de cuidado ("*sorge*"), que define o *Dasein* como um ser que se projeta para o futuro, assumindo suas possibilidades de maneira autêntica. Na Contoterapia®, cuidar é criar um espaço simbólico em que o outro possa se reencontrar. O cuidado, portanto, constitui uma qualidade de presença — o modo como o contoterapeuta sustenta o campo simbólico sem o invadir —, transcendendo apenas uma postura ética.

Maurice Merleau-Ponty radicaliza ainda mais a fenomenologia ao afirmar que "[...] o corpo é nosso meio geral de ter um mundo" (Merleau-Ponty, 1999, p. 203). Na Contoterapia®, isso se expressa em sinais sutis — o arrepio, a pausa, o suspiro — que mostram que a história tocou em algo profundo. O simbólico é sentido antes de ser compreendido. A escuta é também corporal. A transformação reverbera no corpo, no gesto, no tom de voz, no olhar, transcendendo o que acontece exclusivamente "na mente".

Paul Ricoeur, ao integrar a fenomenologia e a hermenêutica, introduz uma chave para a Contoterapia®: a narrativa como mediadora da identidade. Para ele, a identidade pessoal se constrói narrativamente: "Compreender não é projetar-se no texto, mas expor-se a ele" (Ricoeur, 1990, p. 139). Na Contoterapia®, como já mencionado, o objetivo é deixar-se tocar pela história. O conto reorganiza o modo como o participante conta sobre si mesmo, ao invés de o participante interpretar o conto.

No entanto, é necessário cautela ao unir Ricoeur e Heidegger sob o mesmo arco fenomenológico. Apesar de partirem da experiência, suas finalidades e seus métodos diferem significativamente. Ricoeur enfatiza a mediação do texto, da linguagem e da interpretação; Heidegger, a abertura existencial do ser. Na Contoterapia®,ressoam, cada uma à sua maneira, sem se confundir.

Ao entrelaçar tais perspectivas, a Contoterapia® configura-se como uma prática fenomenológica no sentido mais profundo: parte da experiência e retorna a ela com mais sentido. Permite que a vida, por meio da história, se revele, sem buscar interpretar a vida com base em teorias.

É importante reconhecer, contudo, que a suspensão de julgamentos e a escuta plena — ideais centrais da fenomenologia — são exigências rigorosas, difíceis de serem plenamente realizadas na prática terapêutica. O contoterapeuta, por mais comprometido que esteja com a escuta, também carrega seu repertório subjetivo e cultural. Assim, o desafio da Contoterapia® é tornar-se consciente desses filtros, para que não obscureçam a singularidade da experiência do outro, já que eliminá-los seria impossível.

Esse olhar atento para a experiência não está restrito à fenomenologia. Também ressoa em outras formas de conhecer, como na ciência intuitiva desenvolvida por Goethe, abordagem que, assim como a Contoterapia®, reconhece o valor da presença, da contemplação e da escuta como caminhos legítimos de conhecimento.

A ciência intuitiva de Goethe e a Contoterapia*

"O essencial é invisível aos olhos"—Antoine de Saint-Exupéry

A experiência humana, em sua profundidade e riqueza, convida-nos a observar o mundo com uma abertura que transcende o simples acúmulo de conhecimento. Johann Wolfgang von Goethe, além de poeta e dramaturgo, desenvolveu uma abordagem científica que articula razão e intuição, propondo um método de investigação que respeita a totalidade dos fenômenos sem os fragmentar em categorias abstratas. Em sua ciência intuitiva, Goethe rejeitava a análise reducionista e enfatizava a necessidade de uma interação sensível e empática com o mundo natural. Essa forma de conhecer nasce do encontro entre o olhar atento e a escuta contemplativa — movimento que ressoa, sem equivalência direta, com a forma como a Contoterapia® compreende a relação entre experiência direta e vivência simbólica como caminhos legítimos de cuidado e transformação.

O método científico de Goethe propõe uma atenção fenomenológica direta ao fenômeno tal como ele se apresenta à percepção, evitando reduzi-lo a explicações externas ou abstrações especulativas. Em lugar de impor generalizações, convida o observador à contemplação atenta, permitindo que o fenômeno se revele de maneira autêntica e integral. Esse princípio se expressa no conceito de arquefenômeno (no original, "*urphänomen*"), definido por Goethe como manifestação essencial e indivisível da natureza, um princípio ordenador graças ao qual muitos outros fenômenos podem ser compreendidos, sem necessidade de investigações adicionais (Possebon, 2009, p. 42). Para ele, o arquefenômeno é uma experiência direta, sensível e concreta, que deve ser compreendida em sua totalidade vivida, não uma abstração metafísica.

Na Contoterapia®, essa perspectiva reverbera como inspiração simbólica, embora não seja adotada como método científico. As histórias, assim como os fenômenos observados por Goethe, não são reduzidas a explicações lineares ou interpretadas de maneira fragmentada. Elas se revelam no ritmo próprio da escuta e no encontro entre narrador, ouvinte e contexto terapêutico, permitindo que sentidos mais profundos surjam organicamente, sem imposições conceituais ou interpretações forçadas. Goethe, por exemplo, ao observar a metamorfose de uma planta, a acompanhava com atenção à sua totalidade viva, sem fragmentá-la. De modo análogo, na Contoterapia®, o impacto de uma história pode ser inicialmente percebido por meio de respostas sensíveis do corpo — como um suspiro, um silêncio ou um arrepio — antes de qualquer elaboração consciente. Assim como Goethe respeitava o fenômeno natural em sua plenitude, a Contoterapia® acolhe as histórias tanto como experiências diretas, que podem ser vividas no corpo e no afeto, quanto como recursos simbólicos, os quais possibilitam elaboração e ressignificação de experiências internas.

Essa distinção nos leva a reconhecer dois modos complementares de relação com a história na Contoterapia®:

1. História como experiência direta — pode ser vivida sensorialmente, sem necessidade de mediação simbólica imediata. Nesse nível, o impacto da oralidade, do ritmo e do tom de voz ressoa no corpo do ouvinte antes mesmo de ser elaborado em palavras ou conceitos. Essa recepção intuitiva não requer estruturação

racional imediata, mas favorece um acolhimento vivo da história, aproximando-se da abordagem goetheanística, que valoriza a inteireza do fenômeno narrativo.

2. História como recurso simbólico — em outro momento, a narrativa pode ser elaborada simbolicamente, nomeada e integrada à consciência. Esse segundo movimento implica a ativação de repertórios subjetivos simbólicos, possibilitando ao ouvinte fazer conexões com sua própria jornada e atribuir significados à experiência. Assim, a história atua como espelho e trilha de reconhecimento, sustentando o processo de reintegração simbólica.

A distinção entre experiência direta e simbolização na Contoterapia® é produtiva, contudo, pode induzir inadvertidamente à ideia de uma hierarquia linear — do corpo à mente — que nem sempre corresponde à vivência clínica. Na prática, o sensível e o simbólico frequentemente se entrelaçam, coexistindo em camadas simultâneas de percepção. A Contoterapia® sustenta um campo híbrido, no qual a escuta simbólica emerge desde o início como corpo, imagem e sentido, sem a necessidade de uma ordem fixa entre vivência e elaboração.

Enquanto a fenomenologia husserliana propõe a *epoché* como método rigoroso para suspender julgamentos e acessar a essência das vivências, Goethe nos convida a uma forma de contemplação em que sujeito e fenômeno são inseparáveis. Esse princípio está expresso claramente na teoria das cores goethiana, que demonstra que a percepção cromática emerge da interação entre a luz, a escuridão e o meio em que elas se propagam. Para o teórico, a cor não existe por si só; ela se manifesta na relação entre o fenômeno e o olhar do observador (Possebon, 2009, p.

38). Nesse sentido, a experiência é sempre relacional: não há fenômeno sem o olhar que o acolhe.

Essa forma de presença dialoga com a escuta sensível da Contoterapia®, na qual o contoterapeuta viabiliza que os símbolos e as imagens narrativas falem em sua própria linguagem, sem impor sentidos. Embora a relação entre Goethe e a fenomenologia não seja direta, há uma afinidade metodológica parcial entre essa abordagem intuitiva e a postura de escuta aberta da Contoterapia®. O contoterapeuta, ao receber uma narrativa, cria um campo de escuta em que o significado emerge da relação como na contemplação goethiana, sem buscar classificá-la segundo modelos interpretativos.

Goethe via na ciência intuitiva uma crítica à fragmentação da experiência promovida pela ciência analítica. Assim, argumentava que modelos abstratos podem, paradoxalmente, afastar o pesquisador da realidade concreta. Como afirmou: "Em muitos casos, tais diagramas representam apenas noções; são recursos simbólicos, modos hieroglíficos de comunicação, que aos poucos assumem o lugar dos próprios fenômenos e da Natureza, e assim, ao invés de promoverem o verdadeiro conhecimento, acabam por dificultá-lo" (Goethe, 1840, p. XLIX).

Esse princípio encontra eco simbólico na prática do contoterapeuta, que se envolve poeticamente com as histórias, além de escutá-las. Assim como Goethe propunha envolvimento direto e empático com os fenômenos naturais, o contoterapeuta se coloca em um estado de receptividade, permitindo que símbolos e imagens ressoem no corpo e na consciência como experiências a serem vividas.

Essa interação é refletida na relação entre ciência e arte. Goethe enxergava nelas complementaridade essencial, sem ver contradição entre essas dimensões. A experiência estética, para ele, era uma via legítima de conhecimento. Goethe entendia ciência e arte como "duas faces de uma mesma coisa" (Possebon, 2009, p. 12), unidas pela intuição sensível e pela fidelidade à experiência. Seu método buscava preservar o elo entre intuição e análise, evitando que a ciência se tornasse um exercício puramente abstrato.

Na Contoterapia®, essa complementaridade também se expressa. Histórias são vividas como presenças narrativas que atravessam a escuta e o corpo, não analisadas como objetos literários. Ao reconhecer que a narrativa atua tanto no nível da experiência sensorial quanto na elaboração simbólica, a Contoterapia® propõe uma relação não dual com esse fenômeno, em que escuta, afeto e sentido caminham juntos.

Embora Goethe tenha vivido muito antes das descobertas da neurociência, sua ênfase dada à vivência simbólica antecipava, de forma intuitiva, aspectos que hoje são confirmados por pesquisas em cognição e empatia. Estudos recentes indicam que histórias têm o poder de ativar redes neurais associadas à emoção e ao aprendizado, destacando o impacto transformador das experiências simbólicas. Essa confirmação científica, embora relevante, não valida retroativamente o método de Goethe, porém revela que sua intuição estava afinada com aspectos fundamentais da experiência humana.

Ao final, Goethe nos ensina que compreender é, antes de tudo, um ato de atenção amorosa. Ele rejeitava a fragmentação e os reducionismos, insistindo que o fenômeno só se revela plenamente quando respeitado na totalidade. Esse princípio ecoa na Contoterapia®, que trata cada narrativa como um organismo simbólico singular, promovendo cuidado e transformação por meio da escuta e da presença poética.

A mesma delicadeza com que Goethe nos convida a contemplar os fenômenos se manifesta na Contoterapia® como um gesto de cuidado diante do humano. Se o cientista-poeta propõe uma escuta atenta da natureza, o humanismo nos convida a escutar o ser humano com o mesmo respeito, acolhendo sua singularidade sem reduzi-lo a objeto de interpretação. Na Contoterapia®, essa escuta sensível transforma-se em vínculo, e é nesse campo relacional que o processo simbólico ganha raízes, florescendo na presença de um olhar empático e criador, capaz de sustentar e transformar.

O HUMANISMO NA CONTOTERAPIA®: A RELAÇÃO TERAPÊUTICA COMO ENCONTRO AUTÊNTICO

> *"Tudo que é verdadeiramente humano encontra eco em mim" – Terêncio*

A Contoterapia® é uma prática que emerge do encontro humano e do poder simbólico das narrativas, encontrando ressonância nos princípios do humanismo. Dialogando com essa tradição filosófica sem se limitar a ela, a abordagem valoriza a singularidade de cada indivíduo e a capacidade inata de crescer e transformar-se quando acolhido em um espaço de empatia, escuta e aceitação.

Nesse espaço, as histórias deixam de ser apenas relatos e se tornam experiências vivas, que podem ressignificar a dor, revelar novas possibilidades e integrar vivências. São gestos de cuidado, não técnicas Assim, o vínculo estabelecido entre contoterapeuta, paciente e história é o campo fértil no qual a transformação pode ocorrer.

A tradição humanista, amplamente representada por Carl Rogers, psicólogo pioneiro da Terapia Centrada na Pessoa, sustenta que o ser humano tende naturalmente à autorrealização, manifestada quando se encontra um ambiente de empatia, autenticidade e aceitação incondicional. Segundo Rogers (2010, p. 18), "o professor que for capaz de acolher e aceitar os alunos com calor, de testemunhar-lhes uma estima sem reserva, e de partilhar com compreensão e sinceridade os sentimentos de temor, de expectativa e de desânimo [...] contribuirá amplamente para criar as condições de uma aprendizagem autêntica e verdadeira". Esse acolhimento genuíno ressoa profundamente na Contoterapia®, moldando não apenas o vínculo terapêutico, como também a própria maneira como as histórias são ofertadas.

Aproximando-se da escuta rogeriana, a Contoterapia® compreende a narrativa como espaço simbólico de reorganização interna. O contoterapeuta, assim, sustenta um ambiente em que o participante pode autenticamente se abrir à experiência simbólica. Nesse contexto, as histórias se tornam recursos de escuta profunda, em vez de instrumentos de diagnóstico ou condução interpretativa.

Por exemplo, um paciente em luto pode ouvir uma história em que a perda se transforma em fonte de sabedoria. O impacto se dá pelo modo como ela ecoa no mundo interno do ouvinte, ativando imagens que dialogam com sua dor, não pela análise da história. O contoterapeuta sustenta essa escuta como um guardião do campo simbólico, viabilizando que a narrativa cumpra seu papel de evocação e reorganização.

É possível ilustrar essa situação com o conto da tradição budista "As sementes de mostarda de Kisa Gotami", transcrita a seguir. Embora proveniente de outra cosmologia, essa narrativa ressoa com os princípios universais de escuta, acolhimento e compaixão — valores que atravessam tanto o humanismo quanto a Contoterapia®.

Kisa Gotami era uma jovem mulher que vivia em uma pequena vila. Certo dia, foi tomada por uma imensa alegria ao dar à luz seu primeiro filho. Porém, a felicidade logo se transformou em dor, quando a criança adoeceu e faleceu. Devastada, Kisa Gotami não conseguia aceitar a perda. Carregando o corpo do filho nos braços, ela foi de casa em casa, implorando por ajuda. "Por favor, alguém pode trazer meu filho de volta à vida?", suplicava ela. Mas as pessoas, com pesar, balançavam a cabeça, dizendo que não havia como trazer os mortos de volta. Desesperada, Kisa Gotami foi ao encontro do Buda, buscando nele uma solução para sua dor.

Buda a ouviu com atenção e disse: "Há uma maneira de trazer seu filho de volta à vida. Mas, para isso, você precisa me trazer uma semente de mostarda vinda de uma casa onde ninguém tenha sofrido a perda de um ente querido."

Kisa Gotami saiu imediatamente, cheia de esperança. Bateu à porta de uma casa e explicou sua missão. Os moradores estavam dispostos a ajudá-la, mas logo lhe disseram: "Nesta casa, perdemos nosso pai há alguns anos."

Kisa seguiu para outra casa, e depois para outra, mas a resposta era sempre a mesma: em cada lar, alguém havia experimentado a perda e o luto. Após percorrer toda a vila, Kisa Gotami finalmente compreendeu a mensagem do Buda. Ela percebeu que a morte e o sofrimento são partes inevitáveis da condição humana. Com essa nova compreensão, ela voltou a Buda e disse: "Não preciso mais das sementes de mostarda.

Agora entendo que minha dor não é apenas minha, mas uma experiência que todos compartilham."

Essa história simboliza como o sofrimento, quando reconhecido e partilhado, pode se transformar em sabedoria e pertencimento. O percurso de Kisa Gotami é simbólico: ela é convidada a caminhar, em vez de receber uma explicação. Assim também atua o contoterapeuta, abrindo trilhas simbólicas para que a experiência encontre reorganização própria, ao invés de entregar respostas.

A escuta ativa, princípio central da abordagem de Rogers, é particularmente relevante no trabalho com contos terapêuticos. O contoterapeuta, ao adotar uma postura de presença e não julgamento, cria o clima de confiança necessário para que o ouvinte se entregue à história e permita que algo novo emerja dela. Segundo Rogers (2010, p. 17), "[...] sentir o universo particular do paciente como se fosse o seu próprio universo, sem, porém, jamais esquecer a restrição implicada no 'como se' [...] parece indispensável à terapia." Na Contoterapia®, a escuta 'como se' é realizada na linguagem simbólica: como se a história falasse dele, mas sem nunca dizer isso diretamente.

No entanto, embora compartilhe com Rogers a valorização do acolhimento incondicional e da escuta respeitosa, a Contoterapia® se distingue pela presença de uma mediação simbólica. Não é o diálogo direto que conduz o processo, mas o campo narrativo. O que está em jogo é o que se escuta e como essa escuta ressoa no plano simbólico, no qual imagens, ritmos e personagens tocam camadas profundas da experiência, não apenas o que se diz. A diferença metodológica é essencial para evitar que a Contoterapia® seja confundida com a aplicação rogeriana dos contos. Trata-se de uma prática que cria outra forma de presença e de vínculo, mediada pela imaginação.

O humanismo compartilha com o existencialismo temas como liberdade, autenticidade e responsabilidade. Ainda que de tradições distintas, ambas valorizam o potencial de transformação da experiência vivida, o que amplia o campo simbólico da Contoterapia®. O existencialismo, ao destacar o enfrentamento da angústia, da morte e do não sentido, reforça a potência simbólica das narrativas como bússolas subjetivas para navegar o indizível.

Viktor Frankl, neurologista, psiquiatra e sobrevivente do Holocausto, propõe a busca de sentido como dimensão fundante da experiência humana. Para ele, mesmo em situações extremas, a possibilidade de atribuir significado à dor pode preservar a dignidade e a esperança (Frankl, 2008). Na Contoterapia®, a história atua como esse espaço de reconstrução simbólica: não explica o sofrimento, mas o reinscreve dentro de uma narrativa mais ampla, em que pode ganhar lugar e função.

Rollo May, por sua vez, valoriza a coragem como motor da transformação. Segundo ele, a criatividade é a expressão dessa coragem e toda ação criativa exige um salto no desconhecido (May, 1983). Escutar uma história ainda desconhecida é, por si só, um ato de abertura. Deixar-se afetar por ela, mais ainda. Na Contoterapia®, esse gesto é visto como ato criativo de reorganização simbólica.

As contribuições de Rogers, Frankl e May oferecem fundamentos importantes que dialogam com os princípios centrais da Contoterapia®, ainda que esta não esteja restrita a tais abordagens. Enquanto Rogers inspira o campo relacional da empatia e da escuta não diretiva, Frankl aprofunda a busca por sentido como eixo transformador e May aponta para a coragem como potência criativa frente aos desafios existenciais. Esses autores são vozes que acompanham a Contoterapia® em sua construção própria, ajudando a nomear movimentos que emergem do encontro entre escuta, narrativa e cuidado simbólico, não pilares únicos.

Na prática, a Contoterapia® utiliza histórias para abordar dilemas humanos de maneira simbólica e acessível. Elas não apenas acolhem o participante em sua singularidade, como também o convidam a construir novos sentidos, enfrentando suas dores com criatividade e imaginação. A história, assim, é menos um conteúdo e mais um convite; menos um instrumento, mais um campo.

O humanismo nos oferece a confiança na potência transformadora do encontro. A Contoterapia® a leva adiante, afirmando que esse encontro pode ser simbólico, narrativo e afetivo. No próximo capítulo, mergulharemos nos fundamentos psicológicos que sustentam essa prática com o intuito de compreender como as histórias tocam estruturas internas que organizam o sentir, o imaginar e o agir.

CAPÍTULO 6

PSICOLOGIA APLICADA

> *"Conhece-te a ti mesmo e conhecerás o universo e os deuses"– Inscrição do Templo de Delfos*

Neste capítulo, você será conduzido por um mergulho na riqueza das teorias psicológicas e as conexões que elas estabelecem com a prática da Contoterapia®. Também será convidado a olhar para a mente humana como um campo vivo onde imagens, sensações e histórias se entrelaçam, afastando-se da ideia de um mecanismo isolado. Exploraremos o funcionamento do aparelho psíquico, revelando as camadas do consciente, do inconsciente individual e do inconsciente coletivo. Em seguida, veremos como esses conceitos dialogam com a Psicologia Analítica, especialmente com os arquétipos e o processo de individuação, iluminando possibilidades de transformação geradas pela escuta simbólica.

Avançando, dialogaremos com o conceito de espaço potencial, de Donald Winnicott, e compreenderemos como esse lugar de encontro entre realidades internas e externas favorece a criatividade e o crescimento emocional no ambiente terapêutico. Por fim, refletiremos sobre as terapias narrativas, com suas ideias de externalização e ressignificação, e traçaremos paralelos e singularidades entre essas abordagens e a Contoterapia®.

De agora em diante, exploraremos a interação entre teoria e prática, conectando conhecimentos clássicos e contemporâneos à experiência simbólica e relacional das histórias. Assim, é preparado o terreno para o aprofundamento nos fundamentos relacionais, em que o encontro humano se revela como verdadeiro centro do processo terapêutico. Neste caminho, ler é apenas o início: você será convidado a refletir, passo a passo, sobre as bases que sustentam o potencial transformador do trabalho contoterapêutico e vivenciar cada uma delas.

O ENCONTRO COM O INCONSCIENTE: EXPLORANDO O APARELHO PSÍQUICO, POR SYLVIO LINCOLN

> *"Até que você torne o inconsciente consciente, ele dirigirá sua vida e você o chamará de destino"– Carl Jung*

Neste subcapítulo, adentramos o inconsciente partindo da perspectiva do aparelho psíquico. Quem nos guia nesse caminho é Sylvio Lincoln, contoterapeuta e psicoterapeuta biodinâmico, cuja trajetória singular integra precisão técnica e sensibilidade simbólica.

Engenheiro de formação, sempre foi fascinado por estruturas e sistemas. Quando ainda era jovem, uma entrevista de Joseph Campbell com Bill Moyers cruzou seu caminho. Na época, não compreendeu inteiramente o que eram mitos, porém alguma coisa naquela conversa despertou um fascínio duradouro pelo universo simbólico. Mesmo enquanto seguia sua carreira em telecomunicações, o interesse pela mente humana e pelos mistérios dela nunca o abandonou.

Foi durante sua imersão na Psicologia Biodinâmica — abordagem que une os fundamentos da Psicanálise às sutilezas do corpo — que Sylvio percebeu a necessidade de ferramentas não invasivas para acessar conteúdos inconscientes. Quando encontrou a Contoterapia®, sentiu que havia encontrado uma linguagem que lhe permitia unir dois mundos: a clareza estrutural de sua formação e a fluidez simbólica do universo narrativo.

Para ele, contar histórias era uma forma de escuta profunda, capaz de acessar territórios internos com suavidade, não apenas uma prática criativa. Segundo sua perspectiva, quando o paciente se vê refletido no conto, algo se movimenta, e respostas emergem com naturalidade.

Nesta colaboração, Sylvio propõe uma leitura do aparelho psíquico à luz da Contoterapia®, mostrando como as histórias podem atuar como mediadoras entre o corpo, a psique e o simbólico. Com olhar cuidadoso, ele nos convida a perceber que, ao ativar imagens arquetípicas, as narrativas reorganizam experiências internas, oferecendo novas formas de nomear o vivido, além de representá-las. Os *insights* que elas despertam iluminam uma dimensão essencial da prática contoterapêutica: o encontro com o inconsciente pode ser tecido, como um conto que se revela aos poucos, no ritmo de quem está pronto para ouvi-lo, sem precisar ser invasivo.

O APARELHO PSÍQUICO

O aparelho psíquico é uma construção teórica central nas abordagens psicológicas, especialmente nas teorias de Sigmund Freud e Carl Jung. Sigmund Freud foi o pai da Psicanálise, desenvolvendo dois modelos teóricos do funcionamento da mente: a primeira tópica, que propõe uma divisão entre consciente, pré-consciente e inconsciente; e a segunda tópica, que apresenta o aparelho psíquico composto de três instâncias — id, ego e superego — em constante negociação interna. Carl Jung, inicialmente seu colaborador, rompeu com Freud para criar a Psicologia Analítica, introduzindo conceitos importantes, como arquétipos, imagens universais presentes em mitos e culturas. Além disso, Jung propôs que a mente humana se organiza em camadas interligadas: consciente, inconsciente individual e inconsciente coletivo.

O inconsciente coletivo, conceito central da psicologia junguiana, representa um campo de imagens primordiais partilhadas por toda a humanidade. O inconsciente individual, como proposto por Freud, diz respeito aos desejos e às memórias pessoais reprimidas de cada sujeito. Ao compreender essas camadas e a dinâmica simbólica delas, o contoterapeuta pode navegar com delicadeza pelos territórios da psique, oferecendo histórias que dialogam com o que se move no invisível.

Assim como um engenheiro compreende os mecanismos de uma estrutura, o contoterapeuta precisa conhecer os movimentos internos da psique para criar histórias que toquem o essencial. Dessa forma, ele passa a obter as ferramentas necessárias para criar histórias que dialoguem diretamente com os símbolos, as imagens e as emoções do paciente. A compreensão do aparelho psíquico viabiliza a construção de um espaço terapêutico seguro, no qual o inconsciente pode se revelar de maneira natural e transformadora.

Para diferenciar cérebro de mente — ou melhor, de aparelho psíquico —, utilizemos uma comparação com um telefone celular, objeto familiar para muitos. O telefone, que contempla tela, bateria e circuitos, é o *hardware*, a parte física. Em paralelo, há o *software*, os aplicativos, que compõem a parte imaterial. Alguns deles são visíveis e utilizados conforme nossa vontade, enquanto outros, como os processos do sistema operacional (por exemplo, Android ou iOS), funcionam automaticamente, sem que os iniciemos.

1. De maneira semelhante, nosso *hardware* seria a caixa craniana, que contém o cérebro. Ele é composto de três partes principais: CÓRTEX cerebral, a maior estrutura, responsável por pensamento, linguagem e movimentos voluntários;
2. cerebelo, que controla os movimentos, o equilíbrio e a postura; e
3. tronco encefálico, que regula funções automáticas, como respiração e batimentos cardíacos.

Já a mente, nosso *software*, corresponde ao aparelho psíquico, em que pensamentos, memórias e imaginação "residem".

Embora didática, essa comparação simplifica a complexidade do aparelho psíquico na perspectiva junguiana, que enfatiza a riqueza simbólica e os processos inconscientes que estruturam a psique. Como no exemplo do telefone, há aspectos da mente que controlamos diretamente e outros que operam de modo autônomo.

Além dessa, outra metáfora que pode ser aplicada nesse contexto é a do *iceberg*, indicada pela imagem a seguir. Ela é frequentemente utilizada para ilustrar essa divisão: a parte visível representa o consciente, enquanto a maior parte, submersa, simboliza o inconsciente. Nessa camada oculta estão contidos instintos, desejos reprimidos e memórias esquecidas, que funcionam de forma não linear, simbólica e atemporal.

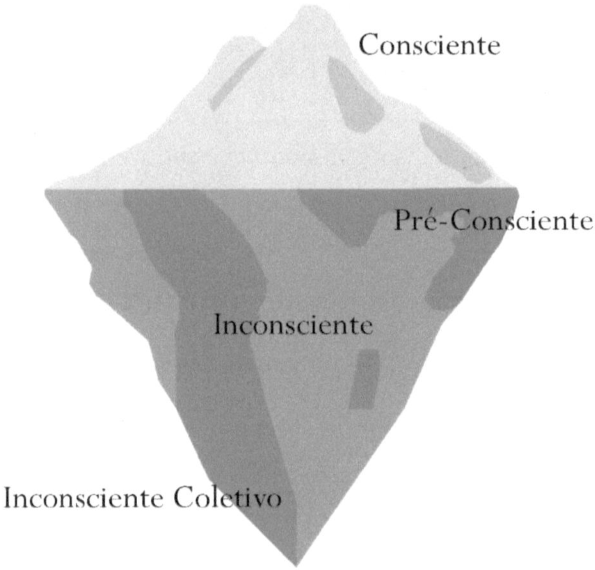

As três principais estruturas do cérebro — córtex cerebral, cerebelo e tronco encefálico — trabalham de maneira integrada para sustentar tanto funções básicas quanto complexas da mente humana. O córtex cerebral, responsável pelo pensamento lógico e pela linguagem, permite planejar, tomar decisões e responder racionalmente aos desafios. O cerebelo, embora frequentemente associado ao controle motor e ao equilíbrio, também contribui indiretamente para atividades cognitivas ao refinar movimentos e posturas, preparando o corpo para responder a estímulos externos. Por sua vez, o tronco encefálico, estrutura mais primitiva, coordena funções automáticas vitais, como respiração e frequência cardíaca, sendo crucial em situações de fuga ou medo. Nessas ocasiões, ele ativa respostas rápidas e instintivas, enquanto o córtex cerebral processa estratégias para lidar com o perigo, demonstrando a interdependência dessas partes na manutenção da sobrevivência e no funcionamento psíquico.

A articulação entre instinto, cognição e regulação também pode ser observada no modelo psíquico proposto por Freud. Embora não se baseie em estruturas cerebrais, sua teoria oferece uma leitura simbólica complementar do funcionamento interno da mente. Na chamada segunda tópica, Freud introduziu as instâncias do id, ego e superego, assim definidos:

- Id: parte primitiva e instintiva, regida pelo princípio do prazer, que busca satisfação imediata. Atemporal e pré-verbal, opera por meio de símbolos e desejos contraditórios, sem lógica linear.
- Ego: responsável pela mediação entre o id, o superego e o mundo externo.
- Superego: juiz interno, regula o comportamento com base em normas e valores internalizados.

Na Contoterapia®, o uso de símbolos e metáforas permite comunicar-se com o inconsciente de maneira indireta, ultrapassando a censura do superego e a lógica do ego. Por exemplo, ao trabalhar a metáfora de um rio fluindo em direção ao mar, o contoterapeuta pode simbolicamente abordar a aceitação e o movimento da vida, ajudando o paciente a processar emoções de modo intuitivo e seguro.

Freud também descreveu os mecanismos de recalque e repressão, utilizados pelo ego para lidar com conteúdos perturbadores. O recalque mantém certos conteúdos no inconsciente, enquanto a repressão os desloca para o pré-consciente, de onde podem ser lembrados. Conteúdos reprimidos frequentemente retornam disfarçados, como em sonhos ou manifestações psicossomáticas. Tensões musculares, por exemplo, podem refletir conflitos inconscientes que encontram expressão no corpo. No contexto contoterapêutico, é possível explorar essas dinâmicas por meio de narrativas que tocam em questões simbólicas, permitindo ao paciente acessar e ressignificar conteúdos recalcados.

Wilhelm Reich, psicanalista austríaco contemporâneo de Freud, ampliou a compreensão do inconsciente ao introduzir a ideia de que ele se manifesta no corpo. O estudioso observou como tensões musculares e bloqueios físicos são reflexos de conflitos emocionais não resolvidos, enfatizando a conexão profunda entre mente e corpo. Para ele, o corpo guarda o que a mente não conseguiu processar, sendo o trabalho corporal uma via de liberação emocional e psíquica. Essa perspectiva encontra eco na Contoterapia®, especialmente ao observar as reações corporais durante a escuta de histórias. Mudanças na respiração, movimentos sutis ou expressões faciais podem revelar ressonâncias inconscientes, funcionando como bússolas simbólicas para o terapeuta.

Jung, por sua vez, introduziu os já mencionados conceito de arquétipos, que não são apenas imagens universais presentes no inconsciente coletivo, mas também padrões energéticos que estruturam a psique e moldam comportamentos e percepções. O Herói, a Mãe ou o Velho Sábio são encontrados em mitos e histórias de diversas culturas, sendo referências essenciais do processo contoterapêutico. Ao trabalhar com arquétipos, possibilita-se que o paciente se conecte com aspectos profundos de sua psique, favorecendo o processo de integração simbólica.

Em minha prática, percebo que a Contoterapia® articula os fundamentos de Freud, Jung e Reich com uma abordagem narrativa que integra corpo, emoção e imaginação. Jung provavelmente veria essa integração narrativa como relacionada ao processo de individuação, no qual o sujeito integra aspectos conscientes e inconscientes para atingir maior completude. Ao utilizar símbolos, metáforas e imagens arquetípicas, a Contoterapia® oferece um caminho profundo de acesso ao inconsciente, promovendo reorganização emocional, autoconhecimento e presença. É uma escuta que cuida, ao invés de impor; que revela, sem invadir.

Partindo dessa compreensão integrada do aparelho psíquico, é possível ampliar ainda mais nosso olhar para os territórios do inconsciente. Se Freud nos ofereceu os primeiros instrumentos para investigar os conflitos internos e Reich nos ensinou a senti-los no corpo, Jung abre as portas para uma dimensão simbólica mais ampla: o inconsciente coletivo.

No próximo tópico, seguimos explorando como os arquétipos e as imagens universais presentes nas histórias podem atuar como espelhos e catalisadores de transformação na Contoterapia®, convidando o paciente a se reconectar com forças profundas que sustentam a psique humana em sua totalidade.

Contoterapia®, inconsciente coletivo e arquétipos

> *"Os mitos são os sonhos coletivos da humanidade"— Joseph Campbell*

Ao adentrar o conceito de inconsciente coletivo, formulado por Jung, mergulhamos em um território no qual imagens arquetípicas expressam padrões universais compartilhados por toda a humanidade. Esse campo psíquico, profundo, invisível e não mensurável, se manifesta por meio de símbolos e narrativas que emergem em mitos, contos de fadas, sonhos e até produções culturais contemporâneas, sem ser acessado diretamente pela consciência. É nesse potencial simbólico de revelação e ressonância que a Contoterapia® encontra inspiração, utilizando narrativas para criar um espaço de reflexão, elaboração e cuidado simbólico.

O inconsciente coletivo é, segundo Jung, uma camada profunda da psique que constitui uma herança psíquica comum à humanidade, ao invés de se originar da experiência individual. Os conteúdos que o constituem podem ser reconhecidos por meio de manifestações: as imagens arquetípicas, embora não sejam imediatamente acessíveis. O arquétipo, enquanto estrutura psíquica primitiva, não é plenamente acessível ou definido, permanecendo como potencial simbólico latente. É nas imagens arquetípicas que a expressão do inconsciente coletivo se torna perceptível, variando conforme o tempo, a cultura e o contexto em que emergem, porém mantendo um núcleo simbólico essencial que ressoa com a psique humana (Jung, 2002).

Marie-Louise von Franz, psicóloga suíça, colaboradora próxima de Jung e uma das maiores intérpretes e desenvolvedoras das ideias desse pensador, ao analisar os contos de fadas, explicou que essas histórias são manifestações puras do inconsciente coletivo. Essas narrativas lidam com questões universais, como coragem, amor, morte, renascimento e transformação. De acordo com ela, representam os arquétipos em sua forma mais simples, plena e concisa, oferecendo ao ouvinte uma experiência simbólica que ultrapassa o plano racional (Von Franz, 1985).

O arquétipo do Herói, por exemplo, aparece sob diversas formas. Uma delas é no protagonista que enfrenta dragões em contos medievais, como nas lendas arturianas, em que cavaleiros enfrentam criaturas míticas para proteger seus reinos ou resgatar princesas, simbolizando o confronto com o medo ou a sombra interior. Outro exemplo é Frodo Bolseiro, pequeno *hobbit* da trilogia *O Senhor dos Anéis*, de J.R.R. Tolkien. Esse personagem carrega o fardo de destruir o poderoso Anel — que representa a tentação e o lado destrutivo da psique —, embarcando em uma jornada repleta de perigos e sacrifícios. Já a figura de Mulan, originária da antiga balada chinesa de Hua Mulan e popularizada pela animação da Disney de 1998, desafia as normas sociais da época ao se disfarçar de homem para proteger a família e lutar em uma guerra, encarnando a força arquetípica do guerreiro e a busca por autenticidade. Apesar das diferenças culturais e históricas, todas essas narrativas compartilham um núcleo arquetípico comum: a jornada de superação e individuação.

James Hillman, fundador da Psicologia Arquetípica — abordagem que expande a Psicologia Analítica de Jung ao enfatizar a centralidade das imagens e do imaginário —, aprofunda essa abordagem ao enfatizar que as imagens arquetípicas devem ser relacionadas como entidades vivas, ao invés de traduzidas em conceitos fixos. Segundo o autor, (1991, p. 10), "[...] as imagens necessitam de relacionamento, não de explicação". Ele critica a tendência de simplificar ou decodificar símbolos como se fossem enigmas a serem resolvidos, ressaltando que "[...] pecamos contra a imaginação sempre que perguntamos a uma imagem por seu significado, o que requer que as imagens sejam traduzidas em conceitos" (Hillman, 2010, p. 109). Em vez disso, propõe que nos relacionemos com elas, permitindo que a complexidade e profundidade delas enriqueçam nossa experiência psíquica. Essa perspectiva ressoa com a Contoterapia®, que sustenta um campo em que as imagens possam ser acolhidas em sua complexidade e ambiguidade, sem impor leituras fixas.

Ainda assim, essa abordagem simbólica exige vigilância. Ao trabalhar com arquétipos como "chaves simbólicas", a Contoterapia® pode, mesmo que sutilmente, correr o risco de cristalizar certas imagens em categorias fixas. Por isso, é essencial reforçar que sua proposta está em vivenciá-las de modo relacional e aberto, mantendo a fluidez dos significados e acolhendo a ambiguidade como parte do processo simbólico, em lugar de nomear ou explicar as imagens.

O pensamento simbólico é, portanto, fundamental ao lidar com o inconsciente coletivo. Diferente do raciocínio lógico-linear, que busca respostas definitivas, o pensamento simbólico acolhe as ambiguidades e a pluralidade de sentidos que as imagens arquetípicas contêm. Cada conto e cada mito carregam consigo esse potencial de significados latentes, oferecendo ao ouvinte um encontro com o universal partindo do particular. Quando ouvimos uma história, lidamos com forças simbólicas que evocam emoções, insights e transformações que escapam à linearidade da análise, além de palavras ou personagens.

Na prática da Contoterapia®, as narrativas são escolhidas ou criadas para ressoar com os dilemas simbólicos dos participantes. O arquétipo da fênix, por exemplo, presente em diversas culturas, simboliza o renascimento e a superação. Uma história sobre esse tema pode ajudar um paciente a reinterpretar momentos difíceis como oportunidades de transformação, promovendo esperança e coragem. De forma semelhante, é possível que o arquétipo do velho sábio apareça em uma narrativa como guia ou mentor, encorajando o paciente a confiar em sua intuição e buscar respostas dentro de si mesmo.

O cuidado com as imagens se manifesta também na ética da escuta simbólica. Hillman argumenta ainda que as imagens psíquicas são fenômenos naturais e espontâneos, que devem ser experimentados e respondidos, em lugar de explicados, pois "[...] as imagens necessitam de relacionamento, não de explicação. No momento em que interpretamos, transformamos o que era essencialmente natural em conceito, em linguagem conceitual, afastando-nos do fenômeno" (Hillman, 1991, p. 10). O autor reforça a importância de enxergar as imagens dentro de sua própria perspectiva, evitando reduzi-las a explicações racionais, pois, de acordo com ele, "[...] pecamos contra a imaginação sempre que perguntamos a uma imagem por seu significado, o que requer que as imagens sejam traduzidas em conceitos. A cobra enrolada numa esquina não pode ser traduzida em meu medo, minha sexualidade ou meu complexo materno sem matar a cobra" (Hillman, 2010, p. 109). Na Contoterapia®, essa advertência é levada a sério: o contoterapeuta facilita um espaço no qual a imagem possa viver, sem ser capturada por interpretações antecipadas. O objetivo não é decifrar, mas dialogar com as imagens simbólicas que emergem da escuta narrativa.

A Contoterapia® valoriza, portanto, a riqueza do inconsciente coletivo e o potencial transformador das imagens arquetípicas. Ao integrar narrativas que ativam esse plano, a prática abre um campo terapêutico de pertencimento e ressonância. As histórias conectam o indivíduo a uma dimensão compartilhada da existência, além de promover ressignificações pessoais. Como afirmou Jung, é na relação com os símbolos que a totalidade pode emergir —, e com ela, o movimento em direção ao equilíbrio interno.

Contudo, é também no campo relacional seguro, no qual o brincar, a presença e o acolhimento se tornam condições para a emergência do símbolo, que a Contoterapia® encontra ressonância, não apenas no campo coletivo e arquetípico. O modo como essas histórias são escutadas, narradas e acolhidas também depende desse terreno fértil no qual nossa abordagem terapêutica se aproxima da obra de Donald Winnicott, cuja perspectiva psicanalítica ilumina o papel do ambiente e da criatividade na constituição do *self*.

Embora Jung e Winnicott pertençam a tradições teóricas distintas, suas ideias se entrelaçam na prática contoterapêutica como presenças complementares, sem intenção de serem sintetizados em um único fundamento teórico. Mais do que uma síntese epistemológica, trata-se de um campo de encontro entre imagens, afetos e vínculos, em que o cuidado simbólico pode florescer.

No subcapítulo seguinte, exploraremos os conceitos de espaço potencial, transicionalidade e *holding*, compreendendo como essas ideias ampliam o campo de atuação da Contoterapia®.

O espaço potencial na Contoterapia®

> *"Entre o estímulo e a resposta há um espaço. Neste espaço está nosso poder de escolher nossa resposta"— Viktor Frankl*

Donald Winnicott, pediatra e psicanalista britânico, trouxe uma compreensão inovadora sobre o desenvolvimento emocional humano, com destaque para os conceitos de "espaço potencial" e "brincar". Essas ideias, fundamentais na obra do autor, iluminam a importância de um território simbólico no qual as realidades interna e externa se encontram, permitindo ao indivíduo explorar emoções, significados e criações em segurança. Dialogando com as ideias de Winnicott sem pretensão de equivalência, a Contoterapia® encontra nelas um campo fértil de diálogo, especialmente na forma como as narrativas podem atuar como pontes simbólicas entre o mundo interno do paciente e sua realidade compartilhada.

O "espaço potencial" descrito por Winnicott se refere a uma área intermediária que surge na interação entre o indivíduo e um ambiente facilitador, ao contrário de um local físico ou psíquico isolado. Trata-se de um campo essencial para a criatividade e a construção de significados, em que o brincar assume papel central. Nessa atividade, o indivíduo encontra a ocasião para vivenciar a confluência entre subjetividade e objetividade, numa experiência que é, simultaneamente, pessoal e compartilhada (Winnicott, 1975, p. 42).

Na atuação contoterapêutica, as narrativas se configuram como instrumentos simbólicos que dialogam com esse conceito de espaço intermediário. As histórias criadas ou compartilhadas durante o processo terapêutico passam a oferecer um território em que pacientes podem projetar e ressignificar experiências. Ainda que Winnicott não tenha discutido diretamente as narrativas em sua obra, essa abordagem fornece inspiração metodológica para compreender o papel simbólico e transicional das histórias. Assim como os objetos transicionais, descritos por Winnicott como primeiros mediadores entre o "eu" e o "não eu", por meio delas obtém-se um espaço de transição simbólica para a exploração emocional (Winnicott, 1975, p. 12).

Nesse processo, as histórias viabilizam a existência de um ambiente seguro, livre de julgamentos, em que o paciente pode explorar questões complexas de maneira intuitiva e criativa. Esse movimento ressoa com a ideia de ilusão criativa — a necessidade humana de preservar um espaço em que fantasia e realidade interajam de modo enriquecedor

(Winnicott, 1975). É importante destacar que essa aproximação é uma elaboração posterior, desenvolvida dentro da Contoterapia®, e não uma aplicação direta das teorias de Winnicott.

Outro conceito central nas teorias winnicottianas, o *holding* — originalmente definido como o cuidado emocional e físico oferecido pela mãe ao bebê — ganha na Contoterapia® ressonância simbólica. É compreendido como a criação de um espaço narrativo e relacional acolhedor, por meio do qual o contoterapeuta sustenta emocionalmente o paciente enquanto este atravessa suas imagens internas, promovendo segurança simbólica e ressignificação afetiva (Winnicott, 1988).

Tal diálogo é aprofundado na dimensão do brincar, entendido por Winnicott como campo fértil para a emergência da criatividade e da subjetividade. Na Contoterapia®, o brincar é manifesto na liberdade lúdica com que o paciente pode interagir com as narrativas, vivenciando-as como experiência, além de enredo. Essa abordagem respeita o paradoxo descrito por Winnicott: um espaço que é, ao mesmo tempo, de criação e de descoberta. As histórias, nesse sentido, não oferecem soluções prontas, mas abrem caminhos que nascem da própria relação com o símbolo.

Assim, embora a Contoterapia® seja uma prática independente, ela encontra em Winnicott um pensador sensível ao potencial criativo e simbólico da experiência humana. Essa aproximação enriquece a prática contoterapêutica, uma vez que ressalta que o cuidado está também no modo como elas são recebidas, sustentadas e compartilhadas no campo relacional, além de estar no conteúdo das histórias.

Ao compreendermos o espaço potencial como esse território intermediário em que subjetividade e realidade podem se tocar de modo criativo e seguro, vislumbramos a potência das narrativas como forma de cuidado. A escuta simbólica que se dá nesse "entre" — nem puramente interna nem inteiramente objetiva — convida o paciente a brincar com sentidos, acessar imagens e experimentar novos modos de ser no mundo.

É nesse ponto da travessia que abrimos espaço para uma reflexão importante: há diferentes formas de incorporar narrativas na prática terapêutica. Nem todas partem dos mesmos fundamentos sobre linguagem, psique e transformação. A seguir, exploraremos essa diversidade, situando com clareza o lugar da Contoterapia® entre as abordagens que fazem da palavra uma via de cuidado.

Narrativas que transformam: diferentes caminhos entre as Terapias Narrativas e a Contoterapia®

> *"Você pode contar a sua própria história, ou deixará que os outros a contem por você"– Doris Lessing*

As histórias que contamos sobre nós moldam nossa maneira de ver o mundo e nossos posicionamentos diante dele. Elas funcionam como mapas que guiam nossos passos. Muitas vezes, eles são traçados por narrativas problemáticas que restringem nossa capacidade de agir, imaginar e crescer.

Foi diante dessa realidade que, na década de 1980, Michael White — terapeuta australiano — e David Epston — terapeuta e sociólogo canadense —desenvolveram as Terapias Narrativas. Influenciados por correntes como o construcionismo social, compreenderam que nossas identidades são moldadas por discursos culturais e relações de poder, ao invés de serem construídas isoladamente. Em suas palavras, práticas discursivas dominantes frequentemente organizam a experiência subjetiva de formas limitantes (White; Epston, 1990).

Martin Payne, psicoterapeuta britânico especializado em Terapia Narrativa, destaca que essa abordagem se diferencia das perspectivas tradicionais por considerar que o indivíduo não é uma unidade isolada de análise. Em vez disso, é um ser em constante relação, cujos significados emergem de contextos sociais e históricos (Payne, 2006).

Com base nessa compreensão, terapeuta e paciente se encontram em um diálogo colaborativo. O objetivo é explorar caminhos para desconstruir narrativas dominantes e construir histórias mais alinhadas com os valores e desejos do próprio sujeito, não interpretar ou corrigir o outro. White e Epston (1990) destacam, ainda, como os discursos moldam a experiência e a identidade dos indivíduos, enquanto Payne (2006) complementa que a Terapia Narrativa desafia a objetificação do eu, possibilitando a reconstrução de histórias mais alinhadas com os valores subjetivos do paciente.

Um dos pilares da Terapia Narrativa é o conceito de externalização. Essa abordagem propõe uma separação simbólica entre o problema e a identidade do sujeito. Ao invés de dizer "sou ansioso", por exemplo, o indivíduo passa a reconhecer a ansiedade como algo externo a si — uma presença que o influencia, mas que não o define.

White e Epston (1990) descrevem a externalização como uma mudança epistemológica. Em vez de investigar as causas internas de um sofrimento, desloca-se o foco para a forma como certas histórias e discursos organizam a experiência. Assim, abre-se espaço para que o problema seja observado de fora, com mais autonomia e discernimento.

Payne (2006) reforça que essa separação viabiliza que o paciente enxergue com clareza a influência do problema sobre sua vida. A externalização, portanto, não é apenas uma técnica, mas um convite à autoria de novos significados.

Com esse deslocamento, torna-se possível reescrever histórias que conectam o paciente a suas capacidades e valores. White e Epston (1990) destacam o impacto desse processo no favorecimento do resgate de intenções e desejos esquecidos. A isso, Payne (2006) acrescenta que, ao reorganizar os significados, o sujeito amplia suas possibilidades de ação, deixando de ser prisioneiro da narrativa dominante.

Além disso, as Terapias Narrativas se concentram na identificação de acontecimentos únicos — momentos em que o problema teve menor influência. Estes servem como ponto de partida para a construção de histórias alternativas que desafiam as narrativas dominantes. Ainda segundo White e Epston (1990), os acontecimentos únicos são eventos que escapam à história dominante e que podem ser resgatados como sementes de novas tramas. Payne (2006), nessa toada, aponta que reconhecer essas exceções fortalece o senso de agência do paciente. Por exemplo, um indivíduo que enfrenta sentimentos de fracasso pode se lembrar de ocasiões em que superou dificuldades ou encontrou apoio em outras pessoas. White e Epston (1990) sugerem, ainda, que essas histórias alternativas ampliam o campo narrativo e o potencial de mudança, enquanto Payne (2006) arremata reforçando a importância de dar visibilidade a esses momentos como formas de resistência subjetiva.

A Contoterapia®, por outro lado, segue uma trilha distinta, porém igualmente transformadora. Inspirada por princípios humanistas e fenomenológicos, sustenta um espaço de reintegração simbólica. A prática contoterapêutica convida o paciente a explorar o mundo simbólico e arquetípico por meio de histórias cuidadosamente selecionadas ou criadas, ao invés de desconstruir narrativas problemáticas diretamente. Essas narrativas oferecem um espelho no qual o paciente pode se enxergar e encontrar seus próprios significados, sem servir para interpretar ou direcionar. Nesse espaço, o pensamento simbólico é cultivado, resgatando uma conexão mais profunda com o mundo interno e promovendo integração emocional.

Imagine uma pessoa que está lidando com o luto. Nas Terapias Narrativas, ela pode ser encorajada a identificar memórias ou experiências nas quais encontrou conforto e força, reconstruindo uma narrativa que a ajude a lidar com a dor. De maneira diferente, na prática contoterapêutica, uma narrativa significativa para lidar com o luto assume contornos diferentes. Imagine, por exemplo, uma história sobre um regato, que, ao chegar ao deserto, descobre que não pode atravessá-lo mantendo sua forma original, precisando confiar no vento para ser levado como vapor e continuar sua jornada. O regato teme desaparecer. No entanto, ao aceitar a transformação, percebe que, ao final, é depositado novamente na terra, renascendo como regato em outro lugar. Essa história convida o paciente a refletir sobre a natureza da perda: embora aquilo que se foi nunca volte na mesma forma, sua essência persiste, ressignificando-se em outros aspectos da vida. Ela simboliza que o luto é um processo de entrega e integração, em que amor e memórias podem encontrar novos significados, mesmo em meio à dor.

Ambas as abordagens, cada uma à sua maneira, oferecem ao paciente a oportunidade de reimaginar sua relação com o mundo e consigo mesmo. Enquanto as Terapias Narrativas operam no campo social, explorando o modo como as histórias individuais são moldadas por contextos culturais e relações de poder, a Contoterapia® mergulha no terreno do simbólico e do intuitivo. As primeiras oferecem ferramentas estruturadas para desconstruir e reconstruir narrativas que promovam empoderamento; a segunda, por sua vez, cria um espaço relacional e arquetípico que fortalece a conexão do paciente com a própria subjetividade. Ambas, no entanto, compartilham a convicção de que as histórias têm o poder de transformar a maneira como vivemos e nos relacionamos com o mundo.

O Humanismo da prática contoterapêutica se manifesta no profundo respeito à autonomia do paciente, confiando em sua capacidade de encontrar significados próprios. A Fenomenologia, por sua vez, orienta o foco para a experiência subjetiva, valorizando a singularidade de cada vivência. Já as Terapias Narrativas, ancoradas no construcionismo social, desafiam as influências culturais e discursivas que moldam as narrativas problemáticas, promovendo a reconstrução de histórias mais alinhadas com os valores e as aspirações do paciente.

No fim, essas abordagens mostram que as narrativas são mais do que reflexos de nossas vidas: são vias para transformar quem somos e como vivemos. Sejam elas reconstruídas em diálogo com o contexto social, sejam exploradas por meio do universo simbólico, ambas revelam que, ao reescrevermos nossas histórias, ampliamos nosso senso de possibilidade e descobrimos novos caminhos para viver.

Antes de avançarmos para os desdobramentos práticos da metodologia, é preciso voltar o olhar para os fundamentos que sustentam essa presença relacional. Partindo da teoria do autocuidado, de Dorothea Orem, do encontro EU-TU, proposto por Martin Buber, da ética da alteridade, de Emmanuel Levinas, e da perspectiva sistêmica, teceremos agora a base relacional da Contoterapia®, apoiando a ideia de que não há histórias que cuidam sem relações que sustentam.

CAPÍTULO 7

FUNDAMENTOS RELACIONAIS

> *"Ninguém se ilumina imaginando figuras de luz, mas tornando consciente sua própria escuridão"– Carl Jung*

Neste capítulo, adentramos a dimensão relacional da Contoterapia®, compreendendo o cuidado como eixo fundamental no encontro terapêutico. Afinal, o ato de narrar o ato de narrar configura um espaço de sustentação simbólica no qual o outro pode reorganizar sua experiência e reencontrar sentidos para sua trajetória, além de se limitar à transmissão de histórias. Assim, entendemos que o processo contoterapêutico possibilita a ocupação de um território de presença, escuta e vínculo, no qual o contar se revela como gesto de cuidado, sem se restringir a um veículo de significação.

O conceito de autocuidado, formulado por Dorothea Orem, oferece um olhar ampliado sobre a dimensão do contar. Se o autocuidado envolve a capacidade de sustentar a própria saúde e o próprio bem-estar, há momentos em que essa autonomia se fragiliza, tornando necessária a criação de espaços em que ela possa ser restaurada. Embora a prática contoterapêutica não se proponha a resolver ou dirigir o processo do paciente, favorece o acesso aos seus recursos internos, oferecendo uma ambiência simbólica que facilita a elaboração subjetiva e fortalece a agência pessoal.

O cuidado e a relação interpessoal estabelecem alicerces essenciais da atuação contoterapêutica. Inspirando-se na filosofia do diálogo de Martin Buber, valoriza-se o encontro EU-TU, em que o Outro é reconhecido em sua unicidade, em vez de reduzido a objeto de análise. Esse olhar autêntico transforma o atendimento terapêutico, deslocando-o da mera resolução de problemas para um espaço de reconhecimento e valorização da história de cada paciente.

Em diálogo com Buber, a ética da alteridade, proposta por Emmanuel Levinas, aprofunda esse campo ao destacar que a relação com o Outro exige abertura radical, responsabilidade e escuta atenta. A Contoterapia® se alinha a essa visão ao criar espaços narrativos nos quais o paciente pode ser acolhido como presença irrepetível, não apenas como sujeito de fala. Cada encontro, nesse sentido, é uma ocasião singular de escuta e responsabilização simbólica — não para interpretar ou corrigir o Outro, mas para sustentá-lo em sua jornada de sentido.

O pensamento sistêmico, por sua vez, recorda que nenhuma história existe de maneira isolada. Estamos inseridos em redes de relações familiares, sociais e culturais, que atravessam e influenciam a forma como elaboramos nossas vivências. A contribuição da contoterapeuta Renata Brügger para este livro evidencia como esse olhar ampliado enriquece tanto a criação quanto a interpretação das narrativas terapêuticas, permitindo que padrões e dinâmicas ocultas venham à tona. Nesse enfoque, o contoterapeuta é convidado a enxergar os contextos mais amplos que moldam a vida de cada pessoa, além da experiência individual.

A proposta da Contoterapia® é valorizar a subjetividade, oferecendo um espaço no qual o paciente pode recontar e recriar sua própria história com liberdade e criatividade, sem oferecer respostas prontas ou solucionar conflitos pontuais. Histórias cuidam, não curam. Elas sustentam, abrem caminho, convidam à reflexão e ampliam horizontes internos. Ao serem escutadas em um campo de presença e confiança, tornam-se sementes de transformação.

Ao entrelaçar fundamentos filosóficos, referências psicológicas e exemplos práticos, este capítulo propõe um caminho que vai além dos rótulos e sintomas, explorando a riqueza das relações humanas. O que está em jogo é o reconhecimento da força relacional como chave do processo simbólico, não a aplicação de uma técnica. Cada fio de escuta pode ser reatado; cada silêncio, acolhido; cada encontro, transformado em nova possibilidade de ser.

É nesse cenário relacional — plural, delicado e potente — que floresce a Contoterapia®, prática que se realiza no vínculo que sustenta as palavras, não apenas nas palavras contadas. Afinal, como já mencionado, não há histórias que cuidam sem relações que sustentam.

Prepare-se agora para mergulhar nos caminhos da metodologia. A escuta simbólica, a criação intuitiva de contos e a entrega à oralidade ganham forma nas próximas páginas, em que o gesto de narrar se torna uma arte de cuidar.

Histórias que cuidam: a Contoterapia® como espaço de autocuidado

> *"O autocuidado não é um luxo, mas um ato de sobrevivência"— Audre Lorde*

Desde os primórdios da humanidade, contar histórias foi um modo de cuidar. Narrativas sempre exerceram papel essencial na construção da subjetividade e na sustentação emocional dos indivíduos, desde o aconchego da tradição oral, passando pelas fábulas que orientam condutas até chegar aos mitos que oferecem sentido à existência. Esse aspecto de cuidado antecede qualquer pretensão terapêutica direta: histórias criam um espaço simbólico no qual o indivíduo pode reorganizar sua experiência interna e reencontrar significados para sua trajetória.

Narrar não é apenas transmitir conhecimento, é também criar uma experiência relacional que envolve presença, escuta e acolhimento. Ao oferecer uma história, o contador sustenta um campo no qual o outro pode elaborar, por si mesmo, as ressonâncias que aquela narrativa desperta. Esse processo dialoga com a concepção de autocuidado formulada por Dorothea Orem, que o define como um conjunto de ações realizadas pelo próprio indivíduo para manter sua saúde e seu bem-estar. Pode ser compreendido como um requisito universal da vida humana, embora nem sempre o indivíduo seja capaz de exercê-lo plenamente. Em momentos de vulnerabilidade, quando isso está em déficit, torna-se necessário um suporte externo que auxilie a recuperação da autonomia do sujeito (Orem, 2003).

A teoria de Orem estrutura o autocuidado em três dimensões: requisitos universais, ligados às necessidades básicas, como nutrição e equilíbrio emocional; requisitos de desenvolvimento, que envolvem a adaptação às mudanças da vida; e requisitos de desvio de saúde, relacionados ao suporte necessário em momentos de crise ou adoecimento (Orem, 2003). Embora originalmente concebida no campo da enfermagem, essa abordagem pode ser aplicada a práticas simbólicas e relacionais, como a Contoterapia®, que favorecem a reorganização interna e o fortalecimento da autonomia.

Na Contoterapia®, como já sabemos, o cuidado se traduz pela criação de um ambiente simbólico em que o paciente pode acessar seus recursos internos e reorganizar sua vivência, sem se limitar a diagnóstico ou correção. As histórias criam condições para que a experiência subjetiva encontre novas formas de ser nomeada, possibilitando ao indivíduo restabelecer o fio de continuidade de sua própria história. Esse processo não é diretivo nem interpretativo: o contoterapeuta não impõe sentidos, mas sustenta um campo de presença em que novas percepções possam emergir com liberdade e profundidade.

Esse gesto de cuidado simbólico aproxima-se do que Barros (2021) conceitua como "cuidado emancipador" — prática que visa fortalecer a autonomia do sujeito na construção de sua trajetória, sem sobrepor sentidos nem reduzir a complexidade da experiência. Inspirado pelas reflexões de Ayres (2004) sobre o cuidado como produção de si e do mundo, Barros propõe um reposicionamento ético e político do cuidado. Na prática contoterapêutica, essa perspectiva se manifesta por meio da escuta sensível, da ética da não imposição e do compromisso com a singularidade do paciente. O contoterapeuta atua como mediador simbólico, facilitando um processo de reintegração e elaboração, sem interpretar ou conduzir o que emerge da história.

Desse modo, a Contoterapia® se inscreve numa visão ampliada de cuidado: centrada na sustentação de um espaço em que o sujeito possa se reorganizar a partir da escuta simbólica, em lugar de focar na solução de problemas. Histórias cuidam, não curam. Elas oferecem um lugar seguro para que o vivido seja nomeado, sentido e transformado. Nesse processo, a narrativa se torna ponte entre o vivido e o possível.

Se histórias, como já vimos, cuidam, é porque são sustentadas por vínculos. Por trás de cada conto que ressoa, há uma escuta que acolhe, uma presença que sustenta e uma relação que permite o florescimento do sentido. O cuidado simbólico promovido pela Contoterapia® só se realiza plenamente quando está ancorado em uma relação autêntica entre contoterapeuta e paciente. Por isso, é preciso olhar para o encontro que torna potente a história, não apenas para a história contada. A seguir, adentramos a dimensão relacional de nossa abordagem terapêutica, guiados pelo pensamento de Martin Buber, para quem a relação genuína — o encontro EU-TU — é o solo fértil para toda possibilidade de transformação.

A DIMENSÃO RELACIONAL NA CONTOTERAPIA®: O ENCONTRO EU-TU

> *"O Eu se torna Eu pelo Tu"– Martin Buber*

Na atuação contoterapêutica, as relações desempenham papel fundamental na construção de um ambiente terapêutico significativo. Embora a ligação do sujeito com a narrativa seja uma dimensão importante, destaca-se, acima de tudo, o relacionamento interpessoal entre contoterapeuta e paciente. Esse vínculo reflete os princípios da filosofia do diálogo de Martin Buber, filósofo, teólogo e educador, apresentados em sua obra *Eu e Tu* (2009), na qual diferencia dois tipos fundamentais de relações humanas: EU-TU e EU-ISSO.

A primeira é marcada por autenticidade, presença e reciprocidade. Não há distanciamento; há encontro. Já na segunda, o outro é reduzido a um objeto, um item a ser manipulado, avaliado ou corrigido. Essa distinção tem implicações profundas para a prática terapêutica, pois define se a escuta ocorre como presença ou como procedimento. Para Buber (2009, p. 18), "no princípio é a relação".

Na Contoterapia®, o encontro EU-TU é condição para que a narrativa atue como recurso de cuidado. O contoterapeuta se aproxima do paciente como um ser singular, sem julgamentos ou expectativas fixas. Essa postura cria um ambiente relacional de confiança, no qual a escuta se torna solo fértil para o simbólico florescer. A história, nesse contexto, não substitui a relação; em vez disso, a intensifica, funcionando como espelho simbólico que permite ao paciente reconhecer e transformar aspectos de si mesmo.

Embora o conceito de EU-TU não tenha sido criado por Buber para pensar narrativas, há uma afinidade profunda entre essa filosofia e o modo como a Contoterapia® compreende o papel delas. As histórias são um convite à presença mútua, um lugar de ressonância simbólica que só se atualiza quando acolhida no campo relacional, não um instrumento aplicado ao outro.

Buber (2009) adverte que a experiência EU-ISSO esvazia o mundo de significado, pois transforma tudo em objeto manipulável. A Contoterapia® evita esse risco ao reconhecer o paciente como cocriador de sua jornada simbólica. O contoterapeuta compartilha um espaço de escuta, em que a transformação emerge do vínculo e da abertura, sem "usar" a história sobre o outro.

Esse vínculo é o já mencionado "entre" buberiano, campo relacional no qual o simbólico se manifesta e a presença do outro é reconhecida em sua inteireza. Como observa Newton Aquiles Von Zuben, na introdução da obra *Eu e Tu*, ao comentar a influência filosófica de Ludwig Feuerbach sobre o pensamento de Martin Buber, "[...] ele [Feuerbach] não vê o homem enquanto indivíduo, e sim como a relação entre o eu e o tu" (Buber, 2009, p. 15). A ênfase na relação como fundamento do humano, assimilada e aprofundada por Buber, ressoa com a proposta da Contoterapia®, que compreende o sujeito com base nos vínculos que sustentam sua subjetividade. É nesse espaço relacional que a Contoterapia® revela sua potência surgindo como encontro vivo em que a narrativa se torna acontecimento simbólico, em vez de uma técnica aplicada.

As histórias, ao abordar dilemas universais, atuam como facilitadoras de um diálogo existencial. Ainda que não configurem encontro literal com o outro, evocam o reconhecimento, a identificação e a abertura simbólica. A narrativa se torna ponte entre o eu e o outro, entre o vivido e o possível, além de conectar imagens internas e palavras.

Por fim, a escuta contoterapêutica não se limita ao presente da sessão. Ela se estende como um fio que percorre gerações, vínculos e histórias muitas vezes não nomeadas. A subjetividade é sempre atravessada por contextos relacionais — familiares, culturais, transgeracionais. É nesse horizonte ampliado que se insere a contribuição do pensamento sistêmico, que será abordado a seguir por Renata Brügger. Com sensibilidade e rigor, ela mostra como as narrativas revelam os sistemas que moldam o indivíduo, não apenas ele próprio — e como essa escuta pode favorecer o reconhecimento e a transformação de dinâmicas invisíveis.

O OLHAR SISTÊMICO NA CONTOTERAPIA®, POR RENATA BRÜGGER

"Nenhum de nós é uma ilha" – John Donne

Os contos que ouvimos e contamos raramente falam apenas do indivíduo. Eles revelam vínculos, lealdades invisíveis, movimentos interrompidos e emaranhamentos profundos. Por isso, neste capítulo, somos convidados a enxergar as histórias através de uma lente mais ampla: o olhar sistêmico.

Essa reflexão é trazida por Renata Brügger, psicóloga com sólida formação em pensamento sistêmico e contoterapeuta apaixonada pela escuta simbólica. Desde a infância, intuía que as histórias escondiam mais do que diziam. Intrigava-se com os títulos dos contos, como "A gata borralheira", e inventava narrativas para sua irmã dormir. Justamente por isso, percebeu, ainda criança, que toda história era também uma ponte entre o coração e a mente.

Com o tempo, mergulhou na psicoterapia clínica, em que aprofundou seu entendimento de que toda pessoa carrega em si uma constelação de relações: familiares, culturais e sociais. Foi nesse cenário que o pensamento sistêmico floresceu como uma chave para compreender os padrões que se repetem, os silêncios que se perpetuam e os conflitos que ecoam de geração em geração.

Ao encontrar a Contoterapia®, Renata sentiu-se diante de algo familiar e potente: uma linguagem que já estava dentro de si, mas que ganhou estrutura e propósito. Unindo a sensibilidade narrativa à escuta sistêmica, sua prática clínica passou a integrar contos, imagens e metáforas como instrumentos de transformação não apenas do indivíduo, mas dos sistemas aos quais ele pertence.

Neste capítulo, Renata nos conduz por esse território, mostrando como o olhar sistêmico amplia o alcance das narrativas terapêuticas. Ao integrar essa visão à Contoterapia®, o contoterapeuta passa a escutar não só o que é dito, mas o que se repete, o que foi excluído, o que ainda pulsa no campo familiar e coletivo. Como ela mesma afirma, as narrativas não apenas refletem quem somos, mas também quem podemos nos tornar. Elas nos desafiam a viver nossa própria história com mais autenticidade.

Sua contribuição é, ao mesmo tempo, poética e profunda — um convite para que a Contoterapia® se torne uma prática ainda mais enraizada, capaz de sustentar a complexidade humana sem perder de vista o cuidado e a beleza das histórias que curam, cuidam e revelam.

Aprender a olhar

Nosso olhar é uma das nossas principais janelas. Uma conexão com o que estamos prestes a conhecer, a nos conectar. Há, obviamente, outras janelas, portas e até mesmo frestas pelas quais conversamos com o mundo e com o que ocorre nele. Enxergar, nesse caso, não tem a ver tão somente com o sentido físico da visão. Falamos de percepção, interpretação e tudo que influencie nossos pensamentos e julgamentos. E é bem nesse ponto que as histórias, ou as narrativas que contamos para os outros e para nós mesmos, fazem uma grande diferença em como vivemos, nos relacionamos e construímos o nosso pensar.

No *Dicionário Etimológico da Língua Portuguesa*, (Cunha, 2010) o verbo “pensar” é apresentado como originado da forma latina “*pensare*”, traduzido por "pesar", ou seja, ponderar ou examinar o que quer que seja. Em outras palavras, refere-se a refletir e meditar com nossos botões.

É possível aprofundar nosso estudo sobre alguns tipos de pensamentos, como o crítico e o dedutivo. Contudo, neste tópico, o pensamento cartesiano mecanicista e o pensamento sistêmico serão iluminados. É importante compreender como fizemos essa trajetória e o quanto ela influenciou nossas perspectivas de mundo.

O pensamento sistêmico nasceu do olhar dos biólogos, quando estes começaram a identificar organismos vivos como totalidades integradas. Essa forma de pensar e enxergar o mundo e os elementos que o compõem foi difundida para diversas disciplinas a partir da década de 1920, principalmente na Europa. Assim, o desenvolvimento do pensamento sistêmico cresceu, de maneira a integrar diferentes áreas e saberes a uma visão que se faz complexa, acompanhando o nosso desenvolvimento. A Psicologia da Gestalt, a Ecologia e até mesmo a Física Quântica foram parte dessa expansão e transformação de conhecimentos e estão ligadas à forma como abordamos a complexidade do mundo (Capra; Luisi, 2014).

A visão sistêmica é concebida da percepção de que o todo não pode ser definido tão simplesmente pela soma de suas partes. E esse ponto é fundamental para entender que estamos construindo uma percepção que vai além da racionalização e da análise. Ampliamos nosso olhar para alcançar uma compreensão naturalmente expansiva, que enxerga dinâmicas e interações como elementos essenciais do funcionamento desse todo. Reconhecemos a experiência e a vida na forma de funcionar e integrar um sistema, que pode ser formado por microscópicas partes de uma célula, por membros familiares, seus papéis e suas interações ou, até mesmo, por planetas que se conectam ao redor de uma mesma estrela.

Em contraste, o pensamento linear e analítico — difundido principalmente na Idade Moderna, a partir do século XVII — se dispõe a examinar cada parte e sua função, simplificando o todo ao separá-las como peças de um maquinário e, consequentemente, explicando funcionamentos sem considerar o contexto e as relações como elementos essenciais.

Nosso pensar e nossa visão coletiva do mundo evoluíram em uma vasta linha do tempo. Na Grécia Antiga, entre VII a.C. e VI a.C., ocorreu a descoberta da razão como ferramenta de conhecimento. Isso foi um grande marco na nossa forma de enxergar o compreensível e, principalmente, aquilo que não entendíamos sobre o mundo. Depois disso, o universo racional seria explorado e expandido. A Filosofia buscou, assim, elucidar aquilo que estava oculto e poderia ser revelado pelo raciocínio. Nesse tempo, desenvolveu-se a importância dos argumentos para justificar e demonstrar o que se buscava compreender. A preocupação era focada em analisar, sem considerar a influência da subjetividade do pensador, fomentando um conhecimento que fosse aplicável por todos e eficiente na descoberta da verdade sobre a essência das coisas (Vasconcellos, 2018). O olhar filosófico se voltou, dessa maneira, àquilo que pretendia investigar. Inquietos e questionadores, filósofos apresentaram uma percepção que, abrangendo o exercício da reflexão e a construção de pensamentos lógicos, nortearia a jornada humana e atravessaria séculos.

Entretanto, na Idade Média, encontramos formas de perceber e viver o mundo que já não se baseiam tão fortemente na razão como principal instrumento de conhecimento. Nesse período, acabou ocorrendo a integração da Filosofia e da Teologia. O pensar reflexivo e a busca de sentido humano se conectaram com as percepções e crenças religiosas. Dois pensadores de destaque foram Santo Agostinho e São Tomás de Aquino, os quais concordavam que a razão só poderia ser propriamente iluminada por meio da sabedoria divina (Vasconcellos, 2018). Havia, assim, necessidade de nutrir e compreender vivências filosóficas e espirituais para fundamentar as realizações concretas e materiais. Nessa ciência medieval, fé e razão caminhavam juntas.

Capra e Luisi, no livro *A visão sistêmica da vida* (2014), também enfatizam o predomínio de uma visão orgânica na Europa dessa época, que tomava a natureza como o guia das experiências relacionais em família e em comunidade. Por isso, além de a razão andar lado a lado com a fé, o exercício desta não era entendido como carreira individual, mas como atividade submissa ao bem comum.

A partir do século XVI, grandes transformações na prática e no pensamento científico europeu se iniciaram, contribuindo para o desenvolvimento de um paradigma que se sustentou ao longo de 300 anos na vivência e na percepção da realidade humana. Começava, então, o desenvolvimento de ideias que revolucionariam o conhecimento científico.

Um dos pensamentos que marca essa transição está relacionado à posição da terra em relação ao universo. A visão geocêntrica, do cientista grego Cláudio Ptolomeu, foi refutada pelo astrônomo e matemático polonês Nicolau Copérnico, que trouxe à tona o heliocentrismo. Segundo Capra e Luisi (2014), Copérnico não permitiu que suas ideias fossem publicadas em vida, pois sabia que tal visão seria contraditória aos ensinamentos e crenças ligadas à religiosidade da época. Assim, elas só vieram à luz após a morte do estudioso, e o físico italiano Galileu Galilei foi quem legitimou esse conceito. Com isso, a visão de mundo mudou: a Terra não seria mais o centro do universo. Em vez disso, passaria a ser entendida como um dos planetas que estariam girando ao redor de uma estrela. A mudança nessa visão de mundo provocaria uma grande reflexão, simbolizada pela atitude de Cópernico em defesa própria: nosso planeta já não seria o centro, tampouco a humanidade o seria. Medos e conflitos vinham no encalço desses questionamentos. Relações de poder seriam fortemente abaladas.

Continuando essa revolução cognitiva, Francis Bacon, filósofo inglês, ajudou a reforçar a ideia de que o conhecimento da ciência deveria servir para dominar a natureza. Ele difundiu a experimentação científica em detrimento do raciocínio indutivo e da observação objetiva de fatos e fenômenos (Capra; Luisi, 2014). O mundo passou a ser visto de maneira mais objetiva, por meio da realização de experiências calculadas. Isso reforçou um contraste entre a racionalidade orgânica e os novos propósitos científicos, que buscavam dominar a natureza, em vez de guiá-la.

Foi, no entanto, o físico, matemático e pensador francês René Descartes quem desenvolveu um sistema de pensamento totalmente novo. O cartesianismo fortaleceu a ideia de que a realidade só poderia ser vista e comprovada por meio da ciência. Assim, embasado nas certezas da matemática, Descartes passou a analisar o mundo natural propondo utilizar a dúvida como método de raciocínio. Afastando-se das crenças preestabelecidas e construindo caminhos para o pensar racional que leva à investigação das coisas, chegou a sua famosa conclusão: "Penso, logo existo". De acordo com essa máxima, a essência da natureza humana reside no pensamento, e todas as coisas que concebemos clara e distintamente são verdadeiras. Portanto, é possível dizer que o método de Descartes é analítico, já que consiste em quebrar os pensamentos e os problemas em pedaços e organizá-los em ordem lógica (Capra; Luisi, 2014).

Esse método foi difundido pelas mais variadas áreas da ciência e contribuiu para o desenvolvimento de muitas tecnologias. Outro traço importante da influência cartesiana no mundo foi a separação entre mente e matéria. Isso, por muito tempo, impediu que aspectos psicológicos fossem considerados ligados a doenças físicas. A visão da natureza física como uma máquina atravessou muitos anos e permeou o desenvolvimento do conhecimento científico até o século XX. Dessa forma, encontramos um padrão da revolução científica que acompanha o modelo cartesiano de reduzir o todo às suas partes, para, só então, compreender o funcionamento do que é analisado. É um padrão reducionista: não busca entender o fenômeno em sua concretude, mas destrinchar as partes dele e, partindo delas, entender o todo.

Apesar da influência cartesiana, o físico e matemático inglês Isaac Newton acabou sedimentando a Revolução Científica do século XVII — principalmente no que se refere à visão mecanicista do mundo. Ao viabilizar a evolução dos trabalhos de diversos cientistas, incluindo Copérnico, Bacon, Galileu e o próprio Descartes, a Física Newtoniana se tornou a base da ciência moderna (Capra; Luisi, 2014). Esse período foi marcado pelo tão bem conhecido pensamento mecanicista-cartesiano, cujo desenvolvimento em diferentes áreas revolucionou o olhar científico. Assim, foram reveladas perspectivas e análises de acordo apenas com aquilo que se podia observar, calcular e controlar.

A razão chegou a estabelecer império no universo do conhecimento, mas seus métodos renderam-lhe um reinado solitário. A modernidade separou a razão da espiritualidade e cindiu a Ciência da Filosofia. Essa cisão tem a ver com a matematização da experiência. Para os antigos, a matemática era puramente abstrata e estava dissociada da experiência. Pela necessidade de mensurar seus experimentos, os modernos introduziram as noções de cálculo no universo concreto. Foi Descartes quem enfatizou que o método filosófico seria a especulação — ou método reflexivo —, enquanto o da ciência seria a experimentação — método matemático. O espírito científico, no sentido moderno, ficou entendido como matematismo, e não simplesmente como logicismo (Vasconcellos, 2018).

A ciência moderna teve a pretensão de criar um padrão de racionalidade que pudesse ser utilizado para explicar tanto o mundo físico como o universo social e político. Assim, cresceu a importância de buscar embasamento empírico para o que fosse considerado verdade. Era preciso ser capaz de aplicar o método científico para se construir novas teorias. Separar Ciência e Filosofia poderia ser uma maneira de enfatizar as diferenças entre duas formas de enxergar o mundo, a natureza e o funcionamento dele. Acabou, porém, também se tornando uma forma de legitimar a construção das verdades sobre o mundo. Para além disso, da Idade Moderna em diante, essas verdades passaram a só poder ser comprovadas por meio da ciência.

Antes de seguir adiante, gostaria de introduzir algumas reflexões: Como você percebe sua forma de enxergar o mundo? Como é ouvir ou conversar com pessoas que veem o mundo de maneira diversa da sua? Sente necessidade de identificar diferenças ou contradições e separar o verdadeiro do falso? Ou, em vez disso, procura enxergar diferenças como complementos, como partes de um mesmo todo?

Essas perguntas são importantes para ilustrar o que foi descrito até então, mas também preparam para o que se desenrolará na sequência da linha do tempo que estamos traçando.

Vamos continuar. Já no século XIX, as "Ciências Positivas", também chamadas de "Ciências da Natureza", e as que estudam o homem — as "Ciências Humanas" — seguem a mesma tendência de separação. O filósofo francês Augusto Comte, fundador do positivismo, estabeleceu o que chamou de "lei dos três estágios", a fim de organizar um critério hierárquico que nortearia diversas ciências. Ele pretendia definir a jornada de desenvolvimento da mentalidade humana. Para isso, concebeu que o primeiro estágio seria o pensamento teológico. O segundo, o metafísico — em que os fenômenos são analisados racionalmente, mas ainda existe a possibilidade de tirar diferentes conclusões sobre o mesmo evento. O terceiro, por fim, seria o positivo, considerado capaz de aplicar o método racional de observação e experimentação, chegando às leis por trás dos fenômenos e a conclusões definitivas a respeito de um evento. O objetivo das ciências era alcançar o estágio positivo. Física, Matemática, Astronomia, Química e Biologia já eram consideradas Ciências Positivas. Quanto às ciências que estudavam o homem, Comte introduziu o termo "Sociologia", considerando que o intuito dela era se desenvolver a ponto de, enfim, alcançar o terceiro estágio.

No entanto, percebeu-se, em pouco tempo, que as ciências humanas precisavam criar seus próprios padrões científicos e que o positivismo apresentava um método limitado para a complexidade contida nelas. O filósofo alemão Wilhelm Dilthey foi o responsável por consolidar essa separação, preservando a ideia de compreensão das questões humanas por meio do aprofundamento de suas finalidades e propósitos. Assim, evidencia-se o contraste com o foco na causalidade que explica os fenômenos físicos nas ciências positivas (Vasconcellos, 2018).

Estamos caminhando entre grandes nomes que marcaram a ciência ao longo dos séculos. O olhar desses estudiosos guiou a construção do conhecimento científico e influenciou o pensar predominante da humanidade. Pensando nisso, Vasconcellos (2018) organizou diferentes pressupostos epistemológicos que elucidam tanto a base da ciência moderna quanto a do que definiu como "o novo paradigma da ciência": o pensamento sistêmico.

Para a autora, o paradigma da ciência moderna se apoia na simplicidade, na estabilidade e na objetividade.

- Simplicidade: está associada à dimensão microscópica e remete à separação do objeto de estudo em pequenas partes — em outras palavras, consiste em simplificá-lo para melhor analisá-lo.
- Estabilidade: considera o mundo como previsível, reversível e controlável, consequentemente, estável o suficiente para que seus elementos sejam submetidos a experimentações e testes diversos, a fim de desenvolver um conhecimento positivo a seu respeito.
- Objetividade: nela, acredita-se em uma realidade que poderá ser percebida e analisada por meio da racionalidade, deixando de lado a subjetividade e buscando uma visão única que possa ser compartilhada por todos. Esses três pressupostos eram exigências para o embasamento científico até então.

Já em relação ao que a autora identifica como novo paradigma da ciência, os pressupostos são: complexidade, instabilidade e intersubjetividade. Sendo assim, o mundo é complexo e não pode ser apenas simplificado e explicado para ser compreendido. Não existe um mundo pronto e estável, há desordem e desenvolvimento contínuo; ele está sempre em transformação. Além disso, percebe-se que a subjetividade é um componente inseparável das percepções e análises e, consequentemente, precisa ser reconhecida e considerada.

Na ideia de mundo simples, estável e objetivo, há a crença de que tudo pode e deve ser racionalmente percebido e analisado para nos aproximarmos de verdades e da evolução. De fato, essa racionalidade nos levou a muitos desenvolvimentos científicos, contribuindo para os principais alicerces do conhecimento natural e humano. No entanto, há questões que a razão e a ciência moderna não puderam alcançar ou explicar. Pelo menos, não sozinhas. No decorrer do tempo, essas exigências foram particularmente difíceis para as ciências biológicas e humanas, que pouco progrediram. Por isso, as Ciências Físicas acabaram virando a base do paradigma moderno, sendo tradicionalmente entendidas como o modelo científico mais bem-sucedido. Contudo, olhar para as Ciências Biológicas e Humanas e julgá-las com base nos princípios das Ciências Físicas seria injusto. Nesse caso, entendê-las como não tão bem-sucedidas seria limitá-las e não tentar compreendê-las.

Nesse ponto, surgem outras questões importantes para refletirmos: Onde encontramos o limite do nosso olhar? Ao ouvir sobre uma dada questão, até que ponto nossa percepção e consciência nos permitem ver? O que precisamos mover ou mudar — em nós mesmos — para enxergarmos além?

A influência do pensamento mecanicista-cartesiano, que construiu as estruturas da ciência moderna, atravessou séculos e ainda tem efeitos na forma como enxergamos o mundo. Continua orientando, inclusive, o modo como julgamos o que acreditamos ou não ser verdade e a maneira como analisamos situações e pessoas. No desenrolar de nossa linha do tempo, no entanto, chegamos a um ponto do desenvolvimento humano em que a ciência precisa se deparar com a inevitável complexidade da vida. E não somente com a complexidade humana: a área da física também acaba admitindo que seus princípios mais tradicionais não estavam suprindo demandas nem compreendendo novas percepções e descobertas.

Dentre tantos pensadores e cientistas, deparamo-nos com algo que é evidente: a necessidade de transitar, transformar e enxergar cada vez mais além. Poderíamos analisar cada um e, talvez, até escolher preferidos, mas há uma forma de enxergá-los que melhor os conecta. Essa forma é o olhar sistêmico. Marcando a evolução da consciência humana desde a descoberta da razão ou até muito antes disso, estamos sempre em busca de compreender e conhecer melhor nosso funcionamento e nosso lugar no mundo. O desenvolvimento do pensamento sistêmico é a continuação dessa busca.

Esse desenvolvimento, como talvez você já tenha concluído, acontece para suprir demandas cada vez mais complexas sobre a compreensão do mundo. Tais mudanças de paradigmas indicam transições. Isso implica mudanças na forma de perceber, enxergar e agir. Quando esse tipo de transformação se inicia de modo embasado no contexto científico, atravessamos criações de novos modelos e padrões de pensamento coletivo. Encaramos um novo olhar para a realidade que nos forma e nos rodeia.

O tempo todo estamos vendo o mundo por meio de nossos paradigmas. Eles funcionam como filtros que selecionam o que percebemos e reconhecemos e que nos levam a recusar e distorcer os dados que não combinam com as expectativas por eles criadas. Como são diferentes os paradigmas de duas pessoas em relação a determinado tema, o que é percebido por uma será imperceptível para a outra (Vasconcellos, 2018). Assim, nosso olhar permeia a construção de nossos paradigmas.

Na linha do tempo da história, as mudanças de paradigmas na ciência impactaram a cultura contemporânea. A transição do pensamento mecanicista para o pensamento sistêmico é marcada por estudos multidimensionais e interconectados — em outras palavras, é moldada pela complexidade. Edgar Morin (2015) descreve o pressuposto da complexidade partindo da origem latina do temos: "*complexus*" significa "o que está tecido junto". Visualmente falando, seria como uma tapeçaria. Assim, esse conjunto e suas partes são essencialmente diferentes e conectados, formando, ao mesmo tempo, uma unidade e uma multiplicidade.

Chegamos, neste momento, a um ponto importante. Enquanto antes se buscava separar e analisar para melhor explicar e descobrir leis naturais, agora, o objetivo é compreender pautando-se em um contexto, ou seja, considerando o todo. Porém, isso não significa que a parte esteja dissolvida nesse todo. Ela ainda se destaca, mas o foco torna-se a existência das relações entre as partes.

A Biologia é uma ciência fortemente marcada por essa transição. As leis da física e da química passaram a não ser suficientes para a compreensão dos organismos vivos, uma vez que o entendimento destes não podia ser derivado apenas do estudo das partes. Havia algo que integrava os organismos e precisava ser estudado. Assim, é a partir do século XX que a biologia, dentro de uma vertente conhecida como vitalismo, se contrapõe ao mecanicismo e ao reducionismo das ciências naturais, defendendo que uma força invisível e não física precisava ser considerada dentro do estudo das leis naturais.

Foi, no entanto, outra vertente da biologia que trouxe as novas perspectivas que estão na base da visão sistêmica — as quais acabaram se contrapondo, também, ao próprio vitalismo. Essa nova linha, conhecida como organicismo, expressava que a compreensão se daria por meio do entendimento das relações que organizam o sistema, ou seja, a compreensão das interações organizadoras. Os biólogos organísmicos introduzem, então, a importância de compreender o contexto e a organização relacional de um sistema, compreendendo seus padrões e suas conexões. Assim, a psicologia, a ecologia e até mesmo a física foram se transformando e se desenvolvendo com base nesse novo olhar complexo, que agora se voltava para um mundo também complexo. Os biólogos organísmicos tiveram a contribuição da Psicologia da Gestalt — que significa "forma orgânica" —, fortalecendo o estudo da percepção humana e, com apoio da ecologia, da organização das comunidades animais e vegetais (Capra; Luisi, 2014).

O pensamento sistêmico, entretanto, inicia sua trajetória de maneira mais concreta no universo científico quando a física, finalmente, consegue mover seu olhar para a complexidade. Isso ocorreu inicialmente graças à ideia de complementaridade trazida por Max Plank em 1900 e, mais adiante, em 1905, explorada por Einstein. Porém, ainda não era possível conceber a ciência desafiando seus princípios básicos de lógica e causalidade.

Foi somente mais tarde, em 1927, que uma nova percepção foi utilizada por Niels Bohr, refutando o pressuposto da simplicidade e indo além da lógica para compreender contradições, buscando concebê-las como complementares. Essa nova ciência também estava acompanhada de mudanças quanto às ideias ligadas à estabilidade e à objetividade. Percebeu-se, então, um mundo instável, em constante transformação, que é intersubjetivo, no qual diferentes percepções da realidade se conectam. Mais adiante, os anos 1980 foram marcados por estudos que aprofundaram o tema. Esteves de Vasconcellos (2018) menciona o médico, biofísico e filósofo francês Henri Atlan, que apresenta o complexo não com ideia de dificuldade ou limite, mas como objeto de investigação, que já não estaria ligada somente às ciências biológicas e humanas. A complexidade inicia uma grande mudança de paradigma também para as ciências positivas, incluindo principalmente a física.

Voltando ao início do século XX, podemos ainda acompanhar o desenvolvimento do conhecimento ligado ao estudo humano, suas percepções, suas relações e seus comportamentos. Em 1920, William McDougall, pioneiro na Psicologia Social, aprofundando uma perspectiva relacional do trabalho psicológico em grupo, compreendendo funções, vínculos, hábitos e regras que permeavam a conexão dos membros e trazendo uma visão do funcionamento desse todo.

Mais tarde, nos anos 1940, Kurt Lewin, psicólogo da Gestalt, desenvolveu a teoria de campo no estudo social, que apresenta uma compreensão do comportamento humano com base em seu campo psicológico, constituído de interações dinâmicas a serem avaliadas em tempo real e dentro de um contexto ambiental. Nesse sentido, indivíduo e ambiente não mais seriam analisados separadamente, reforçando a noção de que a constituição de um grupo vai além da soma de suas partes. Os estudos desse pesquisador influenciaram uma geração de pesquisadores na área social da psicologia. Em 1948, Wilfred Bion desenvolveu um estudo social que também reforçava a visão do grupo como um todo, percebendo suas dinâmicas e compreendendo sua estrutura para, assim, identificar como as pessoas lidavam com seus problemas (Nichols, 2013).

A percepção do comportamento, assim como o desenvolvimento de pensamentos e paradigmas humanos, vai evoluindo dentro desse olhar, que passa a ser compreendido como sistêmico. Aprofundando dinâmicas cada vez mais complexas, a ciência que acompanhou o desenvolvimento do estudo psicológico humano em seu contexto relacional apresentou grandes transformações, com a terapia familiar e de casal, também conhecida como "terapia relacional sistêmica".

Uma grande influência para o aprofundamento dessa terapia foi a cibernética, teoria multidisciplinar desenvolvida pelo matemático Nobert Wiener ainda na década de 1940. É possível defini-la como o estudo de mecanismos de *feedback* em sistemas que se autorregulam (Nichols, 2013). Assim, Wiener fez um comparativo entre sistemas vivos e o funcionamento de máquinas, buscando compreender principalmente como um sistema se organiza para se manter estável.

O antropólogo britânico Gregory Bateson ajudou a difundir essa ideia em uma variedade de disciplinas, liderando uma década de estudos com diversos pesquisadores sobre comunicação em grupos familiares nos quais havia membros diagnosticados com esquizofrenia. Dessa maneira, o grupo de pesquisa de Bateson contribuiu para desenvolver a ideia de que o comportamento e/ou processo de adoecimento humano está conectado a uma função dentro do seu sistema relacional, contrapondo-se a uma visão que foca somente na análise psicológica individual (Gehart, 2014).

A cibernética se concentra na compreensão de um movimento circular de *feedback*, que demonstra como a troca de informações influencia o sistema. Assim, pensando em relações humanas, é possível tomar como exemplo um casal heterossexual que tem conflitos relacionados às demandas de cuidado e limpeza da casa. Nesse caso, a mulher se esforça um pouco mais para mantê-la em ordem e o homem, percebendo essa organização, recebe pouca demanda para executar. Essa atitude do cônjuge pode retornar para a mulher como sinal de que haverá mais serviço para ela no futuro (Nichols, 2013). Obviamente, essas informações estão conectadas às percepções e interpretações de cada um: o papel de cada um no relacionamento e no cuidado com a casa estará intimamente ligado às perspectivas e aos respectivos paradigmas individuais. Assim, essa dinâmica continuará sendo alimentada com noções que podem partir da ação, da reação e mesmo da fala ou da tentativa de reclamação. Assim, o casal acabará retornando sempre ao mesmo tipo de interação.

Para melhor entender o processo de *feedback*, pode-se ressaltar que o termo "cibernética" significa "timoneiro" em grego, referindo-se à capacidade de um sistema de guiar sua própria rota, isto é, autorregulatórios (Gehart 2014). O *feedback* pode ser negativo ou positivo, e isso nada tem a ver com bom ou ruim. Em vez disso, refere-se à disponibilidade do sistema para se corrigir, se transformar ou se adaptar, quando necessário. Um *feedback* é negativo quando o sistema percebe que há a necessidade de correção, ou seja, quando identifica que é preciso recalcular a rota e mudar a ação. Assim, busca corrigir erros. O *feedback* positivo, por sua vez, estaria relacionado à manutenção de uma ação (Nichols, 2013).

Para ilustrar, pensemos em um aparelho de ar-condicionado, que é programado para funcionar de tal forma que consiga manter o resfriamento do ambiente de acordo com a temperatura escolhida no controle remoto. A manutenção da temperatura é automática, alcançada graças à busca por estabilidade ou equilíbrio. A intensidade do ar frio liberado no ambiente é regulada pela máquina, a fim de alcançar e manter a temperatura desejada. Em outras palavras, o aparelho recalcula a rota, aumentando ou diminuindo a intensidade do ar quando necessário (*feedback* negativo) e também pode perceber quando deve continuar aquela ação, para, assim, manter a temperatura desejada (*feedback* positivo). Assim, Gehart evidencia que a busca do sistema cibernético é a homeostase — manutenção da estabilidade e/ou do equilíbrio. Em se tratando de sistemas sociais humanos, o autor conclui:

> Homeostase, quando se trata de famílias, se refere ao singular conjunto de normas comportamentais, emocionais e interacionais que criam estabilidade para a família ou outro grupo social. Apesar do que se poderia presumir pelo seu nome, a homeostase não é estática, mas sim dinâmica. Como um ginasta se movendo constantemente para manter o autocontrole em uma trave de equilíbrio, um sistema precisa estar constantemente em fluxo para manter a estabilidade. Em se tratando de todos os sistemas vivos, manter o equilíbrio é algo trabalhoso, seja o equilíbrio do humor, de hábitos, peso ou saúde em geral. A chave para manter a estabilidade é a habilidade de se autocorrigir, o que exige *feedback* (Gehart, 2014, p. 39).

Pensando em conflitos e em situações adversas interpessoais que podem ser abordadas de maneira sistêmica, foi desenvolvida uma terapia com base na Teoria Geral de Sistemas, idealizada pelo biólogo australiano Ludwig von Bertalanffy, ainda nos anos 1940. Ela integra os pensamentos sistêmico e biológico, com o objetivo de trazer melhor percepção e compreensão de organismos vivos e sistemas sociais, percebendo-os como sistemas abertos em conexão direta e constante com o seu ambiente

(Costa, 2010). Bertalanffy se contrapôs fortemente a visões mecânicas que servissem como analogia para sistemas humanos (biológicos e sociais), focando, assim, no que nos diferenciava das máquinas.

Assim como o movimento circular de *feedback*, trazido por Nichols (2013), Bertalanffy via os seres humanos como sistemas ligados à equifinalidade — que é definida pela habilidade de atingir um objetivo ou estado final partindo dos mais variados caminhos ou de diferentes condições iniciais. Compreende-se, então, que nunca há somente um caminho ou uma maneira de construir o que uma família, um grupo ou um organismo vivo precisa para alcançar o equilíbrio. Não somos máquinas ou robôs programados para executar objetivos específicos, total e somente ligados a uma ação inicial. A existência e o funcionamento humanos são essenciais ao desenvolvimento desse olhar complexo, que se expande mais e mais a cada passo.

Com essa visão, o sistema relacional ganha perspectivas que abrangem dinâmicas, interações e, principalmente, funções exercidas por sintomas/conflitos em um grupo — social ou familiar. Antes, esses aspectos eram puramente evidenciados como individuais.

O pensamento sistêmico permaneceu sendo desenvolvido na perspectiva das terapias familiar e de casal, por meio de diferentes vertentes teóricas. Além disso, continuou permeando as outras áreas do conhecimento científico.

Esse olhar expande, assim, a percepção de qualquer história, abraçando a complexidade e a singularidade de cada contexto. Se, por exemplo, acessamos a história de uma mãe que não consegue se aproximar emocionalmente do filho, que o corrige com violência e se irrita com as demandas que a criança apresenta, podemos, então, imaginá-la na teia do seu sistema familiar. Ao fazermos isso, é importante enxergar as linhas emocionais ligadas ao seu ambiente relacional desde a infância. É possível fazer isso por meio das histórias e dos sentimentos carregados por ela até ali. Como que usando uma lanterna, podemos ir iluminando o caminho traçado por essas narrativas. Buscando compreender o processo emocional daquilo que está sendo contado. Há dor, raiva, medo, desamparo? Como essa mãe percebe sua relação com a maternidade e com a própria mãe? De que maneira essas histórias e narrativas sobre sentimentos influenciam o que está sendo vivido no presente? De que modo influenciam na demanda que ela está buscando sanar no momento corrente?

Nesse processo, o julgamento embasado em crenças e paradigmas individuais pode distorcer o que enxergamos, apagando a luz que nos permite perceber dada questão. Nesse contexto, surge a necessidade de conexão com o processo do Outro.

Contudo, antes de mais nada, é necessário reconhecer o que é nosso, para, só então, pedir licença para seguir desbravando. No exemplo da mãe, a narrativa poderia trazer à tona uma dor ou um medo gigantescos, ambos relacionados ao exercício da maternidade. Poderíamos concluir que essa pessoa precisa desenvolver coragem ou autoconfiança? Ou seria esse o conto de uma doce guerreira amargurada com as feridas da jornada, que nunca aprendeu a cuidar dos próprios machucados? Como ela cuidaria do outro sem antes curar a própria dor ou, ao menos, lidar com ela? Ademais, uma pergunta essencial não pode faltar: Qual é a função dessa dor na história? O que ela diz, pede, sinaliza?

Sim! Afinal, a dor pode pedir para ser vista e cuidada!

Esse exemplo pode ser um ponto-chave para a introdução da ideia de um conto terapêutico. Criar uma narrativa dessa natureza é buscar desenvolver o autocuidado, olhar para as dores e demandas com gentileza e amorosidade, de modo que façam sentido para quem busca esse encontro com a própria subjetividade. É para isso que surge a Contoterapia®.

Em um universo complexo, saber onde procurar fará toda a diferença. Dentro da perspectiva terapêutica, a investigação é iniciada no momento em que a narrativa é organizada e trazida à tona — não necessariamente nessa ordem. A fala compõe, assim, a estrada que nos conduzirá ao mundo do Outro.

Vale, porém um aviso: atenção ao seguir esse coelho branco! Não estamos buscando "qualquer caminho" que possa nos servir, como sinalizado pelo Gato de Cheshire à Alice, no País das Maravilhas, assim que ela se dá conta de que está perdida. Essa narrativa, que integra nosso imaginário, foi criada em 1865. De autoria do escritor britânico Charles Lutwidge Dodgson, mas publicada sob o pseudônimo de Lewis Carroll, apresenta uma jornada complexa e simbólica que reflete sobre a aventura de se conhecer ou, simplesmente, de conhecer algo completamente novo, seja dentro, seja fora de si. Uma jornada como essa pode envolver a completa desconstrução de paradigmas. Por isso, precisamos entender que nosso olhar, enquanto guia desse caminho, precisa se conectar com objetivos que façam sentido para quem nos narra a própria história. Devemos buscar entender qual é o principal conflito ou a questão mais importante a ser desbravada. O que essa pessoa procura aliviar, construir, mudar ou mesmo curar com a Contoterapia®? Só assim podemos seguir já que, assim, seguiremos com uma lanterna em mãos.

Surge a necessidade de mais uma pergunta para nos guiar: De que maneira nosso olhar percebe a direção, as voltas e o desfecho que constroem um conto terapêutico? Quando nos deparamos com um conflito ou uma situação, nossas tendências serão vieses: é preciso atentar a isso. Estar atento aos paradigmas de quem apresenta tais questões será também essencial. A capacidade de olhar para o conflito dentro do contexto sistêmico relacional contribuirá para a identificação de um ponto-chave a ser trabalhado dentro da criação de um conto individual. É essencial aprender a olhar, pois nossa visão pode reconhecer nossas próprias tendências e o lugar de dor capaz de limitar a percepção do Outro.

Ao atravessar esses processos, nossos sentidos devem alcançar o âmago da questão. Assim, para melhor enxergar, precisaremos ampliar nossa forma de perceber dada situação. Outro exemplo nos ajudará a aprofundar esse ponto.

Pensemos em um conflito: um pai que desaprova o relacionamento amoroso de uma jovem filha. Esta, por sua vez, discorda do pai e o enfrenta. Se ouvirmos a narrativa paterna, provavelmente veremos o tal namorado como vilão. Alguém que tenta tirar proveito, que não tem boas intenções e que pode até prejudicar a moça. A filha, por sua vez, teria uma narrativa muito diferente. Talvez ela mencionasse ser injustiçada e incompreendida ou lamentasse por entender que o pai não acredita em sua capacidade de escolher sabiamente. É provável que, na narrativa da filha, o pai se tornasse o vilão que precisaria ser combatido.

Como peças de um quebra-cabeça, podemos unir essas narrativas. Em uma visão sistêmica, na qual visualizamos o todo, entramos em contato com dinâmicas relacionais e formas de se comunicar que precisam ser iluminadas e ressignificadas. O que há entre filha e pai é apenas um namorado? Provavelmente não. É possível que exista forte sentimento de proteção e insegurança. O pai tenta protegê-la de si mesma, sem acreditar que possa sobreviver na própria jornada de crescimento. O que aconteceria se ele falasse de um lugar interno de segurança e força? Como seria, para ele, se comunicar com o que há de seguro e forte na filha, em vez de evidenciar possíveis fraquezas e prováveis erros nas atitudes dela? Para a jovem, como seria responder às inseguranças de seu pai de um lugar de força, coragem e respeito? De que maneira poderia se conectar positivamente com a proteção que ele oferece? O que aconteceria se ambos enxergassem o todo e percebessem as próprias contradições como partes de uma mesma moeda?

Existe, sim, possibilidade de a filha estar sendo ingênua em relação ao namorado. Isso, contudo, não exclui sua força e sua capacidade de aprender a se proteger. Há, ainda, chance de o pai estar se sentindo inseguro em relação às capacidades da filha. É verossímil, ainda, que essa insegurança represente a relação do homem com a própria paternidade. Sendo assim, ele não estaria tão certo e seguro de si como gostaria. Quais são os pontos cegos que sustentam a proteção exacerbada do pai e a resistência da filha?

Se analisarmos separadamente cada lado dessa história, podemos buscar argumentos e evidências. E, só então, estaríamos aptos a julgar o certo e o errado. Para tanto, precisaríamos entender quem julga e quais crenças sustentam tais julgamentos. Há, no entanto, uma infinidade de possibilidades que podem nos levar às mais variadas conclusões. No fim, o quebra-cabeças estaria muito distante de ser completado. Sem essa visão do todo, isso dificilmente será possível. Os envolvidos nessa história poderiam seguir crentes em suas certezas, mas distantes de coração.

Por meio desse exemplo, podemos refletir sobre o seu próprio olhar: Qual é a sua tendência? Ela provavelmente se relaciona ao lado da história que esteja conectado à sua experiência e, mais do que isso, a um processo emocional mais sensível em você. Iluminar o outro lado vai além de entender a versão do Outro. Até porque, na visão sistêmica, não analisamos separadamente. Em vez disso, inserimos a reflexão em um contexto relacional que se organiza e se autorregula. Nesse caso, especificamente, precisamos enxergar os fios que sustentam as dinâmicas de afastamento, afinal, elas sorrateiramente desviam os sujeitos dos próprios objetivos. No caso do pai, quanto mais ele tentava proteger, mais se afastava do objetivo de manter a filha segura.

Chegamos, então, à próxima pergunta-guia: O que aproxima você de alguém? Esses são os fios que serão descobertos na sequência. Quando adequadamente trabalhados, conseguem tecer pontes que nos levam com mais leveza ao coração do Outro. No caso do exemplo, a insegurança e o medo eram partes que se relacionavam ativamente com os membros familiares. Por meio dessa influência, ambos se enxergavam. A filha ingênua e o pai intransigente. Quanto mais rígido e severo ele for, menos contribuirá para fortalecer a caminhada dela. A ingenuidade, tanto quanto a intransigência, é também uma necessidade de aprender a ver melhor o que está bem na nossa frente.

No famoso conto "Chapeuzinho Vermelho", em suas duas versões, a heroína leva seu próprio tempo para perceber que está diante de um lobo mau. Precisa atravessar uma jornada para isso. Em ambas as versões, tanto na de Charles Perrault quanto na dos irmãos Grimm, um pai se faz ausente. Na primeira, Chapeuzinho não tem escapatória: sua ingenuidade a leva ao pior caminho e, consequentemente, ao próprio fim. Na segunda, ainda há esperança e importantes aprendizados, o que torna a garota muito mais forte e sagaz no final. De maneira análoga ao que ocorre no exemplo, a ausência do pai e o descuido da filha também poderiam ser parte do enredo nessa história. Um pai que não consegue se aproximar, uma filha que não aprende a se proteger.

Considerando esse conflito, cria-se um conto. Nesse caso, não será uma história sobre deixar os filhos seguirem o próprio caminho ou, no outro extremo, a respeito de filhos que precisam enfrentar os pais. Nesse caso, é preciso, pautando-se no olhar sistêmico, haver uma história sobre aproximação. Uma narrativa a respeito de seres que se nutrem quando próximos e se envenenam quando distantes. Que precisam, sim, um do outro quando estão saudáveis. Que podem aprender a enxergar além do medo, podendo agir por meio da própria força.

Se, por exemplo, essa filha procura a Contoterapia® para lidar mais adequadamente com dificuldades em relacionamentos, podemos pensar sistemicamente para ajudá-la a encontrar o conflito-chave que a impede de enxergar o que precisa para se relacionar com mais fluidez e segurança. Isso constitui olhar para a questão interna buscando iluminá-la com base no contexto em que ocorre seu plano de fundo e, principalmente, nas dinâmicas e nos padrões que a sustentam e a mantêm ali.

Talvez a jovem não mencione o afastamento ou a intransigência do pai, mas pode abordar a dificuldade em se proteger e escolher parceiros afetivos. Nesse sentido, o ponto a ser iluminado poderia ser a maneira de se aproximar com segurança ou se arriscar protegidamente. Contudo, o tema de relacionamentos amorosos como ocorre com muitos outros, exige uma investigação sobre as relações familiares. Assim, a questão com o pai, com a mãe ou com outros membros da família acabaria por surgir como ponto-chave. O importante é que nosso olhar não esteja ansioso por separar, analisar e concluir tão rapidamente. A conversa sistêmica acontece em círculos, vai dando voltas e passeia pelo contexto relacional da pessoa. Assim, abre espaço por meio da descrição de processos emocionais individuais.

Nesse sentido, é possível pensar em símbolos e significados que façam sentido para os pacientes: uma flor que só compreende sua força quando atravessa o primeiro inverno, por exemplo. Que só reconhece a necessidade de suas raízes quando precisa se nutrir com os elementos da terra. Que só busca apreciar seu florescimento quando aprende a se relacionar positiva e protegidamente com o mundo que a percebe como flor. Essa flor pode passar uma vida tentando se proteger na semente ou tentando agradar a todo custo com sua beleza e seu perfume. Ela tem espinhos e entende a função deles? Conecta-se positivamente com o sustento de suas raízes? Seria a flor em si ou uma jardineira aprendendo a cultivar seu jardim? As possibilidades são infinitas.

E tudo pode partir de uma simples questão com respostas complexas: “Quando você ouve a história de alguém, o que você vê?”. Precisamos pensar em nosso sentir e na nossa relação com a história. Qual parte nossa se conecta ali? Em seguida, buscamos explorar aquilo que não é tão evidente.

Seguindo esse exemplo, pode ser que enxergássemos a mulher que não consegue ter sucesso em uma relação amorosa como vítima de homens sem caráter. Precisamos continuar olhando e passeando por esse contexto: é possível ouvir a história de fragilidade enquanto aprende a perceber o que julgaria como contradição ou, melhor enxergando, o que seria um complemento. Assim, que tipo de forças ela cultivou em si ao longo da trajetória? Problema e solução são faces de uma mesma moeda. Existe alguma maneira de fazer essa conexão?

Para potencializar essa percepção, podemos organizar o olhar sistêmico aplicado à Contoterapia® da seguinte maneira (também expresso pela imagem indicada na sequência):

1. Circular pelo contexto: aquilo que influencia ou sustenta o conflito ou a questão em que nos debruçaremos.
2. Identificar padrões e dinâmicas: fios invisíveis que tecem repetições de comportamento e ajudam a desenvolver paradigmas que estruturam nossa percepção e ação.
3. Relacionamentos importantes: pessoas — geralmente familiares — que, de alguma forma, são parte do conflito ou oferecem uma possível solução.
4. Relação com o conflito: como se posiciona? Como se vê? Está conectado à noção de identidade? É algo a ser combatido e/ou integrado? É uma fragilidade a ser cuidada? Uma força adormecida? É algo que vem de fora e/ou que se percebe mais internamente? É familiar/relacional? É biológico, ou seja, conectado a algum adoecimento do corpo?
5. Relação com a solução: há um desejo ou uma esperança organizável em palavras e/ou sentimentos? Como está a autonomia da pessoa diante da construção de um novo caminho? Como é percebida a relação com seus recursos externos e internos?

Dessa janela interna, o devir do olhar se conecta com um processo. É como uma cortina que se abre e por meio da qual, a princípio, a luz pode se mostrar intensa. É preciso encontrar equilíbrio entre o tempo do Sol, ou seja, sua posição de observador, e o momento em que o observado se julga pronto para ampliar mais a visão do que está fora e bem diante dele. A posição do observado também pode mudar. Mover-se é necessário para enxergar além e em um contexto mais amplo. O que incomoda, o que chama a atenção, o que é trazido como elemento mais importante a ser cuidado: tudo e o todo vai sendo visto e ouvido.

Nem sempre as palavras são certeiras ou mesmo capazes de traduzir uma vivência caótica e dolorida. É preciso dar voltas, perceber o ritmo e o processo, olhando com curiosidade para o sentir e para a história que tece o plano de fundo de um sistema. O contexto se amplia ao passo que o observador afasta cada vez mais a cortina. O que organiza aquele conflito bem ali: relações familiares, experiências, crenças, hábitos, rotina? Qual é o sentido daquilo? Que tipo de solução esse problema aponta como direção a seguir?

De cortinas abertas, talvez esse observador já tenha pulado a janela e adentrado um novo mundo. Seu olhar estará sempre se transformando, uma vez que seu caminhar consciente lhe permite continuar indo além. Cada história é um mundo a ser desbravado, acolhido e, principalmente, tecido no inspirador e profundo universo da Contoterapia®.

Ampliar o olhar é apenas o começo. Quando nos debruçamos sobre os vínculos e padrões que atravessam uma história, percebemos que algo mais se revela: há sempre um Outro ali, diante de nós, que escapa às nossas certezas. Não se trata apenas de compreender sistemas, mas de habitar um estado de escuta em que o encontro humano se impõe como experiência fundante. É nesse ponto que a Contoterapia® se aproxima da filosofia de Emmanuel Levinas, cuja ética nasce justamente do impacto que o rosto do Outro provoca em nós — um chamado que desorganiza o saber prévio e inaugura um novo modo de estar em relação. A seguir, adentramos essa dimensão.

O ENCONTRO COM O OUTRO E A ALTERIDADE

> *"A verdadeira viagem do descobrimento não consiste em procurar novas paisagens, mas em ter novos olhos"*
> *– Marcel Proust*

Emmanuel Levinas (1906—1995), filósofo francês nascido na Lituânia, é amplamente reconhecido por fazer da Ética a base de sua filosofia. De acordo com seus pensamentos, ela nasce do encontro com o Outro — um ser absolutamente singular, que transcende nossas categorias, expectativas e quadros conceituais, ao invés de nascer de princípios abstratos ou contratos racionais. Esse encontro nos desloca de nossa centralidade e nos convoca a uma responsabilidade que antecede qualquer escolha consciente. "Sou responsável pelo outro sem esperar reciprocidade, ainda que morra por isso" (Levinas, 1997, p. 143). Essa responsabilidade radical é, para ele, a origem mesma da subjetividade.

No campo dos fundamentos relacionais da Contoterapia®, a filosofia de Levinas oferece uma dimensão única junto às perspectivas de Martin Buber e do pensamento sistêmico. Enquanto Buber descreve o EU-TU como relação de transformação mútua e reciprocidade, Levinas enfatiza a assimetria radical da relação ética: me relaciono com o Outro como alguém que me interpela e exige uma resposta, não como um igual que me espelha. Já o pensamento sistêmico amplia esse horizonte ao mostrar como as histórias humanas estão entrelaçadas em redes complexas de pertencimento. Essa convergência de olhares viabiliza à Contoterapia® sustentar a singularidade do sujeito sem perder de vista os contextos que o atravessam.

Como, então, isso se traduz na prática terapêutica?

Na Contoterapia®, cada paciente é acolhido como alguém único, e cada história, como um acontecimento irrepetível. A narrativa compartilhada é escutada como apelo simbólico, sem ser interpretada como sintoma. Levinas utiliza uma metáfora para expressar essa singularidade: o rosto do Outro é um chamado que rompe sistemas e categorizações, convocando-nos a reconhecer a liberdade e a dignidade inerentes àquele que está em nossa frente (Levinas, 1997). No trabalho contoterapêutico, essa ética se manifesta na escuta não diretiva, que suspende julgamentos e abre espaço para que o paciente encontre, por si, novas formas de nomear e reorganizar sua experiência.

Se um paciente, por exemplo, compartilha uma história de fracasso em seu trabalho, o contoterapeuta, inspirado por Levinas, sustenta uma presença atenta, abrindo espaço para perguntas que favoreçam a emergência do sentido, ao invés de buscar enquadrá-la em diagnósticos nem oferecer conselhos imediatos: "O que essa experiência toca em você?" ou "Qual imagem dessa história permanece com você hoje?". Essas perguntas respeitam a alteridade e favorecem o contato com o simbólico, sem interpretar.

A ética levinasiana também ilumina a natureza transformadora da escuta: aquele que se permite ser afetado pelo Outro também se transforma. No contexto contoterapêutico, isso significa que tanto o paciente quanto o contoterapeuta participam de um campo simbólico compartilhado, no qual imaginação, escuta e presença sustentam experiências de reorganização emocional e ressignificação, em lugar de servir para aplicar técnicas. A alteridade não é um obstáculo a ser compreendido. Na verdade, é o solo onde floresce a possibilidade do cuidado.

A Contoterapia® inspira-se, assim, na responsabilidade incondicional de Levinas, na presença recíproca de Buber e na escuta ampliada do pensamento sistêmico, criando um campo relacional no qual o encontro com o Outro se manifesta como presença que cuida, que escuta, que respeita, sem se reduzir à empatia técnica. Cada história narrada torna-se, assim, relação viva, não apenas conteúdo simbólico.

Ao concluir este capítulo sobre os fundamentos relacionais da Contoterapia® — do cuidado como autocuidado partilhado à presença ética diante do Outro —, adentramos agora uma nova dimensão: o universo simbólico. No próximo capítulo, mergulharemos no campo das imagens, metáforas e arquétipos, em que as histórias tecem sentidos e reorganizam experiências, não apenas descrevem a realidade. É nesse território poético, profundo e transformador que a Contoterapia® encontra sua linguagem mais íntima.

Capítulo 8

Subjetividade e imaginário como caminho: o simbólico na Contoterapia®

> *"A arte existe para que a verdade não nos destrua"— Friedrich Nietzsche*

Você já sabe que, articulando saberes ancestrais, compreensões contemporâneas e escuta sensível da prática, a Contoterapia® acessa as profundezas da psique humana por meio de histórias que despertam imagens simbólicas e promovem movimento interno. Assim, neste capítulo, somos convidados a explorar os alicerces culturais e simbólicos que sustentam essa prática. Vamos adentrar os domínios da linguagem simbólica, das metáforas transformadoras e dos arquétipos, elementos que ampliam nossa compreensão do inconsciente e oferecem recursos criativos para a reorganização emocional.

Os símbolos, presentes nas histórias, atuam como portais entre o consciente e o inconsciente, possibilitando ao indivíduo acessar emoções e conhecer significados profundos. As metáforas, por sua vez, traduzem vivências complexas em imagens acessíveis, oferecendo perspectivas seguras para trabalhar conflitos internos. Já os arquétipos, em diálogo com Carl Jung, revelam forças estruturantes da psique manifestadas como padrões narrativos compartilhados, conectando experiências individuais a temas coletivos que transcendem culturas e épocas. Na Contoterapia®, os arquétipos funcionam como presenças simbólicas vivas, cuja atuação depende sempre da relação entre quem conta e quem escuta e do contexto do encontro, ao invés de ser moldes fixos.

A imaginação é uma força integradora que conecta mente, corpo e emoção, não apenas um recurso intelectual. Na atuação contoterapêutica, desempenha papel central, permitindo que histórias inspirem a criação de novos significados e caminhos de transformação, além de refletir vivências.

Neste capítulo, perceberemos como a Contoterapia® transforma narrativas em experiências simbólicas de cuidado, ressignificação e autoconhecimento. Graças aos recursos que a integram, essa prática reconecta-nos com a riqueza de nossa própria humanidade, na qual subjetividade e imaginário se revelam como recursos legítimos para o florescimento da vida, além de ampliar nossa capacidade de lidar com desafios emocionais.

Que esta leitura seja um convite para reconhecer o poder transformador das narrativas e para resgatar o valor da subjetividade e da imaginação como fundamentos essenciais no cuidado de si e na construção de uma vida com sentido.

Romantismo, subjetividade e imaginação na Contoterapia®

> *"A imaginação é mais importante que o conhecimento"– Albert Einstein*

O Romantismo, enquanto movimento, é frequentemente reduzido a uma estética do passado, idealizada e sentimental. No entanto, pensá-lo assim desconsidera sua profundidade filosófica e cultural, já que, desde o final do século XVIII, representou uma resposta vigorosa aos limites do racionalismo iluminista. Em vez de rejeitar a razão, os românticos buscaram ampliá-la, integrando emoção, imaginação e subjetividade como dimensões legítimas da experiência humana e da produção de conhecimento.

Frederick C. Beiser, filósofo e historiador especializado em Romantismo alemão, aponta que a romantização do mundo por parte dos adeptos a esse movimento implicava integrar arte, ciência e vida cotidiana em uma totalidade viva e criativa, superando a fragmentação imposta pela Modernidade. A experiência estética, nesse contexto, era uma via de acesso ao absoluto: o infinito contido no finito, o espiritual manifesto no material (Beiser, 2003).

Isaiah Berlin (2015, p. 47), renomado filósofo e historiador, descreveu o Romantismo como "a maior transformação da consciência do Ocidente", reconhecendo sua influência ao desafiar o domínio absoluto da razão iluminista e ao colocar a subjetividade e a imaginação no centro da experiência humana. Para o pensador, esse movimento moldou não apenas a arte e a literatura, como também a política, a moral e a noção de liberdade individual, influenciando desde ideais democráticos até impulsos totalitários. A força dele reside, sobretudo, na afirmação da pluralidade dos valores humanos e na recusa de sistemas que pretendem enquadrar a existência em modelos únicos.

Na Contoterapia®, esses princípios ressoam de modo particular. A escuta terapêutica das narrativas permite acolher a subjetividade em sua inteireza, sem a pretensão de capturá-la em conceitos fixos ou diagnósticos. As histórias criadas ou revisitadas durante esse processo operam como espaços simbólicos de reflexão e movimento interno, nos quais a imaginação atua como força criadora, abrindo caminhos para sua ressignificação, não apenas descrevendo o vivido. Dialogando com o espírito romântico sem pretensão de equivalência, a Contoterapia® compartilha com ele a valorização da interioridade e do processo simbólico como meios legítimos de cuidado e transformação.

Beiser (2003) destaca que os primeiros românticos conferiram à arte uma estatura metafísica, enxergando nela a capacidade de reunir intuição, sentimento e expressão simbólica — um modo de acessar verdades que escapam à lógica linear. Essa perspectiva inspira diretamente o modo como a Contoterapia® compreende o papel das narrativas, entendidas como estruturas simbólicas vivas, capazes de ressoar com camadas profundas da psique. A escuta do simbólico não busca a decodificação imediata, e sim se ancora na experiência estética como espaço de revelação e cuidado.

A imaginação, valorizada pelos românticos como faculdade ampliadora da realidade, é igualmente central na Contoterapia®. Enquanto a razão organiza o que já é conhecido, a imaginação permite o surgimento do ainda não vivido. Assim, atualiza o mundo interno, conecta o paciente a imagens simbólicas universais e favorece o surgimento de novas compreensões. Nesse sentido, o trabalho contoterapêutico se aproxima da visão romântica ao reconhecer que a transformação acontece pela emergência de novos sentidos que surgem da relação viva com a narrativa, ao invés de ocorrer por imposição externa.

Contudo, é necessário distinguir essa inspiração simbólica de leituras conservadoras do passado. Edmund Burke, pensador e político irlandês, via nas tradições e instituições consolidadas a base para a ordem social. Em sua obra *Reflections on the French Revolution* (1951), defendeu a manutenção dos valores herdados como forma de evitar rupturas perigosas. A Contoterapia®, embora utilize mitos e histórias ancestrais, não se volta à conservação de estruturas. Ao contrário: histórias antigas são convocadas não para preservar o passado, mas para iluminar o presente e fecundar o futuro simbólico do paciente — sempre à luz de sua experiência singular.

O Romantismo, enfatizando a subjetividade e a imaginação, continua a oferecer *insights* valiosos para compreender a complexidade da experiência humana. Recorda-nos de que, sozinha, a razão não dá conta da vida, e que a imaginação, a arte e a experiência emocional são caminhos válidos e, muitas vezes, necessários para acessar o sentido. Inspirada por esse legado, a Contoterapia® sustenta a subjetividade como valor ético e terapêutico, transformando o gesto de contar histórias em um espaço de reconexão, criação e cuidado simbólico.

A LINGUAGEM SIMBÓLICA: PONTES PARA A SUBJETIVIDADE E TRANSFORMAÇÃO

> *"O símbolo nos dá olhos para ver o invisível"–*
> *C.G. Jung*

Como já pincelado, na prática contoterapêutica, símbolos, metáforas e arquétipos não atuam como meros adornos narrativos, e sim como dispositivos simbólicos que possibilitam o trânsito entre os domínios do consciente e do inconsciente, do visível e do invisível. Esses elementos operam como pontes: criam espaços seguros para a expressão simbólica de conflitos internos, favorecendo reorganizações emocionais que não seriam acessíveis por vias puramente racionais.

Contudo, vivemos uma época em que a linguagem simbólica tende a ser marginalizada ou inadequadamente compreendida. Muitas vezes confinada a nichos religiosos, esotéricos ou estéticos, é esvaziada de sua potência existencial e transformadora. Esse apagamento compromete nossa capacidade de significar a experiência humana em sua complexidade. O pensamento simbólico não é um luxo tampouco uma linguagem cifrada reservada a poucos, mas uma capacidade fundamental da mente humana. É por meio dele que transcendemos o imediato, acessamos o imaginário e nos conectamos a uma dimensão mais ampla do viver.

A negligência dessa dimensão simbólica empobrece a experiência. Sem ela, tendemos a operar exclusivamente no plano literal e funcional da existência, limitando-nos à lógica da sobrevivência, da produtividade e da objetividade. A desconexão simbólica não gera apenas empobrecimento estético ou emocional, ela também compromete nossa capacidade de elaborar a dor, criar novos sentidos para o sofrimento e experimentar o mundo de modo encarnado e relacional. Em última instância, bloqueia o acesso ao próprio processo de subjetivação.

Desenvolver o pensamento simbólico, por outro lado, é ampliar o campo da consciência, permitindo que a imaginação atue como mediadora entre emoção e razão, abrindo espaço para novas interpretações da experiência. Essa habilidade favorece a introspecção, a criatividade e a abertura para o mistério, qualidades indispensáveis para a saúde psíquica e relacional. Na Contoterapia®, essa dimensão simbólica é mobilizada de forma intencional: cada história é escolhida ou criada com o objetivo de dialogar com a subjetividade do paciente, ativando imagens arquetípicas e metáforas que funcionam como espelhos e guias no processo de elaboração simbólica.

Cada história contada ou criada na Contoterapia® é um convite à travessia: incentiva o paciente a ir além da superfície, a mergulhar no mundo simbólico e a reencontrar aspectos esquecidos, ocultos ou não elaborados da própria história. O pensamento simbólico, nesse contexto, não é apenas um recurso narrativo sofisticado — é parte do próprio processo de cuidado. Ele sustenta a criação de novos sentidos, reorganiza afetos e amplia os horizontes internos do paciente, viabilizando que o processo terapêutico não se restrinja à resolução de problemas, mas se abra à construção de significado.

A FORÇA DOS SÍMBOLOS

A palavra "símbolo" tem origem no grego "*sýmbolon*" (ou "σψμβολον"), termo que se referia a um objeto dividido em duas partes. Na Grécia Antiga, tais itens eram utilizados para selar um pacto ou acordo entre duas pessoas. Cada uma ficava com uma metade e, quando reunidas, elas simbolizavam a união e o reconhecimento mútuo (Han, 2021). Embora inicialmente concreto, esse conceito evoluiu para uma noção mais abstrata, representando uma "ponte" entre dimensões aparentemente divergentes — o consciente e o inconsciente, o visível e o invisível.

Paul Ricoeur, em *The Symbolism of Evil* (1967, p. 347), argumenta que "o símbolo dá origem ao pensamento", pois não se limita à representação direta. Para ele, o símbolo atua como mediador, articulando diferentes camadas de significação e possibilitando uma compreensão mais profunda das experiências humanas. Ao transcender o literal, o símbolo mobiliza a imaginação e provoca reflexão. Para compreender a função dele, é essencial diferenciá-lo de outros elementos da linguagem: signo, sinal (ou índice).

Segundo Saussure (1959), um signo linguístico é a união de um significante (a forma da palavra, seja escrita, seja falada) e um significado (a ideia por ela representada). Por exemplo, ao ouvir ou ler a palavra "casa", muitas pessoas podem formar mentalmente a imagem de um lugar destinado à moradia. Assim, o conjunto de letras "C A S A" ou os sons que compõem essa palavra formam o significante. A ideia associada a esse termo, por sua vez, constitui o significado, o qual varia cultural ou subjetivamente. Em outras línguas, como o inglês ou o francês, usamos signos diferentes para expressar conceitos semelhantes: house e maison, respectivamente. Isso mostra que a relação entre a palavra e o conceito não é natural, mas estabelecida pela língua. O signo é mais estável que o símbolo, pois seu significado é definido dentro de um sistema linguístico.

Quanto à palavra "sinal", no uso cotidiano, ela é frequentemente empregada para indicar algo de maneira direta e prática. Entretanto, Peirce (2000, p. 64) utiliza o termo "índice" para classificar signos que têm relação causal ou factual com o que representam, sem depender de convenções culturais ou interpretação subjetiva. Ao contrário do signo, que exige aprendizado e convenção social, o índice aponta para algo porque há uma conexão física real entre eles. Por exemplo:

- Fumaça indica fogo, uma vez que há relação de causa e efeito.
- Pegadas mostram que alguém passou por ali.
- O sinal verde do semáforo indica que é seguro avançar.
- O alarme soa para alertar perigo.

O sinal ou índice não depende prioritariamente de convenções culturais ou interpretações subjetivas complexas. A eficácia comunicativa dele decorre de uma conexão real ou factual com o objeto que representa. Como Peirce (2000) explica, os índices funcionam como representações que mantêm ligação direta com o objeto, sendo distintos dos ícones, que operam por similaridade, e dos símbolos, que dependem da convenção linguística ou cultural.

Diferente do que ocorre com signo e sinal, o símbolo — que nos interessa particularmente neste contexto — não tem significado fixo. O sentido dele varia de acordo com a cultura, as emoções e as experiências de cada pessoa. Por exemplo, a pomba branca é amplamente conhecida como símbolo da paz, porém, para algumas pessoas, pode lembrar liberdade, espiritualidade ou até mesmo crença religiosa. Isso também acontece com as cores: o preto pode simbolizar luto em alguns países, enquanto em outros representa elegância ou sofisticação. Segundo Chevalier e Gheerbrant (2018, p. XVI-XVII), o símbolo é diferente do signo porque não é arbitrário: ele tem significado mais profundo e conta com "ressonância psicológica e cultural". Assim, concluímos que um símbolo pode despertar emoções e interpretações diferentes dependendo do contexto em que se encaixa e da pessoa que o vê.

A compreensão do símbolo varia entre diferentes abordagens psicológicas. A Psicanálise e a Psicologia Analítica de Jung divergem fundamentalmente na interpretação dos símbolos. Freud os enxergava como representações de desejos reprimidos, que precisavam ser decifrados para revelar seu significado latente. Jacques Lacan, psicanalista francês que reformulou e expandiu muitos dos conceitos de Freud e se tornou um dos mais influentes pensadores psicanalíticos do século XX, ampliou essa ideia, mas trouxe uma nova abordagem. Ele propôs que a mente humana não pode ser compreendida apenas pelo que está reprimido no inconsciente, mas também pela maneira como a linguagem molda nossa subjetividade.

Para Lacan, o simbólico não era apenas uma forma disfarçada de desejos inconscientes, mas uma parte essencial da linguagem e da maneira como organizamos nossas experiências. Ele estruturou sua teoria partindo de três registros: o real, o imaginário e o simbólico (Jorge, 2008):

- O real diz respeito ao que não pode ser nomeado ou simbolizado completamente. Trata-se daquilo que escapa à linguagem. A experiência da morte é um exemplo: sabemos que ela existe, mas não conseguimos expressá-la plenamente em palavras, pois está além da nossa capacidade de compreensão total. Outro exemplo é uma dor intensa, como a de um luto profundo ou um trauma, que, antes de ser elaborado simbolicamente, é manifestado de modo bruto e inexplicável.
- O imaginário envolve as imagens e representações que construímos sobre nós e o mundo. Um exemplo claro é o reflexo no espelho: quando uma criança pequena se vê refletida, ela começa a se reconhecer. No entanto, essa imagem é apenas uma representação idealizada de si mesma. Da mesma forma, no dia a dia, criamos imagens sobre quem somos, sobre como os outros nos percebem e sobre a realidade ao nosso redor. Elas nem sempre correspondem exatamente à verdade, mas estruturam nossa identidade.
- O simbólico, por fim, é o registro da linguagem e da cultura, em que os significados se organizam dentro de um sistema de signos e regras. Um exemplo disso são as palavras que usamos para descrever sentimentos ou experiências. Quando alguém diz

"Estou triste", essa tristeza já foi transformada em linguagem, ganhando significado dentro de um contexto cultural. Também é possível ilustrar esse conceito com os rituais e as normas sociais. Um casamento, por exemplo, é um sistema simbólico que atribui significados e distribui papéis dentro da sociedade, não apenas um evento.

Dentro desse esquema, o símbolo não tem um único significado fixo ou oculto. Em vez disso, faz parte de um sistema no qual os significados mudam, dependendo do contexto e da forma como a pessoa interpreta a linguagem. Lacan, inspirado em Freud e Saussure, mostrou que o inconsciente funciona como uma linguagem, em que pensamentos e sentimentos estão sempre se conectando a outras ideias, sem seguir uma lógica direta. Por isso, um sintoma psicológico, uma fobia ou um comportamento repetitivo, não tem uma explicação única, mas pode ter vários sentidos, dependendo da história e das experiências da pessoa. Diferentemente da visão de Jung, que acreditava que os símbolos revelam verdades profundas e universais, Lacan os compreendia como parte de uma estrutura linguística em constante deslocamento, na qual o significado nunca se fixa por completo, e sim se produz no jogo entre significantes — concepção enraizada na tradição psicanalítica e linguística que influenciou sua leitura do inconsciente (Jorge, 2008).

Winnicott, que já vimos anteriormente, trouxe uma perspectiva ainda mais diferente. Ele analisou como os símbolos surgem na infância e destacou que os objetos transicionais, como cobertores ou ursinhos de pelúcia, não são apenas representações simbólicas, mas constituem uma realidade própria para a criança. Ele enfatiza que a importância desses itens repousa sobre dois fatos: o de representarem algo (o seio materno, por exemplo) e justamente o de não serem aquilo que representam. O conceito de objeto transicional revela um processo fundamental no desenvolvimento infantil, pois marca a passagem da experiência puramente subjetiva para uma percepção mais objetiva do mundo, permitindo à criança explorar a diferença e a semelhança entre fantasia e realidade, aspectos essenciais para a construção da subjetividade e da criatividade (Winnicott, 1975).

Wilfred Bion, psicanalista britânico que trouxe importantes contribuições para a Psicanálise, especialmente no estudo do processamento de emoções e pensamentos, aprofundou essa ideia. Originalmente médico e psiquiatra, Bion trabalhou com soldados traumatizados durante a Segunda Guerra Mundial. Nesse cenário, percebeu que algumas experiências eram tão intensas que não podiam ser compreendidas imediatamente, o que gerava estados de angústia e confusão.

Ele propôs que, para dar sentido ao que sentimos, precisamos de um processo mental capaz de organizar nossas emoções e nossos pensamentos. Quando este falha, as experiências permanecem confusas e difíceis de simbolizar, levando à angústia (Bion, 1991). Nesses casos, a pessoa pode se apegar ao concreto expresso por bens materiais ou rotinas rígidas, porque não consegue elaborar internamente o que está sentindo. Ainda de acordo com o autor, essa dificuldade em transformar emoções em pensamentos claros prejudica o desenvolvimento psicológico e pode gerar sofrimento.

De maneira diferente de Freud, Jung ao aprofundar essa ideia, destaca que o símbolo não é apenas uma representação de algo conhecido, e sim uma ponte para o desconhecido. Na Psicologia Analítica, enfatizava-se que o símbolo serve como conexão para significados mais profundos, sem se limitar a representar algo oculto. Assim, criticava Freud por tratar certos conteúdos inconscientes como símbolos, quando, na verdade, eram signos.

Para Freud, os símbolos nos sonhos e sintomas psíquicos funcionavam como substitutos de desejos reprimidos, ocultando um significado latente que precisava ser decifrado. Jung, porém, argumentava que um verdadeiro símbolo transcende essa função, emergindo do inconsciente coletivo e carregando significados que não podem ser reduzidos a uma única interpretação (Jacobi, 2017). Enquanto o signo é estável e objetivo, o símbolo é dinâmico, evocando múltiplos sentidos e acessando dimensões mais profundas da psique. Além disso, convida à reflexão e à transformação, ao contrário do signo, que é direto e concreto.

Embora a potência simbólica seja essencial, ela não é imutável. Um símbolo pode perder sua vitalidade quando deixa de mobilizar significados e se reduz a um signo convencional, esgotando sua dimensão psíquica e arquetípica. Jacobi (2017) observa que um símbolo permanece vivo enquanto expressa algo que não pode ser plenamente caracterizado de outra forma. Porém, quando seu sentido é completamente assimilado e substituído por uma nova expressão mais adequada, torna-se um signo convencional. Byung-Chul Han (2021), filósofo sul-coreano, complementa essa ideia ao afirmar que a sociedade contemporânea, ao privilegiar a comunicação rápida e a circulação massiva de informações, acelera esse esvaziamento simbólico. A banalização de rituais, a apropriação comercial de símbolos espirituais e a perda do caráter numinoso das imagens, isto é, da sensação de assombro reverente e de atração profunda diante do mistério, contribuem para uma desconexão do indivíduo com sua própria dimensão simbólica.

Seguindo essa linha, Erich Neumann, um dos principais discípulos de Jung, aprofundou o estudo sobre a relação entre mitos e a construção da consciência humana. Para ele, as histórias mitológicas não são apenas narrativas antigas, elas refletem processos internos da psique e ajudam a estruturar o desenvolvimento da identidade e da percepção de mundo.

Um exemplo claro do pensamento de Neumann é a Jornada do Herói nos mitos. Ele a analisou como um arquétipo fundamental da evolução da consciência humana. De acordo com ele, o Herói representa a transição do indivíduo para um estado de maior autonomia psíquica, diferenciando-se tanto do inconsciente quanto do mundo natural. Ao longo desse percurso, enfrentando desafios e superando obstáculos, esse personagem simboliza o processo de amadurecimento e formação da personalidade. Esse modelo mitológico, presente em diversas culturas, reflete a própria trajetória da humanidade e se manifesta também no desenvolvimento psicológico de cada indivíduo, como no processo de sair da infância para a vida adulta ou superar uma crise pessoal (Neumann, 1954).

Essa diversidade de interpretações sobre o símbolo não representa, na Contoterapia®, uma contradição, mas uma riqueza metodológica. Autores como Jung, Lacan, Winnicott, Bion e Ricoeur partem de pressupostos epistemológicos distintos — e, por vezes, inconciliáveis — sobre a natureza e a função do símbolo. Jung o entende como manifestação espontânea do inconsciente coletivo, carregada de conteúdos arquetípicos universais expressos por imagens dotadas de potência transformadora. Lacan, por sua vez, localiza o simbólico no campo da linguagem, como parte de uma estrutura significante que organiza a subjetividade, e cujo sentido nunca se fixa, pois está em constante deslocamento. Winnicott destaca a experiência do objeto transicional como zona intermediária entre fantasia e realidade, em que nasce a capacidade de simbolizar. Bion propõe que o símbolo é resultado da transformação de elementos brutos da experiência emocional em pensamentos organizados. Já Ricoeur concebe o símbolo como convite à interpretação, uma metáfora viva que, ao transcender o literal, mobiliza o pensamento e abre sentidos múltiplos no tecido da cultura.

Embora essas abordagens não possam ser fundidas em uma única teoria, elas convergem em um ponto fundamental: o símbolo é uma via de acesso à complexidade da experiência humana, operando como mediação entre diferentes dimensões da psique, da linguagem e da cultura. Na prática contoterapêutica, essas contribuições são compreendidas como lentes possíveis, que iluminam aspectos diversos do trabalho com narrativas e imagens simbólicas. O contoterapeuta exercita uma escuta sensível às imagens que emergem, respeitando a singularidade de cada encontro, sem adotar um modelo fixo de interpretação.

Essa abertura teórica é um dos pilares da Contoterapia®, que possibilita que profissionais com formações distintas — da Psicologia Analítica à Psicanálise lacaniana, das abordagens bionianas às hermenêuticas — encontrem um campo comum de atuação. O símbolo, nesse contexto, pertence ao espaço vivo da experiência compartilhada, não a uma doutrina. É escutado, não decifrado. É vivido, não classificado. A força do trabalho contoterapêutico reside justamente em criar condições para que o símbolo revele seu sentido na relação entre narrativa e subjetividade, entre palavra e afeto, entre a história contada e a história interna de quem a escuta.

No contexto contoterapêutico, os símbolos que emergem das histórias não são apenas imagens retóricas. Eles funcionam como portas para o inconsciente, despertando emoções e memórias ocultas. Quando um símbolo ressoa com a experiência de alguém, torna-se canal para sentimentos ainda não articulados. Um exemplo clássico é o espelho, que pode representar tanto a autoconsciência quanto os aspectos ocultos da psique, oferecendo espaço simbólico para reflexão e autoconhecimento.

Rudolf Otto, em *O Sagrado* (2022), descreveu a experiência religiosa como um encontro com o numinoso — uma realidade que é vivida como um mistério que provoca assombro e reverência profunda (tremendum), podendo também exercer uma força de atração e encantamento (fascinans), sem se explicar por conceitos racionais. Na Contoterapia®, um símbolo só se torna verdadeiramente terapêutico quando provoca essa sensação no paciente, tocando algo profundo dentro dele e abrindo caminho para a transformação emocional.

Embora cada símbolo atue de maneira diferente em cada pessoa, nem todos têm o mesmo impacto em todos os contextos e isso não significa que a potência simbólica dele seja irrelevante ou arbitrária. O contoterapeuta atua como facilitador de um espaço simbólico vivo, oferecendo imagens que carregam uma carga cultural e arquetípica, mas cuja ativação depende da escuta, da disponibilidade emocional e do momento subjetivo do paciente. Alguns símbolos despertam emoções profundas e reorganizam a experiência interna; outros podem não gerar ressonância imediata, mas, ainda assim, operar de forma latente, silenciosa.

O processo terapêutico, portanto, acontece na tensão fértil entre a estrutura simbólica da narrativa e a singularidade da escuta subjetiva, sem se reduzir à espontaneidade da resposta individual. Como destacam Chevalier e Gheerbrant (2018), o símbolo transcende o significado literal, mobilizando estruturas internas e conduzindo o psiquismo a novas formas de compreensão. Pode ser uma ponte entre consciente e inconsciente, emoção e pensamento, experiência pessoal e narrativa coletiva.

Essa força simbólica reside justamente em habitar a zona intermediária: orienta a experiência sem se esgotar em um único sentido, embora não se dilua em interpretações arbitrárias. O símbolo orienta a experiência e o modo como ela será atravessada depende da escuta mútua entre quem conta, quem escuta e o mistério que se revela entre ambos.

A atuação contoterapêutica permite que eles se revelem de modo singular, sem buscar decifrar símbolos nem fornecer interpretações prontas. O valor simbólico reside no encontro entre uma imagem arquetípica com sua história e densidade, e a escuta sensível de quem a acolhe, não apenas na imagem em si, tampouco na projeção subjetiva do paciente. Quando essa ressonância acontece, o símbolo deixa de ser apenas elemento narrativo e se torna uma chave para reorganização psíquica, capaz de reconfigurar emoções, percepções e experiências anteriormente fragmentadas.

Imagine um personagem que encontra uma chave ou atravessa um rio. Para alguns pacientes, a chave pode simbolizar novas possibilidades e decisões adiadas, enquanto o rio é capaz de representar o fluxo do tempo e a inevitabilidade das mudanças. Para outros, esses mesmos elementos podem não carregar significado especial algum, funcionando apenas como partes do enredo. O papel do contoterapeuta é sustentar um campo de escuta no qual cada paciente possa descobrir o que essas imagens representam para sua própria trajetória, sem pressa, sem forçar o sentido, não atribuir significado definitivo.

Na prática contoterapêutica, os símbolos funcionam como estruturas mediadoras entre o vivido e o possível, entre o sentido já conhecido e aquilo que ainda está em processo de emergência, não sendo acessórios decorativos da narrativa. Quando um símbolo encontra solo fértil na escuta subjetiva, acaba por funcionar como um operador de transformação, mobilizando afetos, reorganizando narrativas internas e permitindo a reintegração de aspectos antes dissociados da experiência.

A pluralidade de perspectivas sobre o símbolo, como vimos, nos revela que diferentes tradições filosóficas e psicológicas — da Psicanálise à Hermenêutica, da Psicologia Analítica à Fenomenologia — convergem na afirmação de que a linguagem figurada é um caminho legítimo e potente para acessar a complexidade da existência. A metáfora, embora distinta do símbolo em alcance e profundidade, compartilha com ele o poder de transpor o literal e o imediato, ativando novas possibilidades de significação.

Se o símbolo tende a tocar camadas arquetípicas e coletivas, a metáfora opera com leveza e proximidade, traduzindo nuances subjetivas por meio de imagens extraídas da vida cotidiana. É nesse campo de ressonância em que simbólico e metafórico se entrelaçam que a Contoterapia® finca suas raízes: na escuta que permite ao símbolo e à metáfora revelarem, em cada encontro, sua potência de cuidado e transformação, não na fixação de significados.

O PODER DAS METÁFORAS

A metáfora é um dos recursos mais potentes no processo contoterapêutico, uma vez que possibilita ao paciente explorar e expressar suas emoções e seus conflitos internos de maneira simbólica. Ao contrário do que ocorre em uma descrição literal, a metáfora abre espaço para que o paciente veja suas experiências sob uma nova luz, facilitando a compreensão de aspectos abstratos ou difíceis de serem articulados diretamente. Ao dizer "carregamos fardos invisíveis", por exemplo, um paciente pode descrever o peso emocional que sente sem precisar confrontar diretamente questões mais delicadas. Essa transformação de emoções complexas em imagens acessíveis e menos ameaçadoras oferece um meio seguro de trabalhar temas sensíveis.

Na prática contoterapêutica, a metáfora transcende a mera ornamentação da linguagem e se torna via expressiva de simbolização, por meio da qual o paciente pode acessar e transformar suas experiências emocionais. Paul Ricoeura descreve como uma ponte que cria significados, além de decodificá-los. Afinal, ela interage com múltiplos sentidos e viabiliza novos modos de compreensão, sem se limitar à substituição de termos. Segundo o autor (2000, p. 293), "todos os tipos de fundamentos convêm para a mudança de significação conforme os contextos", e as metáforas possibilitam uma transação entre contextos que vai além da simples analogia. Ao reinterpretar situações por meio delas, a pessoa envolvida no processo contoterapêutico pode reorganizar suas vivências emocionais, ampliando sua percepção de si mesmo e do mundo.

Para entender a importância das metáforas em nossa cognição e linguagem, é essencial conhecer o trabalho do linguista e filósofo George Lakoff e do filósofo Mark Johnson, autores do influente livro *Metaphors We Live By* (em livre tradução para o nosso idioma, "*Metáforas de Vida Cotidiana*") (1980). Nesse estudo, os pesquisadores revolucionaram nosso entendimento das metáforas, demonstrando que são estruturas fundamentais do pensamento humano. Para Lakoff e Johnson, a maneira como compreendemos o mundo está profundamente moldada por metáforas conceituais, que estruturam nossas experiências e crenças.

Um exemplo clássico desse fenômeno é a metáfora "*argument is war*" — traduzido para o português, "o argumento é uma guerra". No nosso dia a dia, usamos expressões como "atacar uma posição", "defender um ponto de vista", "ganhar terreno", sem perceber que estamos recorrendo a uma estrutura metafórica subjacente, que associa debates a conflitos bélicos. Da mesma forma, a metáfora "*time is money*" (em nosso idioma, "tempo é dinheiro") influencia a maneira como lidamos com o tempo, expressando conceitos como "desperdiçar tempo", "economizar tempo" e "investir tempo". Esse modelo metafórico afeta diretamente nossos processos cognitivos e emocionais, evidenciando a influência profunda da linguagem sobre o pensamento e a ação.

Além disso, os pesquisadores Felipe Stephan Lisboa e Rafaela Teixeira Zorzanelli (2014) organizaram um estudo relevante para a compreensão das metáforas no campo da neurociência. Os autores analisaram como as metáforas são utilizadas para descrever e compreender o funcionamento do cérebro, demonstrando que, ao longo da história, o cérebro já foi comparado à máquina hidrodinâmica, ao relógio, ao motor a vapor, à central telefônica e, mais recentemente, ao computador ou à internet. Essas metáforas moldam a maneira como interpretamos os processos cognitivos, além de refletir o avanço das tecnologias de cada época. Contudo,, Lisboa e Zorzanelli alertam que essas comparações são limitadas e podem não capturar toda a complexidade do cérebro humano. A escolha das metáforas influencia diretamente a percepção e interpretação dos processos cognitivos e emocionais, reforçando a interconexão entre linguagem, pensamento e ação. Nesse sentido, somos lembrados do cuidado necessário para que tais imagens não empobreçam a experiência humana ao reduzi-la a um funcionamento programável.

A metáfora, portanto, influencia ativamente como percebemos e interpretamos o mundo, além de descrever realidades preexistentes. No contexto terapêutico, essa característica permite ao paciente ressignificar experiências de maneira mais acessível e intuitiva. Por exemplo, ao referir-se a um "caminho tortuoso", ele expressa sensação de dificuldade e incerteza. Ao contoterapeuta cabe, então, criar uma narrativa em que o protagonista enfrenta uma trilha semelhante, na qual encontra recursos inesperados e forças ocultas para avançar. Essa abordagem oferece perspectivas de superação, ao mesmo tempo que valida a experiência do paciente.

Enquanto o símbolo frequentemente opera em nível cultural ou arquetípico, a metáfora tende a ser mais pessoal e adaptável, moldada pela vivência individual do paciente. Essa distinção ressalta como o recurso metafórico, mesmo compartilhando o poder de evocar significados profundos, atua em um registro mais imediato. Por exemplo, se o rio, enquanto símbolo, pode representar fluxos universais de mudança e transformação, a metáfora do "rio que transborda" é capaz de evocar diretamente o sentimento de estar sobrecarregado, refletindo mais especificamente as emoções de quem a utiliza.

Ademais, essa figura de linguagem se distingue de outras, sobretudo da comparação, pela forma como constrói sentido. A comparação estabelece relação explícita entre dois elementos — usando, entre outros, os conectivos "como" e "tal qual". A metáfora, por sua vez, funde-os simbolicamente. Ao dizer "Ela brilha como uma estrela", a resplandecência desse astro é associada à pessoa, sugerindo uma semelhança. Na construção metafórica "Ela é uma estrela", não há apenas semelhança: existe sobreposição simbólica, em que a imagem da estrela passa a habitar e revelar aspectos da identidade dessa pessoa. A metáfora não compara; em vez disso, ela transforma.

George Lakoff e Mark Johnson afirmam que as metáforas moldam nossa percepção de mundo e compreensão de experiências. Segundo os autores (1980, p. 146), "mudanças em nosso sistema conceitual alteram aquilo que consideramos real e afetam como percebemos o mundo e agimos sobre essas percepções". Na Contoterapia®, são analisadas as metáforas que aparecem nas falas dos pacientes como janelas para seu universo emocional. Elas ajudam a construir histórias que dialoguem diretamente com os desafios enfrentados por este, promovendo sua ressignificação. Assim, além de refletirem dificuldades, elas apontam para possibilidades de superação, tornando-se imagens mediadoras centrais no processo terapêutico.

Se as metáforas nos ajudam a nomear o que sentimos e a reorganizar nossa experiência imediata, os arquétipos nos levam um passo além: expressam as possibilidades da experiência humana e, mais do que isso, as estruturam. Enquanto a metáfora traduz o vivido em imagens acessíveis, o arquétipo dá forma ao que ainda não foi vivido, operando como molde invisível da psique.

Na sequência, adentraremos esse território mais profundo, no qual as narrativas revelam padrões ancestrais que atravessam culturas, épocas e indivíduos, além de ressoar. É nesse campo que os contos encontram sua potência mais antiga: aquela que fala por meio do inconsciente coletivo.

A PROFUNDIDADE DOS ARQUÉTIPOS

Os arquétipos, conforme descritos por Jung, são estruturas psíquicas universais presentes no inconsciente coletivo, que modelam as manifestações da experiência humana. Eles se expressam por meio de imagens simbólicas que assumem formas culturais e artísticas específicas e variadas, estando presente em mitos, contos, sonhos, sem ter forma fixa ou significado específico. Esses padrões são como moldes invisíveis da nossa percepção do mundo, atuando de maneira complementar aos instintos no corpo: como forças estruturantes do comportamento e da elaboração simbólica. É importante destacar que os arquétipos não são diretamente acessíveis. Eles manifestam suas imagens representativas, que emergem na cultura e na experiência subjetiva de cada indivíduo (Jung, 2002; Jacobi, 2017).

Embora a abordagem junguiana seja uma das mais influentes na compreensão dos símbolos e das imagens coletivas, ela não é a única via teórica possível. Outras tradições, como a hermenêutica filosófica, também investigam o papel das imagens simbólicas na constituição da subjetividade, partindo de pressupostos epistemológicos distintos.

Em tópico anterior, ao abordar a força dos símbolos e mencionar as críticas de Ricoeur à sistematização simbólica de Jung, já indicamos que essas correntes não são teoricamente compatíveis entre si. Ainda assim, na Contoterapia®, inspira-se nelas com liberdade interpretativa, partindo de imagens, metáforas e sentidos possíveis por elas oferecidos, sem buscar uma síntese conceitual entre essas abordagens. Nosso guia é a escuta sensível do que pode emergir no encontro entre narrativa e subjetividade, com o compromisso do cuidado, embora sem a pretensão de unificação teórica.

Uma das formas mais reconhecíveis de manifestação dos arquétipos ocorre nos mitos e contos de fadas. Segundo Jung, essas narrativas expressam conteúdos profundos da alma humana, ao invés de surgirem como meras explicações da realidade externa. O homem primitivo, ao observar os fenômenos naturais,os via como parte de um drama interno projetado no mundo ao seu redor, não como eventos independentes de sua psique. O nascer e o pôr do sol, por exemplo, eram entendidos como representações simbólicas do destino de um deus ou herói que habitava sua própria alma, não apenas como movimentos celestes. Da mesma maneira, havia a percepção de ciclos naturais — como as estações do ano e as fases da lua — como reflexos simbólicos dos processos inconscientes que moldam a experiência humana (Jung, 2002).

Tal tendência à projeção simbólica, no entanto, não se limita às sociedades antigas. Embora os pensamentos racional e científico tenham se desenvolvido, essa necessidade simbólica ainda se manifesta na cultura contemporânea. Ainda segundo Jung (2002), os arquétipos continuam influenciando nossa interpretação de eventos, nossa atribuição de valor e nossa busca por coerência, revelando conexões entre o mundo externo e os processos internos da psique.

É importante sublinhar que os arquétipos não são estruturas fixas, e sim sistemas energéticos dinâmicos, que interagem entre si e influenciam tanto o indivíduo quanto a coletividade. Como explica Marie-Louise von Franz (1985), cada arquétipo pode ser compreendido simultaneamente como impulso psíquico e campo de força, articulando-se com outras estruturas e organizando os conteúdos do inconsciente coletivo. Assim, as imagens arquetípicas podem se expressar de modo diverso, incorporando múltiplos significados no decorrer do tempo. Segundo Jacobi 2017(*apud* Wickes, 1951, p. 132), "[...] o valor do símbolo não é absolutamente fixo e determinado; ele reside na relação do símbolo com o sonhador." Isso significa que um símbolo arquetípico só se realiza plenamente no contexto subjetivo de quem o vivencia.

Em um de seus últimos trabalhos, von Franz destaca que, de acordo com Jung, a tentação de tratar os arquétipos como meros conceitos intelectuais é um risco, especialmente para o tipo intelectual, que tende a minimizar o fator afetivo-emocional presente nas imagens arquetípicas. Para ela, uma imagem arquetípica não é apenas uma construção conceitual, mas uma experiência emocional viva, que só ganha vida e significação quando ressoa afetivamente no indivíduo. Em um aceno à perspectiva junguiana, Von Franz (1985) comenta que, mesmo compilando todas as representações da Grande Mãe, de santos ou de outros arquétipos ao redor do mundo, esse acúmulo de conhecimento será vazio se não estiver ligado a uma vivência psíquica concreta.

Na prática contoterapêutica, as imagens arquetípicas aparecem como figuras simbólicas que promovem reflexão e autoconhecimento. Um conto pode trazer, por exemplo, a figura do Herói, que evoca coragem e superação diante dos desafios; da Grande Mãe, representativa de acolhimento e proteção, e também sufocamento e controle; ou do Sábio, o qual remete a discernimento e orientação. Essas figuras não são apenas personagens de uma história, mas expressões simbólicas que ressonam com temas estruturais da existência.

Para evitar confusões conceituais, distinguiremos arquétipo, estereótipo e símbolo. O arquétipo é um padrão psíquico universal, vivo e dinâmico, que se manifesta em diferentes formas. O Herói, a Sombra ou a Grande Mãe, para citar alguns, não têm forma fixa, e influenciam a psique e a cultura de maneiras recorrentes e profundas. Já o estereótipo compreende uma representação rígida e superficial, frequentemente carregada de generalizações. Assim, um estereótipo de Herói reduz esse personagem a um modelo previsível e sem profundidade dramática.

Segundo Wilson Bryan Key (1996, p. 182), eles formulam "dissimulações cosméticas, representações falsas".

Por fim, o símbolo, como já vimos, é uma imagem ou representação que carrega significados culturais e emocionais, conectando o visível ao invisível, embora sem necessariamente conter enredo pessoal específico. O significado dele emerge da interação com o contexto biográfico do indivíduo. Por exemplo, a espada do Herói pode simbolizar coragem e verdade, funcionando como manifestação concreta de um adjetivo em determinado contexto. Por isso, é possível dizer que o símbolo da espada é uma imagem que manifesta o arquétipo do Herói para determinado povo.

Platão, em sua teoria das ideias, afirma que estas são modelos perfeitos e eternos. Na Psicologia Junguiana, os arquétipos são análogos, no sentido de organizarem a experiência, porém diferem por serem dinâmicos, afetivos e enraizados na psique viva. Jacobi (2017, p. 56) observa que estes "não são estáticos; ao contrário, possuem uma natureza viva e dinâmica, recriando-se continuamente a partir da própria psique".

Ao interagir com uma imagem arquetípica na Contoterapia®, o paciente reconhece aspectos de sua própria psique na narrativa, estabelecendo uma ponte entre sua consciência e seu inconsciente. Por meio desse processo, ocorrem elaborações simbólicas de conflitos, emoções e recursos internos.

Continuando com os exemplos, ao se conectar à figura do Herói, o paciente pode refletir sobre momentos de superação em sua própria vida ou desafios que ainda precisa enfrentar. Com a ajuda da Grande Mãe, torna-se viável explorar pontos ligados ao cuidado, à dependência emocional ou ao desejo de proteção. Já o Sábio é capaz de trazer *insights* a respeito de escolhas e amadurecimento.

Contudo, os arquétipos não são instrumentos passíveis de manipulação, mas expressões psíquicas que só se revelam de maneira espontânea e simbólica. Jacobi (2017) afirma que os arquétipos organizam os elementos da psique, sendo reconhecidos apenas pelos seus efeitos. Eles não são acessados diretamente, mas percebidos nas imagens que evocam e nas transformações que possibilitam.

Na atuação contoterapêutica, essa compreensão orienta a criação de um espaço simbólico no qual emergências do inconsciente possam ser escutadas e integradas com respeito. O objetivo é favorecer sua manifestação espontânea e possibilitar sua assimilação na experiência psíquica e no processo terapêutico, sem estar em "acessar" ou "controlar" os arquétipos.

É importante lembrar que os arquétipos não se manifestam isoladamente, mas em constelações relacionais. O Herói, por exemplo, não pode se desenvolver sem a presença da Sombra, pois esta representa aspectos reprimidos e não reconhecidos da personalidade. Como explica Von Franz (1985), a Sombra pode inicialmente parecer uma força perturbadora, mas, ao ser reconhecida e integrada, ela se torna instrumental no destino do Herói, ajudando-o a realizar suas tarefas e a construir sua biografia real. Pensando em outro exemplo, a Grande Mãe também apresenta essa dualidade: pode ser tanto a figura nutridora e acolhedora quanto uma presença sufocante e devoradora. Da mesma forma, o Sábio pode surgir como guia iluminado ou figura enigmática, cuja influência pode tanto orientar quanto manipular.

Na prática contoterapêutica, reconhecer essas dinâmicas arquetípicas permite refinar a escuta das histórias internas do paciente e sustentar processos de transformação com maior autenticidade. O objetivo é favorecer a emergência de sentidos próprios, respeitando o ritmo psíquico de cada um, não atribuir significados prontos.

O estudo dos arquétipos na Contoterapia® enriquece a compreensão do processo simbólico, fortalecendo o poder histórias como vias de elaboração e transformação. Ao interagir com imagens, o paciente tem oportunidade de revisitar e ressignificar a própria história, integrando aspectos da psique que, muitas vezes, permaneciam ocultos.

No decorrer deste texto, reconhecemos que os arquétipos estruturam a experiência humana por meio de padrões profundos e vivos, que se manifestam nas narrativas com potência simbólica. No entanto, a força das histórias não reside apenas na evocação de imagens ancestrais, mas na capacidade que elas têm de agir sobre a realidade psíquica do sujeito. Ao transitar entre mito e rito, entre símbolo e gesto, a narrativa atua como instrumento de reorganização da experiência. Essa ação simbólica das histórias será explorada a seguir, partindo dos estudos de James Frazer sobre as formas ancestrais de magia.

A EFICÁCIA DA NARRATIVA

Após explorar os símbolos, as metáforas e os arquétipos, podemos avançar para uma compreensão mais ampla da narrativa como ação simbólica, reconhecendo que as histórias colaboram em sua transformação, além de representar a experiência. Essa compreensão dialoga com saberes ancestrais, nos quais contar histórias era também um modo de agir sobre o mundo — tanto no plano interno quanto no externo.

James George Frazer, em sua clássica obra *O ramo de ouro* (1982), investigou práticas rituais em diferentes culturas e identificou dois princípios que fundamentam muitos gestos simbólicos nas tradições mágicas antigas: a magia homeopática e a contagiosa.

A magia homeopática, também chamada de imitativa, baseia-se na ideia de que é possível influenciar uma ocorrência por meio de uma representação simbólica semelhante ao efeito desejado. Uma dança que mimetiza a chuva para atraí-la, por exemplo, seria um gesto ritual que busca provocar um efeito análogo.

Já a magia contagiosa parte da crença de que coisas que estiveram ligadas mantêm sua conexão simbólica mesmo quando separadas fisicamente. Um fio de cabelo, um objeto pessoal ou uma imagem carregariam consigo algo do que foram. Como afirma Frazer (1982, p. 45):

> as coisas que estiveram em contato continuam a agir umas sobre as outras, mesmo à distância, depois de cortado o contato físico [...] Os sortilégios baseados na lei da similaridade podem ser chamados de magia homeopática ou imitativa; os que têm fundamento na lei do contato ou contágio podem ser chamados de magia por contágio.

No contexto da Contoterapia®, essas concepções se atualizam simbolicamente, oferecendo uma analogia poética para pensar a potência da narrativa como ação transformadora. Quando o paciente escuta uma história que reverbera sua dor, seu desejo ou seu medo, há uma ressonância simbólica que opera na escuta, como se a narrativa imitasse, em outro plano, aquilo que precisa ser elaborado.

Essa dinâmica pode ser compreendida como uma forma simbólica de magia homeopática.

Ademais, muitas histórias continuam a agir internamente mesmo após a escuta, como se deixassem um fragmento simbólico no campo da experiência do ouvinte. Essa persistência, que constitui uma memória viva da imagem, pode ser associada à lógica da magia contagiosa: a escuta estabelece um vínculo que permanece atuando silenciosamente, reorganizando camadas da psique no decorrer do tempo.

Esse deslocamento simbólico — de vivência para imagem e, consequentemente, para elaboração interna — é o que sustenta a eficácia terapêutica do contar. O conto, quando escutado com presença, abre um campo simbólico no qual a palavra se torna gesto e a imagem se converte em possibilidade. Contar uma história, nesse sentido, não é apenas narrar: é instaurar um espaço de cuidado, no qual a transformação se torna possível.

É fundamental, entretanto, reconhecer os limites das próprias ideias de Frazer. Embora tenham sido formuladas dentro da perspectiva racionalista e evolucionista da Antropologia do século XIX, a descrição dos mecanismos da magia fornece à Contoterapia® uma chave interpretativa sobre a eficácia simbólica das narrativas. Nossa abordagem terapêutica não adota a estrutura teórica de Frazer como modelo explicativo da psique, no entanto reconhece nela uma intuição valiosa sobre o poder das imagens simbólicas como dispositivos de transformação.

Esse entendimento prepara o terreno para o próximo conceito central: o espaço de reintegração simbólica — um campo relacional em que o conto atua como um agente vivo de reorganização emocional e subjetiva, não apenas descrevendo uma jornada psíquica..

A CONTOTERAPIA® COMO ESPAÇO DE REINTEGRAÇÃO SIMBÓLICA

Na contemporaneidade, marcada pela aceleração da informação e pela fragmentação da experiência subjetiva, cresce a necessidade de espaços de escuta e presença capazes de favorecer uma reintegração simbólica. A dissolução dos rituais e das narrativas estruturantes na cultura moderna tem gerado sensação difusa de desalento, esvaziamento de sentido e desconexão entre indivíduos e suas experiências internas.

Byung-Chul Han (2021) argumenta que a erosão dos rituais na vida cotidiana conduz a um esvaziamento da experiência existencial, pois esses atos repetitivos, além de organizarem a vida coletiva, também forneciam um arcabouço simbólico que ancora a subjetividade humana. Quando os rituais desaparecem, as interações tornam-se performáticas e superficiais, e os indivíduos, desprovidos de referenciais simbólicos consistentes, experimentam a realidade de maneira acelerada e fragmentada.

Nesse cenário, a Contoterapia® se inscreve como prática simbólica, criando um campo narrativo no qual a reintegração se torna possível por meio da escuta e da imaginação. Ao recriar um espaço para vivência de histórias, mitos e arquétipos, a prática contoterapêutica restabelece, ainda que parcialmente, a continuidade simbólica abalada pela Modernidade. Assim, ultrapassa o campo da técnica, tratando-se de uma prática cultural enraizada na oralidade e na experiência partilhada, que reativa a potência das narrativas como eixos organizadores da psique e da existência.

Mircea Eliade, historiador das religiões e um dos principais estudiosos do simbolismo, argumenta que os mitos e ritos organizam a experiência humana ao estabelecer conexões entre o tempo histórico e o tempo sagrado. Segundo o autor (1992b), o tempo profano — linear, contínuo e irreversível — era percebido pelas sociedades arcaicas como fonte de angústia, sendo frequentemente "anulado" por ritos que recriavam simbolicamente o tempo primordial. Em *O mito do eterno retorno* (1992a), Eliade explica que tais ritos permitiam aos indivíduos suspender a cronologia comum e viver, ainda que brevemente, em um presente arquetípico, repetindo gestos fundantes para restaurar uma ordem cósmica essencial.

Eliade (1992a; 1992b) detalha, ainda, como cerimônias de Ano Novo e outros rituais periódicos representavam a recriação do cosmos, promovendo a purificação da comunidade e a renovação do tempo. Tal estrutura cíclica da existência reafirmava um sentido de continuidade e pertencimento, garantindo que a realidade permanecesse ordenada e significativa. A repetição dos mitos e rituais, para o autor, assegurava acesso ao tempo sagrado — circular, reversível e ontológico —, transcendendo a fragmentação da experiência cotidiana e reordenando o caos histórico pela via simbólica.

Retomando Han (2021), é possível perceber que a ausência desses referenciais rituais compromete a densidade das experiências. Em sua crítica à sociedade da transparência e da performance, o teórico afirma que, sem ritos, a vida torna-se pura sucessão de eventos, desprovida de profundidade e vínculo. A Contoterapia®, nesse contexto, atua como resposta simbólica à lógica performativa, oferecendo um campo narrativo em que o tempo pode ser suspenso; a escuta, restaurada e as imagens, ressignificadas.

Henry Corbin (1964), filósofo francês e estudioso da tradição mística islâmica, introduziu no Ocidente o conceito de "*mundus imaginalis*", baseando-se no termo árabe "*'Alam al-mithal*", que descreve uma esfera intermediária entre o mundo sensível e o mundo das ideias puras. Nesse contexto, as imagens têm existência própria e desempenham uma função cognitiva essencial.

Pensando nisso, Corbin diferenciou "imaginal" de "imaginário": o primeiro refere-se a um tipo de realidade ontologicamente válida, enquanto o segundo, no Ocidente, costuma ser associado ao ilusório. O *mundus imaginalis* é, portanto, um espaço simbólico em que as narrativas, os arquétipos e as visões interiores se revelam como modos de conhecimento. Essa concepção ressoa fortemente na Contoterapia®, na qual as histórias não são ferramentas externas, mas campos de presença simbólica, que possibilitam ao paciente o acesso a dimensões mais profundas de si.

Se antes usamos a metáfora do tecelão, agora propomos outra imagem para esse processo de reintegração: a do reflorestamento simbólico. Uma terra devastada pode ser revitalizada com o plantio de novas espécies. De maneira análoga, a Contoterapia® promove o renascimento do repertório simbólico do sujeito, com cuidado, embora sem pressa. Cada história ou imagem narrada funciona como uma semente que, ao encontrar solo fértil na escuta, pode florescer em novas formas de ver, agir e sentir.

Portanto, a Contoterapia® deve ser compreendida como prática simbólica e cultural que resgata o papel estruturante dos mitos e contos na organização da experiência humana, não apenas como método terapêutico. Ao oferecer um espaço para que as histórias sejam revisitadas, narradas e escutadas com presença, o valor dela como via de integração subjetiva é reafirmado. Assim, há espaço para que os indivíduos encontrem, por meio das imagens e dos símbolos, um modo mais enraizado, sensível e significativo de estar no mundo.

A IMAGINAÇÃO COMO RECURSO DE CURA

A imaginação é uma das capacidades mais fascinantes e essenciais da psique humana. Longe de ser apenas um processo mental, manifesta-se como força transformadora capaz de promover ressignificação emocional, adaptação e crescimento. Na prática contoterapêutica, seu lugar é central, já que permite que o indivíduo explore emoções, acesse conteúdos inconscientes e recrie significados para suas vivências, tornando-se recurso indispensável no cuidado simbólico e subjetivo.

Diferentemente de outras funções cognitivas, a imaginação vai além da organização linear de informações ou da solução prática de problemas. Graças a ela, são criadas narrativas que conectam diferentes temporalidades. Estas, por sua vez, reorganizam experiências vividas e revelam sentidos e possibilidades de ação novos.

Muito além de acesso ao mundo interno, a imaginação ativa recursos emocionais e simbólicos que estavam adormecidos. Assim, abre-se caminho para soluções criativas e conexões com referências culturais e universais que ampliam a autopercepção e o sentido de mundo.

Estudos em Neurociência demonstram que a imaginação está intimamente relacionada à ativação de diversas áreas cerebrais, sem ser um fenômeno isolado da mente. Pesquisas utilizando tomografia por emissão de pósitrons indicam que os sistemas neurais envolvidos na imaginação e na percepção visuais são amplamente sobrepostos, o que demonstra que imaginar uma situação ativa circuitos semelhantes aos utilizados para a percepção do mundo real (Kosslyn; Thompson; Alpert, 1997).

Ademais, o ato de idealizar eventos futuros ativa regiões do cérebro associadas à memória episódica, evidenciando a importância dela na projeção de cenários e na construção de narrativas pessoais (Szpunar; Watson; McDermott, 2007).

Na atuação contoterapêutica, a conexão entre imaginação e corpo é cultivada por meio da escuta e da criação de narrativas que evocam imagens e emoções com potencial simbólico. Ao construir histórias significativas, o paciente pode experimentar novas formas de compreender suas experiências, mobilizando tanto aspectos cognitivos quanto emocionais e fisiológicos. A imaginação, nesse contexto, não se limita ao plano mental: ela se manifesta corporalmente, criando ressonâncias somáticas que podem favorecer a integração emocional e a reorganização interna.

Para compreender plenamente o papel da imaginação na Contoterapia®, é essencial diferenciá-la da fantasia inconsciente. Enquanto a primeira é criativa, flexível e relacional, promovendo a exploração consciente de novos significados e a resolução de conflitos, esta última pode funcionar como mecanismo de defesa regressivo, que evita o confronto direto com emoções e situações difíceis.

Freud (2020) descreveu a fantasia como formação do inconsciente voltada para a satisfação de desejos reprimidos, atuando fundamentalmente na constituição dos sonhos como expressão simbólica desses anseios. Em contrapartida, Winnicott, com a noção de "espaço potencial" — já explorada por nós —, destacou o papel construtivo e relacional da imaginação criativa na transformação segura das experiências emocionais. Esse espaço imaginativo é cuidadosamente cultivado na prática contoterapêutica, viabilizando que o paciente experimente e transforme suas vivências sem a evasão ou estagnação que a fantasia isolada pode provocar.

Além disso, é importante ressaltar que a imaginação se conecta a dimensões coletivas e culturais, especialmente por meio de símbolos e narrativas. Compreendida como um diálogo entre consciente e inconsciente, a imaginação ativa viabiliza a emergência de imagens que expressam o psiquismo de maneira autônoma. Esse processo não se trata de um simples devaneio, mas de um método simbólico estruturado, que possibilita o contato com conteúdos inconscientes e favorece a integração deles à consciência. Intimamente ligada à função transcendente, é considerada por Jung como eixo do processo de individuação, viabilizando ampliação de consciência e transformação simbólica (Boechat, 2014).

James Hillman (1991), ao ampliar a visão junguiana, considera a imaginação como própria essência da alma, como força que molda e transforma a realidade psíquica. Para ele, não se trata de um fenômeno meramente individual, mas de algo que se inscreve na coletividade, enraizada com mitos e arquétipos compartilhados que estruturam nossas percepções (Hillman, 2010). Na Contoterapia®, esse entendimento é essencial, pois o uso de narrativas simbólicas insere o paciente em um tecido coletivo de significados, oferecendo referenciais simbólicos que vão além da biografia individual, além de ampliar a escuta.

A conexão entre imaginação e coletividade é uma dimensão ainda pouco explorada pela ciência, mas profundamente evocadora para práticas simbólicas. Uma proposta especulativa que ajuda a ilustrá-la é a hipótese dos campos morfogenéticos, desenvolvida pelo biólogo Rupert Sheldrake. De acordo com ele, os aprendizados e as repetições comportamentais de um grupo poderiam influenciar a assimilação desses mesmos padrões por outros indivíduos. Isso ocorreria por meio de uma "memória coletiva" — por ele chamada de "ressonância mórfica".

Um exemplo curioso citado por Sheldrake (2009) é um experimento com rimas infantis em turco. Participantes que falavam a língua inglesa deveriam memorizar duas rimas: uma tradicional, conhecida por milhões de turcos, e outra inventada, com as mesmas palavras em outra ordem. A hipótese era que a rima tradicional seria mais fácil de memorizar, em razão da existência de um campo já consolidado. Embora tais estudos não tenham validação científica robusta ou aceitação ampla na comunidade acadêmica, a ideia provoca uma reflexão interessante sobre por que certos símbolos e determinadas histórias ressoam fortemente mesmo em pessoas de contextos distintos.

Na Contoterapia®, esse tipo de fenômeno não é tratado como evidência científica, e sim como metáfora para pensar a força das narrativas compartilhadas. A escuta de uma história pode provocar no paciente sensação de pertencimento simbólico, levando-o a se perceber inserido em algo maior do que sua própria biografia.

A imaginação, no espaço contoterapêutico, transcende a definição de capacidade cognitiva e se torna o eixo relacional e simbólico do processo de cuidado. Graças a ela, histórias são transformadas em mapas de significação, que guiam o paciente em jornadas de autoconhecimento, e mente, corpo e emoção são conectados em uma experiência narrativa integrada.

Além da função simbólica e subjetiva, a imaginação é pautada em fundamentos neurocientíficos que ajudam a explicar sua influência no desenvolvimento psicológico e na reorganização das memórias e emoções. O avanço das pesquisas sobre o funcionamento cerebral tem demonstrado como a criação e recepção de histórias ativa circuitos relacionados à memória, à empatia e à tomada de decisões. Evidencia-se, assim, que a imaginação é um dispositivo com implicações mensuráveis na saúde psíquica, e não um luxo poético.

A prática contoterapêutica, ao integrar essas descobertas, propõe uma abordagem que alinha tradição e ciência — e, no decorrer desse livro, adicionaremos experiência a esse tripé do uso de histórias e narrativas num contexto de saúde. Entrelaçando essas perspectivas, torna-se possível demonstrar o potencial impacto terapêutico propiciado pela experiência simbólica das histórias.

Aprofundando essa discussão, o próximo capítulo trará os principais estudos neurocientíficos sobre o efeito das narrativas no cérebro. Para isso, será oferecido um panorama dos mecanismos que fazem das histórias recursos tão influentes no cuidado humano.

CAPÍTULO 9

A CIÊNCIA POR TRÁS DAS HISTÓRIAS

> *"Não existe nada que não possa ser compreendido através de uma história"– Hannah Arendt*

Desde o alvorecer da humanidade, muito antes que palavras fossem gravadas em pedra ou pergaminhos, as histórias já pulsavam nas rodas de convivência. Elas atravessaram o tempo, dançaram ao redor de fogueiras e, hoje, resistem e se reinventam nas páginas digitais. No entanto, o que as torna um fio condutor tão essencial no tecido da existência humana?

Contar histórias é uma necessidade humana ancestral, enraizada na própria estrutura da comunicação e da memória coletiva, não apenas uma prática cultural ou um método de entretenimento. A escritora dinamarquesa Karen Blixen, conhecida pelo pseudônimo Isak Dinesen, na obra *Out of Africa* (1937), descreve como os nativos africanos, que não tinham o hábito de ler, mantinham vivo o apreço pela narrativa oral: "Se você começa a lhes contar: 'Havia um homem que caminhava pela planície e lá encontrou outro homem', imediatamente todos ficam atentos, suas mentes percorrendo a trilha desconhecida desses homens na planície" (Blixen, 1937, p. 216). Em contraste, Blixen lamenta que, na Europa, a arte de ouvir histórias tenha sido substituída pelo consumo passivo da leitura silenciosa.

As histórias funcionam como mapas internos: orientam-nos na confusão das experiências, ajudam-nos a nomear emoções difusas, guiam-nos pelas encruzilhadas do tempo e oferecem abrigo simbólico nas tempestades da vida. Na prática contoterapêutica, essa dimensão é reconhecida como central: as narrativas atuam como mediadoras entre experiência e elaboração, entre sentir e compreender. O testemunho poético de Blixen ressalta que contar e ouvir histórias é mais do que passatempo, é um gesto de cuidado e de reorganização interna.

Estudos antropológicos, como o de Wiessner (2014), revelam que, em sociedades tradicionais, como a dos Ju/'hoansi Bushmen (caçadores-coletores do deserto do Kalahari, na região sul do continente africano), as noites ao redor do fogo constituem espaço privilegiado para a expressão simbólica por meio de histórias, cantos e danças. Durante o dia, apenas 6% das conversas envolviam narrativas, pois o foco estava em questões práticas, como trabalho e conflitos interpessoais. À noite, porém, esse número saltava para impressionantes 81%, mostrando como o ambiente simbólico da fogueira favorece a emergência de narrativas como expressão coletiva e afetiva. Mais do que iluminar o ambiente físico, esse recurso cria um campo ritual em que as histórias consolidam laços sociais e alinham valores, atuando como dispositivos de coesão e transmissão cultural.

O papel das histórias como estruturadoras da experiência social é aprofundado por Will Storr, jornalista e escritor especializado em Neurociência e em Psicologia da Narrativa, em *The Science of Storytelling* (2019). Ele argumenta que o ser humano é, por natureza, uma espécie social cuja sobrevivência sempre dependeu da cooperação dentro de grupos. Para isso, desenvolvemos uma capacidade única de criar narrativas que nos ajudam a estruturar o mundo e a estabelecer normas coletivas. O autor explica que, antes da escrita, as histórias serviam para trocar informações sociais e morais, ajudando a punir comportamentos inadequados e a recompensar os virtuosos, promovendo, assim, a harmonia no grupo. Ele destaca que as narrativas alicerçaram culturas, evoluindo dos mitos tribais para grandes religiões e identidades nacionais, funcionando como uma "cola social" que alinha valores e reforça laços. Como afirma, "histórias são tudo. Histórias somos nós. É a história que nos torna humanos" (Storr, 2019, p. 1).

Storr alerta, ainda, que a necessidade de vínculo é tamanha, que o isolamento social pode ser tão prejudicial quanto a má nutrição. Em contextos ancestrais, estar só significava estar vulnerável. Nesse sentido, as histórias foram — e ainda são — ferramentas evolutivas de sobrevivência emocional e simbólica, favorecendo laços, transmitindo sabedoria e reduzindo a ansiedade diante do desconhecido.

O impacto das narrativas, entretanto, não se limita à esfera cultural ou emocional. A ciência contemporânea mostra que elas não constituem apenas um ato de fala, mas um processo biológico, emocional e cognitivo profundamente enraizado na experiência humana. Quando narramos ou ouvimos uma história, o cérebro entra em ação, como uma orquestra em perfeita harmonia. Áreas responsáveis por linguagem, emoção, memória e imaginação brilham em sincronia, como se cada palavra fosse uma batuta regendo a sinfonia da mente.

As histórias também são chaves para dar sentido ao caos. Como uma ponte entre realidade e imaginação, conectam o que é com o que poderia ser. Elas permitem que sejamos tanto narradores quanto heróis de nossas jornadas, ao mesmo tempo em que nos ensinam sobre o outro.

Afinal, uma história só se completa quando é compartilhada — quando encontra eco em quem escuta.

Neste capítulo, será explorado o que acontece no cérebro quando uma história é contada. Quais sistemas são ativados? Como a narrativa reorganiza memórias, emoções e decisões? Descobriremos que as histórias moldam sua forma e seu fluxo, não apenas representam a vida. São o solo em que as sementes da identidade, da empatia e da transformação são plantadas.

Embora muitos dos estudos aqui mencionados não tenham sido conduzidos com o objetivo específico de investigar narrativas, eles revelam aspectos fundamentais da mente humana que são mobilizados e entrelaçados no ato de contar e escutar histórias. Não buscamos comprovar, mas ampliar a compreensão sobre a experiência narrativa, reconhecendo que o ofício contoterapêutico transita entre o saber intuitivo, clínico e científico.

Por isso, vale a pena perguntar: quantas histórias já mudaram a forma como você se vê ou enxerga o mundo? A resposta, por mais subjetiva que pareça, revela uma constatação cada vez mais validada pela ciência: as histórias não são apenas ferramentas; são fundamentos. São tão indispensáveis quanto o ar que respiramos.

A REDE DE MODO PADRÃO (RMP): REDE DO PENSAMENTO INTERNO

Enquanto você lê este texto, seu cérebro opera simultaneamente em duas dimensões: uma voltada para o mundo externo, processando as palavras e ideias aqui apresentadas, e outra direcionada ao mundo interno, quando como estamos em repouso, organizando memórias, refletindo sobre experiências e projetando cenários futuros. Essa segunda dimensão da atividade cerebral está associada ao funcionamento da rede de modo padrão (RMP), considerada hoje uma das estruturas neurais mais relevantes para a cognição humana.

Para compreender a relevância dessa descoberta, é necessário contextualizar historicamente a pesquisa neurocientífica. Por muito tempo, o foco da neurociência cognitiva esteve voltado principalmente para a execução de tarefas específicas, com menos compreensão sobre o que ocorria no cérebro durante estados de repouso. Essa abordagem sugeria que o cérebro, quando não engajado em tarefas direcionadas, operaria com atividade reduzida ou menos organizada. Com o avanço das tecnologias de neuroimagem, como a ressonância magnética funcional (fMRI) e a tomografia por emissão de pósitrons (PET), descobriu-se que, mesmo em estado de repouso, o cérebro mantém nível elevado de atividade organizada, com padrões previsíveis de ativação (Raichle *et al.*, 2001).

A RMP compreende um conjunto de áreas neurais, incluindo o córtex pré-frontal medial, o córtex cingulado posterior e a junção temporoparietal, todas envolvidas em funções como autorreferência, memória autobiográfica e cognição social (Buckner; Andrews-Hanna; Schacter, 2008). Portanto, desempenham papel essencial na construção da identidade e na navegação pelas complexidades da vida.

Estudos neuroimaginológicos revelaram que regiões da RMP apresentam ativação sobreposta com aquelas envolvidas tanto na recordação de memórias autobiográficas quanto na imaginação de eventos futuros, indicando processos neurais compartilhados para simulações mentais (Schacter et al., 2012). Essa capacidade de recombinar flexivelmente elementos de experiências passadas para construir cenários possíveis sugere que, longe de ser exclusivamente reativo, o sistema cerebral atua de modo ativo e criativo na construção de significados e na antecipação de eventos — mecanismo crucial para a adaptação, a aprendizagem e a tomada de decisões.

Durante tarefas que exigem foco e atenção sustentada, como cálculos matemáticos ou análises lógicas, ocorre uma redução significativa na atividade da RMP, ao mesmo tempo em que redes frontoparietais entram em ação para coordenar o controle executivo e a atenção dirigida (Suárez-Pellicioni; Núñez-Peña; Colomé, 2016). Esse fenômeno ilustra a alternância dinâmica entre estados cognitivos distintos, garantindo a alocação eficiente de recursos neurais conforme a demanda da tarefa.

Essa capacidade de simulação mental da RMP conecta-se diretamente com processos de imaginação e percepção visual. Estudos neuroimaginológicos demonstram que imaginação visual e percepção visual compartilham sistemas neurais significativos, incluindo áreas do córtex visual, sugerindo mecanismos neurais comuns para processar informações visuais tanto percebidas quanto imaginadas (Kosslyn, Thompson e Alpert, 1997). Pesquisas complementares em neurodecodificação revelam que áreas visuais contêm informações detalhadas suficientes para identificar com precisão imagens específicas percebidas (Kay et al., 2008). Isso sugere que a mente humana possui mecanismos neurais robustos para reconstruir internamente experiências, reviver memórias e projetar possibilidades futuras.

Nesse contexto, a RMP revela-se como uma estrutura neural compatível com os processos subjetivos acessados na prática contoterapêutica. Ao facilitar a estruturação de narrativas internas, um elo significativo com o trabalho com símbolos, histórias e imagens é construído. Em um mundo que valoriza a produtividade e a ação constante, a atividade dessa rede nos lembra da importância de pausar, refletir e ressignificar vivências. Ao estimular processos de introspecção e reconstrução simbólica, a prática contoterapêutica pode atuar como catalisador da RMP, potencializando a função dela na organização psíquica e emocional.

A interseção entre neurociência e subjetividade sugere que o trabalho com narrativas envolve simultaneamente processos neurobiológicos e dimensões simbólicas e culturais da experiência humana. No próximo tópico, exploraremos como essa rede pode ser mobilizada de maneira terapêutica, oferecendo novas perspectivas sobre identidade, memória e transformação.

A REDE EXECUTIVA: REDE DO PENSAMENTO CONCRETO

Se a RMP é responsável pelos processos introspectivos, pela evocação de memórias e pela construção da imaginação, a rede executiva atua como contrapeso regulador, estruturando o pensamento e orientando-o para a ação. A RMP opera de maneira espontânea e fluida, promovendo associações livres entre ideias, emoções e experiências, enquanto a rede executiva organiza essas informações, define prioridades e transforma possibilidades em decisões concretas.

Essa rede é fundamental para o controle da atenção, a tomada de decisões e a resolução de problemas. O funcionamento dela depende principalmente da atividade do córtex pré-frontal dorsolateral (CPFDL), uma das estruturas-chave para o pensamento estratégico, o raciocínio lógico e o controle inibitório. Estudos de neurociência cognitiva indicam que o CPFDL desempenha papel central no controle cognitivo, permitindo a extração de regularidades das experiências para formar regras comportamentais que orientam a ação direcionada a objetivos, contribuindo assim para a flexibilidade comportamental e para a integração de múltiplas fontes de informação durante o processo decisório (Miller, 2000).

A interação entre a RMP e a rede executiva é fundamental para a regulação cognitiva e para a emergência da criatividade genuína. A atividade da RMP está associada à geração de ideias novas, especialmente por meio da conexão flexível e espontânea de informações. O funcionamento da rede executiva contribui para a avaliação da viabilidade dessas ideias, auxiliando na organização, no refinamento e na adaptação ao contexto. Juntas, elas apontam para um funcionamento mental que integra criatividade e discernimento, favorecendo processos de elaboração simbólica, *insight* e planejamento estratégico.

Estudos em Neurociência Cognitiva indicam que a criatividade resulta de um equilíbrio dinâmico entre a ativação da RMP e o controle exercido pela rede executiva, não apenas de um pensamento desorganizado ou do devaneio mental (Beaty *et al.*, 2015). A alternância entre estados mentais mais associativos e mais analíticos permite a livre geração de *insights* e, simultaneamente, a avaliação rigorosa deles, transformando ideias abstratas em soluções concretas.

Esse mecanismo de regulação é refletido também na interação entre imaginação e percepção. Estudos neuroimaginológicos demonstram que a imaginação visual e a percepção compartilham sistemas neurais substanciais, incluindo áreas do córtex visual, evidenciando que a mente é generativa — capaz de reorganizar conteúdos para simular cenários futuros e reinterpretar experiências passadas, além de receptiva (Kosslyn,

Thompson e Alpert, 1997). Pesquisas complementares em neurodecodificação revelam que áreas visuais contêm informações detalhadas suficientes para identificar com precisão imagens específicas percebidas (Kay et al., 2008). Isso sugere que a mente humana possui mecanismos neurais robustos para reconstruir internamente experiências, reviver memórias e projetar possibilidades futuras. As habilidades de antecipação e planejamento são potencializadas pela rede executiva, que atua como condutor do fluxo imaginativo em direção a objetivos específicos.

Embora a rede executiva seja crucial para a estruturação do pensamento e a regulação comportamental, sua hiperativação pode comprometer a fluidez criativa e limitar a flexibilidade cognitiva. Quando há controle excessivo sobre os processos mentais, a capacidade de explorar novas ideias pode ser inibida, resultando em rigidez cognitiva e dificuldades na adaptação a situações imprevistas. Estudos como o de Zabelina e Robinson (2010) sugerem que indivíduos que exercem autocontrole muito rígido podem apresentar menor originalidade criativa, ao passo que aqueles que praticam a autocompaixão tendem a superar bloqueios cognitivos e produzir ideias mais inovadoras (Zabelina; Robinson, 2010). Esse equilíbrio delicado entre disciplina e liberdade mental ajuda a explicar por que os momentos de *insight* criativo costumam surgir quando há uma transição fluida entre os estados mentais associados à RMP e à rede executiva.

A relação entre essas redes cerebrais é essencial para a estruturação de narrativas e construção do sentido de identidade. A RMP facilita a conexão com memórias e emoções profundas, enquanto a rede executiva organiza essas experiências de modo lógico e coerente, transformando fragmentos dispersos de informação em um relato estruturado e compreensível.

Esse processo se alinha com a atuação contoterapêutica, que valoriza a construção de narrativas como recurso terapêutico para a ressignificação de experiências e a promoção do autoconhecimento. Assim, ao integrar a liberdade associativa da RMP com a clareza organizadora da rede executiva, a prática contoterapêutica viabiliza transformar imagens simbólicas e afetos em narrativas dotadas de sentido, promovendo uma compreensão mais profunda da psique e da realidade vivida.

NEURÔNIOS-ESPELHO E EMPATIA: CONECTANDO-SE COM AS HISTÓRIAS

A descoberta dos neurônios-espelho, inicialmente reportada por di Pellegrino et al. (1992) e posteriormente desenvolvida por Rizzolatti et al. (1996), trouxe uma nova perspectiva sobre a compreensão dos seres humanos com relação às ações dos outros. Identificados inicialmente no córtex pré-motor (área F5) de macacos Macaca nemestrina, esses neurônios são ativados tanto na realização de uma ação quanto na observação do mesmo ato sendo executado por outro indivíduo. Posteriormente, outros estudos confirmaram a existência de um sistema funcionalmente semelhante em humanos, evidências indiretas de um sistema funcionalmente semelhante, envolvendo córtex pré-motor, giro frontal inferior e córtex parietal inferior, estruturas associadas ao controle motor e à interpretação de ações (Rizzolatti; Craighero, 2004). Esse sistema, além de reconhecer ações, sugere uma simulação interna da experiência observada, embora a antecipação de intenções e geração de respostas sociais adequadas requeiram integração com múltiplas redes neurais (Rizzolatti; Sinigaglia, 2010).

A relação entre neurônios-espelho e empatia tem sido explorada em estudos que indicam a potencial ação desse mecanismo na percepção e no entendimento das emoções alheias. Carr *et al.* (2003) utilizaram fMRI durante imitação e observação de seis expressões faciais emocionais específicas (alegria, tristeza, raiva, surpresa, desgosto e medo), identificando que a imitação de expressões faciais emocionais ativa mais intensamente regiões cerebrais como o giro frontal inferior e o córtex pré-motor, comparado à simples observação. Durante a imitação, observaram ativação aumentada na ínsula anterior e amígdala direita, sugerindo que a ínsula funciona como um relé crítico entre sistemas de representação de ação e áreas límbicas envolvidas no processamento emocional. Isso sugere que a empatia envolve não apenas a simulação motora, mas também um processamento emocional integrado e complexo. Dessa forma, embora o sistema de neurônios-espelho seja capaz de contribuir para a compreensão e a ressonância emocional com os outros, a experiência empática em sua totalidade depende da articulação entre simulação corporal e regulação emocional.

Trazendo para o contexto contoterapêutico, processos de simulação neural podem favorecer a imersão emocional do ouvinte. Jeannerod (2001) utilizando múltiplas técnicas (fMRI, TMS, MEG), demonstrou que a imaginação de movimentos ativa áreas motoras e sensoriais similares àquelas envolvidas na execução real, embora com intensidade reduzida (aproximadamente 30% do nível de execução) e com variabilidade entre indivíduos. Embora o estudo de Jeannerod (2001) não aborde diretamente a escuta de histórias, estudos reunidos por Mar e Oatley (2008) sobre a função da ficção indicam que a exposição a narrativas envolventes permite aos ouvintes e leitores simular experiências sociais e emocionais. Promove-se, assim, identificação com personagens e vivência simbólica de desafios e transformações (Mar; Oatley, 2008). Esse mecanismo narrativo funciona como um "ensaio mental" que amplia a empatia, fortalece a teoria da mente. No contexto da Contoterapia®, podemos compreender esse processo como um terreno fértil para a reorganização simbólica da experiência.

Embora os neurônios-espelho tenham sido inicialmente interpretados como mecanismo central para a empatia, estudos posteriores demonstraram que este é um fenômeno multifatorial, que envolve múltiplas redes neurais e não pode ser explicado apenas pela ativação desse sistema. Além da simulação motora e da antecipação de intenções mediadas pelos neurônios-espelho, a empatia requer a participação de circuitos límbicos: amígdala, córtex pré-frontal medial e ínsula, que modulam a resposta emocional e a regulação do comportamento social (Ferreira; Cecconello; Machado, 2017; Decety; Jackson, 2004). Além disso, outras investigações indicam que a capacidade empática resulta da integração de processos cognitivos e emocionais, envolvendo tanto áreas subcorticais, estruturas mais antigas do cérebro, responsáveis por reações emocionais imediatas quanto redes corticais superiores, como o córtex cingulado anterior e o córtex pré-frontal ventromedial, ligado à tomada de decisão, ao julgamento moral e à regulação das emoções (Lameira; Gawryszewski; Pereira Jr., 2006; Shamay-Tsoory, 2011).

Durante a escuta de narrativas, regiões cerebrais associadas à cognição social e à teoria da mente são ativadas — como o córtex pré-frontal medial e a junção temporo-parietal — permitindo ao ouvinte processar os aspectos emocionais da história e, ao mesmo tempo, inferir estados mentais e intenções dos personagens (Mar; Oatley, 2008). Essa ativação simultânea de processos emocionais e inferenciais cria uma ponte entre a experiência narrativa e a empatia, sugerindo que ouvir histórias pode funcionar como um ensaio simbólico para o encontro com o outro. Assim, mesmo sem tratar diretamente da empatia, os estudos sobre cognição narrativa ampliam nossa compreensão sobre como a escuta pode ativar circuitos empáticos e favorecer o desenvolvimento da sensibilidade interpessoal. Nesse sentido, o fenômeno do acoplamento neural, descrito por Hasson *et al.* (2012), reforça a ideia de que a comunicação narrativa gera sincronização neural entre narrador e ouvinte, associada à previsibilidade e melhor compreensão mútua. Esse processo pode ser interpretado, no contexto contoterapêutico, como base para uma sintonia afetiva entre quem conta e quem escuta, configurando-se como um campo de alinhamento neural e emocional que favorece tanto a assimilação das experiências quanto o potencial transformador da narrativa.

Embora a sintonia emocional entre terapeuta e paciente atue significativamente na construção da empatia, a forma como cada indivíduo vivencia uma história depende também de seu universo simbólico pessoal. Na narrativa terapêutica, esse espaço torna-se compartilhado, e o paciente pode acessar emoções e significados de modo único, sem que isso seja condicionado apenas pela vivência pessoal do terapeuta. Assim, a conexão empática favorece a abertura, mas não determina os caminhos de transformação, que se desenham conforme a ressonância subjetiva e o tempo psíquico individual.

Os neurônios-espelho oferecem um modelo valioso para compreender como os indivíduos se conectam com as histórias e com os outros, embora atuem apenas como parte de um sistema maior. A empatia narrativa e a imersão na experiência alheia envolvem um processo neurobiológico dinâmico, no qual circuitos motores, emocionais e cognitivos trabalham em conjunto para gerar significado e promover mudanças psíquicas. Esse entendimento reforça o papel da Contoterapia® como prática ancorada tanto na subjetividade quanto com potenciais implicações na neuroplasticidade. Isso sugere que a escuta de histórias vai além de um ato passivo: é um fenômeno vivo, construído em tempo real pelo corpo, pela emoção e pela imagem.

A experiência sensorial da narrativa e sua influência na Contoterapia®

A leitura de uma história envolve um processo complexo de interação entre visão e cognição, que engloba, além da decodificação do texto, a construção ativa de significado. Esse fenômeno se sustenta em mecanismos neurológicos e perceptivos que organizam as informações textuais em imagens mentais, associadas às experiências prévias do leitor.

Entre os elementos fundamentais desse processo estão as sacadas oculares, movimentos rápidos e descontínuos dos olhos, essenciais para captação e integração de informações visuais durante a leitura. Longe de serem reflexos automáticos, eles demonstram a existência de processos cognitivos ativos, revelando como o cérebro seleciona, processa e interpreta palavras e frases à medida que a leitura avança (Rayner, 1998). Em média, realizamos de quatro a cinco sacadas por segundo, o que resulta em mais de 250.000 movimentos oculares ao longo do dia (Storr, 2019). Esses padrões de movimento refletem não apenas a organização do pensamento, mas também a construção cerebral das narrativas internas partindo da linguagem escrita.

Will Storr, em seu já citado livro *The Science of Storytelling* (2019), compartilha que, ao ouvir uma história, o cérebro, além de processar palavras, constrói modelos mentais das cenas descritas. De acordo com ele, nossos olhos realizam micromovimentos que acompanham simbolicamente a narrativa, como se estivessem seguindo de maneira visual os eventos descritos. Isso sugere que a experiência da narrativa ativa áreas cerebrais associadas à percepção espacial e à simulação sensorial, proporcionando uma sensação de imersão (Storr, 2019).

O jornalista e pesquisador também menciona estudos que indicam que esse processo ocorre de modo involuntário e coerente com a estrutura narrativa. Quando ouvintes escutam histórias cujos eventos ocorrem acima da linha do horizonte, seus olhos realizam micromovimentos para cima. Da mesma forma, aquelas que descrevem cenas subterrâneas ou movimentos descendentes estimulam sacadas direcionadas para baixo. O autor cita, ainda, o trabalho do cientista cognitivo Benjamin Bergen, que compara a gramática a um diretor de cena, responsável por organizar a construção dessas simulações mentais no cérebro. Isso significa que o encadeamento das palavras influencia diretamente o modo como visualizamos a história e experimentamos sua progressão (Storr, 2019).

Na prática contoterapêutica, a construção da experiência narrativa envolve a escuta ativa e, além disso, a reação do corpo e dos sentidos do ouvinte ao que é ouvido. Assim como as sacadas oculares, presentes tanto na leitura quanto na escuta de narrativas, direcionam a atenção para elementos específicos do conteúdo a voz do narrador, com ritmo, pausas e inflexões, orienta o foco emocional e simbólico do ouvinte. Entonação e expressividade vocal, ao lado de gestos e microexpressões, criam um ambiente de presença, que facilita o envolvimento emocional e simbólico, reforçando a potência terapêutica da Contoterapia®. Nessa tessitura sensório-simbólica, a narração deixa de ser apenas um discurso e se torna espaço vivo de contato, escuta e reintegração simbólica.

Estudos sobre comunicação verbal reforçam a importância da voz do narrador na construção da experiência narrativa. Pesquisas realizadas por Dikker *et al.* (2017) demonstram que a sincronização neural entre comunicador e ouvintes está diretamente relacionada ao aumento da atenção e da compreensão. Esse fenômeno ocorre quando a narrativa ativa padrões semelhantes de atividade cerebral em ambos, facilitando o engajamento e promovendo a empatia. Esse processo, conhecido como "acoplamento neural", indica que a comunicação eficaz depende menos da mensagem em si e mais da qualidade do vínculo narrativo estabelecido. De modo complementar, Kreiman e Sidtis (2019) apontam que elementos vocais, como entonação, ritmo e expressividade, modulam a percepção da fala, influenciando a resposta emocional do ouvinte.

A oralidade, enquanto prática flexível, possibilita ao contador de histórias o ajuste do tom, da cadência e da intensidade conforme as reações do público, tornando a experiência mais interativa e envolvente. Pequenos sinais, mudanças na postura e nas expressões faciais dos ouvintes, funcionam como pistas de sintonia, que orientam essa adaptação, aprofundando a conexão narrativa. Embora a ressignificação de experiências não seja o foco direto dos estudos citados neste tópico, pesquisas na área da Psicologia sugerem que a narrativa tem papel essencial na reconstrução de memórias e na reorganização das percepções emocionais.

Ao integrar aspectos sensoriais e cognitivos, a relação entre sacadas oculares, voz e emoção evidencia como o cérebro constrói uma experiência imersiva por meio da narrativa. Compreender essas dinâmicas amplia a eficácia das histórias como recurso terapêutico. Graças a isso, o contoterapeuta pode, para além de contar histórias, criar atmosferas sensoriais que viabilizem acessar imagens, memórias e afetos. Assim, o contar torna-se um gesto de escuta profunda em que a palavra toca o corpo, o corpo escuta a imagem, e a história cuida.

Realidade *vs.* imaginação: como o cérebro processa as histórias

Ao mergulharmos nas histórias, o cérebro entra em um processo fascinante de simulação experiencial. Como já sabemos, as áreas cerebrais ativadas quando o leitor ou ouvinte adentra um mundo fictício são, em muitos aspectos, as mesmas que seriam impulsionadas se um evento real fosse vivenciado. Estudos de neuroimagem mostram que, ao imaginar uma cena ou situação, o cérebro recruta redes neurais semelhantes às da percepção sensorial, incluindo o córtex visual primário — nosso já conhecido V1 — no caso de imagens mentais (Kosslyn *et al.*, 2001) e o sistema motor em simulações de movimento (Jeannerod, 2001). Essa sobreposição indica que a imaginação narrativa constitui uma experiência neurobiológica concreta, favorecendo a imersão simbólica.

Embora haja sobreposição, o cérebro dispõe de mecanismos sofisticados para distinguir entre real e imaginado. O hipocampo — região do cérebro crucial para o armazenamento de memórias — e regiões do córtex pré-frontal — responsável pela avaliação e integração de informações — atuam na organização e na triagem dos conteúdos mentais, ajudando na diferenciação entre lembranças autênticas e construções imaginativas (Schacter; Addis, 2007). Além disso, a teoria do *source monitoring* (em português, "monitoramento da fonte") sugere que nosso cérebro avalia pistas contextuais, como nitidez das sensações, riqueza dos detalhes e origem do estímulo, para determinar se uma experiência foi vivida de fato ou apenas imaginada (Johnson, Hashroudi e Lindsay, 1993). Ainda que as redes neurais ativadas sejam semelhantes, a intensidade dos sinais e a qualidade sensorial das representações costumam ser inferiores na imaginação, o que favorece essa diferenciação cognitiva (Pearson et al., 2015).

Esse processo de diferenciação é fundamental para compreender como as histórias impactam a mente humana e por que podem ser mobilizadas terapeuticamente. Quando um contoterapeuta compartilha uma narrativa envolvente, o paciente pode vivenciar suas emoções de maneira intensa graças à ativação de redes neurais associadas ao envolvimento narrativo e ao processamento emocional. Pesquisas indicam que a experiência de *transportation* — transporte narrativo —, ocorre quando ficamos tão imersos em uma história que sentimos como se estivéssemos dentro dela. Esse envolvimento profundo aumenta a influência emocional da narrativa, tornando-a mais persuasiva e impactante (Green; Brock, 2000). Trata-se de uma forma de "presença simbólica", que permite acessar emoções sem confrontá-las diretamente, criando um espaço seguro para ressignificar vivências.

Nesse contexto, o contoterapeuta pode utilizar a narrativa como recurso terapêutico eficaz, valendo-se da capacidade do cérebro de se envolver com histórias como se fossem experiências reais. Pesquisas sobre identidade narrativa sugerem que o processamento de memórias autobiográficas emocionalmente significativas, quando acompanhado de construção de significado adequado, pode facilitar a reestruturação cognitiva e promover mudanças na percepção de eventos passados (Singer;

Blagov, 2013). Embora estes estudos se concentrem em memórias pessoais dos pacientes, é possível que mecanismos similares de processamento narrativo possam ser ativados durante a escuta de histórias terapêuticas, permitindo que as narrativas funcionem como dispositivos simbólicos que abrem novas vias interpretativas sobre a própria vida, potencialmente contribuindo para processos de transformação emocional e psicológica.

O processo associativo no cérebro e sua aplicação na Contoterapia®

O cérebro humano opera de maneira associativa, estabelecendo conexões entre ideias, memórias e percepções com base em experiências anteriores, estados emocionais e estímulos contextuais. Esse processo é fundamental para a cognição e a criatividade, permitindo que novas informações sejam absorvidas e integradas de modo fluido e significativo (Collins; Loftus, 1975). Já vimos que, ao ouvir ou ler uma história, diferentes regiões cerebrais são ativadas, envolvendo áreas relacionadas ao processamento social e à compreensão narrativa. Mar e Oatley (2008) demonstram que as narrativas ficcionais funcionam como simulações da experiência social, permitindo que os ouvintes processem situações complexas de forma integrada. Esse processamento viabiliza a compreensão da experiência e favorece sua ressonância emocional através da simulação mental de interações sociais.

A Contoterapia® se vale de tal funcionamento naturalmente associativo ao utilizar a narrativa para favorecer a conexão entre a história contada e a experiência subjetiva do paciente. Acabamos de ver, neste capítulo, que a ativação da RMP ocorre predominantemente quando a mente não está focada em estímulos externos, sendo essencial para introspecção, imaginação e evocação da memória autobiográfica. Estudos posteriores, como os de Buckner, Andrews-Hanna e Schacter (2008), consolidaram três décadas de pesquisa sobre essa rede, confirmando sua ativação durante processos de memória autobiográfica, projeção futura e compreensão das perspectivas de outros. Esse funcionamento neurobiológico oferece suporte científico para compreender como a mente naturalmente estabelece conexões associativas, criando um terreno fértil onde a Contoterapia® pode operar ao utilizar narrativas que mobilizam esses mesmos processos cognitivos.

A Teoria da Ativação Propagada, proposta por Collins e Loftus (1975), descreve como conceitos na memória estão organizados em redes interconectadas, nas quais a ativação de um elemento pode se espalhar para conceitos relacionados com base na força de suas associações. Esse modelo ajuda a explicar como conteúdos aparentemente desconectados podem emergir espontaneamente na escuta de uma história, favorecendo associações intuitivas e propiciando a emergência de significados latentes. Embora originalmente formulada no contexto da memória semântica, essa teoria oferece um arcabouço útil para compreender os processos simbólicos e associativos ativados pela narrativa terapêutica — especialmente quando o paciente acessa conteúdos subjetivos de forma não linear, mas ainda coerente com sua experiência emocional.

A criatividade, segundo Mednick (1962), está diretamente ligada à capacidade de formar novas associações entre conceitos na memória, permitindo que ideias aparentemente desconexas se combinem para gerar significados inovadores. Indivíduos mais criativos tendem a apresentar hierarquias associativas com distribuição menos concentrada, facilitando o acesso a associações remotas que podem gerar soluções inesperadas. Esse princípio encontra eco na prática contoterapêutica, que oferece espaço seguro e simbólico onde o paciente pode experimentar novas formas de compreender sua história, ampliando o campo de associações possíveis.

Outra teoria importante é a dos Sistemas Dual de Pensamento, proposta por Kahneman (2011), que distingue dois modos de operação cognitiva: o sistema 1 —automático, rápido e intuitivo — e o sistema 2 — mais lento, deliberado e analítico. Na Contoterapia®, o sistema 1 está frequentemente implicado na recepção intuitiva e emocional da narrativa, enquanto o 2 entra em ação quando o paciente começa a elaborar novos significados partindo da história escutada. A alternância entre receptividade e análise espelha o próprio movimento simbólico da psique, que precisa tanto da abertura imaginal quanto da estruturação reflexiva para promover integração.

Dessa forma, a utilização de narrativas no contexto terapêutico ativa circuitos cognitivos e emocionais que favorecem a reconstrução simbólica da experiência vivida. Ao mobilizar redes neurais associativas e estimular processos de livre associação, as histórias facilitam a emergência de novas compreensões, promovendo a ressignificação emocional e a reorganização simbólica da subjetividade. Esse processo segue um ritmo próprio, que respeita o tempo interno de cada pessoa e oferece um território fértil para a escuta, a transformação e o cuidado.

A TRANSFORMAÇÃO FISIOLÓGICA POR MEIO DAS HISTÓRIAS

A contação de histórias tem impacto significativo no corpo e na mente humana. Estudos científicos contemporâneos vêm demonstrando como a narrativa pode modular emoções, ativar sistemas neuroendócrinos e favorecer estados fisiológicos de equilíbrio. Um exemplo notável é a investigação conduzida por Brockington *et al*. (2021) com crianças hospitalizadas em unidades de terapia intensiva (UTI). A pesquisa analisou os efeitos da escuta de histórias em comparação com uma atividade de controle baseada na resolução de enigmas. Os resultados revelaram que os pacientes que ouviram histórias, em relação ao com o grupo de controle, apresentaram níveis significativamente mais elevados de ocitocina, além de reduções nos níveis de cortisol e na percepção da dor.

Tais dados oferecem uma base empírica importante para refletir sobre o efeito terapêutico das narrativas, especialmente no contexto da Contoterapia®. A ocitocina, frequentemente chamada de "hormônio da vinculação social", está associada ao fortalecimento dos laços afetivos, à modulação do estresse e à promoção de sentimentos de conexão e confiança. Embora seus efeitos variem conforme o contexto e as características individuais, costuma estar relacionado a experiências emocionais de acolhimento. Já a concentração do cortisol, principal marcador do estresse, foi significativamente reduzida entre as crianças que ouviram histórias. Isso sugere que a narrativa, além de favorecer o envolvimento emocional, atua fisiologicamente como mediador do bem-estar.

O estudo também observou que, ao mergulhar na escuta das histórias, as crianças demonstraram maior disposição para compartilhar suas experiências utilizando palavras com carga emocional positiva, especialmente em relação ao ambiente hospitalar e às figuras de autoridade, como enfermeiros e médicos. Essa mudança de linguagem é indicativa de um deslocamento simbólico e afetivo proporcionado pela narrativa, que suaviza o campo de percepção e possibilita uma reorganização emocional. Os narradores, ao guiarem a imaginação da criança para um universo simbólico mais seguro e encantado, viabilizam uma experiência subjetiva menos ameaçadora, mesmo em contextos adversos como o da hospitalização.

Esse tipo de intervenção, que é de baixo custo, alta acessibilidade e impacto mensurável, tem implicações diretas para práticas terapêuticas que buscam aliviar o sofrimento de forma integral. Como demonstrado no estudo de Brockington *et al.* (2021), contar histórias não é um ato trivial ou meramente recreativo. Ao contrário, é uma prática com potencial concreto para reduzir a dor, aliviar o estresse e promover bem-estar emocional, revelando-se recurso precioso para contoterapeutas comprometidos com uma abordagem simbólica, afetiva e encarnada do cuidado.

Com este capítulo, encerramos a jornada pela fundamentação teórica que sustenta a Contoterapia®, na qual percorremos desde o simbolismo até os fundamentos neurocientíficos, entrelaçando filosofias, culturas e práticas. Cada etapa revelou um aspecto essencial para compreender a profundidade dessa abordagem e sua potência transformadora.

Nos capítulos seguintes, mergulharemos na metodologia específica da Contoterapia®. Assim, todo o conhecimento aqui apresentado se transforma em gesto, escuta e criação. De agora em diante, a teoria ganha corpo e a palavra, caminho.

CAPÍTULO 10

O CONTOTERAPEUTA E SUAS HABILIDADES: COMPETÊNCIAS ESSENCIAIS NA CONTOTERAPIA

> *"Não há vento favorável para quem não sabe aonde vai"– Sêneca*

A Contoterapia® convida à redescoberta das relações que nos sustentam — com nós mesmos, com os outros, com as histórias e com o mundo ao nosso redor. Essa prática é uma arte que entrelaça subjetividade, presença e narrativa, criando espaços de transformação profunda. Nesse contexto, a prática não se limita à utilização de histórias como ferramentas terapêuticas. Ela propõe o cultivo de um espaço simbólico entre quem conta e quem ouve, no qual a imaginação e a escuta se entrelaçam para favorecer processos de cuidado e cura.

Na prática contoterapêutica, as histórias não funcionam como remédios a serem prescritos, e sim como portais simbólicos que nos conectam ao essencial. Em vez de oferecer respostas prontas, abrem diálogos, despertam reflexões e promovem encontros significativos. O diferencial dessa prática está menos no conteúdo do conto e mais no que se constrói ao redor dele: a escuta, o acolhimento, o silêncio e as descobertas que emergem da relação entre contoterapeuta e paciente.

Neste capítulo, exploraremos os pilares que sustentam essa abordagem. O primeiro deles é a presença do contoterapeuta, expressão de uma postura ética e sensível, sustentada por escuta empática, atenção ao simbólico e criação de um espaço seguro de expressão, sem se reduzir a uma técnica. A imersão dessa figura nesse contexto também permeia a relação com as histórias, que são cuidadosamente selecionadas, adaptadas e, muitas vezes, tecidas com intencionalidade simbólica.

Nesse sentido, é importante destacar que intencionalidade simbólica não significa manipulação de uma narrativa a fim de alcançar um resultado pré-determinado. A história, na Contoterapia®, é um gesto narrativo que convida à escuta interna e desperta ressonâncias — não uma estratégia de convencimento. O valor delas não está necessariamente na funcionalidade. Na verdade, reside no cultivo de imagens que ampliam o sentido. É por isso que a prática contoterapêutica evita um enfoque utilitarista e reafirma sua natureza poética, na qual o simbólico tem primazia sobre o didático.

Por fim, neste capítulo, serão apresentadas as habilidades essenciais que sustentam a prática do contoterapeuta. Desde a oralidade até a condução de diálogos reflexivos, essas competências não apenas enriquecem a prática, mas a tornam viva e responsiva, viabilizando o encontro entre linguagem simbólica e escuta cuidadosa. Assim, graças a ela, o cuidado passa a emergir da relação, da presença e da narrativa.

A Contoterapia® é, acima de tudo, uma celebração da relação. Uma prática que acolhe a complexidade do humano sem perder a essência poética: a busca por sentido, conexão e transformação. No entrelaçar de histórias e encontros, cuidamos do outro enquanto resgatamos imagens esquecidas de nós mesmos.

A PRESENÇA TRANSFORMADORA DO CONTOTERAPEUTA

A presença do contoterapeuta transcende a aplicação de técnicas ou o domínio de teorias. Trata-se de uma postura interna, um estado de ser, que sustenta e enriquece o processo terapêutico. Verdadeiramente presente, esse profissional sustenta um campo sensível e seguro, no qual as palavras se tornam portais para que haja exploração de emoções, desafios e possibilidades por parte do paciente. Tudo isso com segurança e acolhimento.

Esse ofício exige uma escuta que vai além do intelecto: é um mergulho respeitoso nos territórios simbólicos da psique, em que o contoterapeuta se torna um mediador entre mundos. Como um psicopompo — figura presente em mitos antigos, que transita entre os reinos e acompanha as almas em passagens cruciais — narrativo, ele acompanha o paciente ou participante na travessia de suas paisagens internas, ajudando-o a caminhar por entre memórias, imagens e arquétipos que pedem reconhecimento, transformação ou integração. Seu papel é sustentar a jornada com presença e oferecer escuta atenta, sem conduzir com respostas prontas ou interpretar com pressa. Sua intuição se alia ao silêncio, garantindo que a jornada aconteça dentro de um espaço protegido.

Essa presença terapêutica, como descrita por Geller e Greenberg (2002) — renomados pesquisadores na área de Psicoterapia — não está centrada em objetivos imediatos ou na aplicação rígida de métodos, mas em uma atenção plena ao momento presente. Os autores, reconhecidos por seus estudos sobre a conexão entre terapeuta e paciente, destacam que a verdadeira presença envolve trazer o "eu completo" para o encontro, acolhendo a experiência do outro com autenticidade. Nesse estado de conexão profunda, histórias e vivências do paciente ressoam de maneira autêntica. Assim, torna-se possível que ele encontre, por si mesmo, novos sentidos e possibilidades.

O contoterapeuta, nesse contexto, é mais do que quem narra. É guardião de um espaço liminar, uma zona de transição entre o conhecido e o desconhecido, do qual a transformação pode emergir. Como um condutor de almas, o contoterapeuta oferece sustentação simbólica à jornada do paciente. Geller e Greenberg (2002) sublinham que essa presença não se limita à empatia; envolve relação, afeto e experiência vivida. Além disso, cria um campo fértil para que o simbólico possa se manifestar e ser integrado.

Um exemplo concreto: uma contoterapeuta relatou o caso de uma paciente que, ao ouvir um conto sobre um pássaro preso em uma gaiola, iniciou uma profunda reflexão sobre suas próprias restrições no ambiente de trabalho. Durante a sessão, a profissional manteve uma presença empática, sem julgamentos, pressa ou intervenções prematuras. Graças a essa escuta sensível, a paciente identificou, em seu próprio tempo, elementos simbólicos que poderiam criar novas saídas. Ela imaginou uma "chave simbólica" para sua própria gaiola, um gesto narrativo de liberdade. Esse movimento interno não foi induzido, mas favorecido pela qualidade da presença.

Na Contoterapia®, como sabemos, contar histórias vai além de um ato narrativo: constitui um acontecimento relacional. A prática exige, sim, técnica e sensibilidade, mas exige, sobretudo, presença viva, enraizada e permeável. O contoterapeuta se coloca como mediador simbólico entre o visível e o invisível, o enredo da vida e as camadas mais profundas da psique. Cada gesto, desde a escolha da narrativa até a forma como ela é narrada, carrega uma intencionalidade simbólica que visa despertar, sem buscar convencer.

É nesse espaço de coconstrução — no qual símbolo e realidade se entrelaçam — que a transformação psíquica se torna possível. A história é a semente, o ouvinte é o solo, e o contoterapeuta, o semeador que, com presença cuidadosa, oferece as condições para que algo floresça. Nesse terreno simbólico, imagens esquecidas podem germinar e dar forma a novos sentidos.

O PACIENTE NA CONTOTERAPIA: ENTRE A BUSCA E A TRANSFORMAÇÃO

O paciente que busca a Contoterapia® costuma estar em um momento liminar de sua trajetória. Ele ainda não atingiu clareza plena sobre o próprio caminho, mas também não está completamente imerso na escuridão. Podemos imaginá-lo no lusco-fusco de sua questão, entre o que foi e o que está por vir. Tal estado de "vir a ser" o coloca em um espaço de busca, de abertura para compreensões, imagens e linguagens internas. Nos contextos institucionais, onde histórias são oferecidas sem escuta prévia ou demanda específica, a situação se distingue da prática contoterapêutica individual, em que o paciente chega impulsionado por uma tensão simbólica interna, uma inquietação que o move a buscar sentido. Esse encontro não se estrutura necessariamente como um processo terapêutico prolongado, podendo assumir a forma de uma intervenção pontual e significativa, assemelhando-se, em certos aspectos, às terapias de terceira onda, que valorizam experiências transformadoras em tempo breve.

As histórias atuam no tempo certo: quando a imagem simbólica encontra o solo fértil da escuta. Assim, as questões que emergem costumam envolver momentos de decisão, travessias emocionais, dores com fundo psicossomático ou busca por propósito. Os relatos dos pacientes são reveladores, descrevendo a experiência como leve e profunda, como se, ao escutar um conto, tivessem reencontrado sua própria história entre as palavras.

A potência da Contoterapia® se manifesta na relação viva entre o contoterapeuta, a história e o paciente. Esse triângulo dinâmico define a profundidade da experiência e a ressonância simbólica da narrativa naquele que a escuta.

Em atendimentos individuais, a história é escolhida ou criada em resposta à pergunta trazida pelo paciente. Dessa maneira, ele se reconhece nessas imagens e figuras simbólicas. Já em contextos institucionais, como hospitais, tal dinâmica se adapta: a narrativa pode atuar em níveis sensoriais e fisiológicos, oferecendo conforto, escuta e presença, mesmo que não parta de uma demanda verbalizada. Nesse caso, a sensibilidade do contoterapeuta é ainda mais essencial, pois este não entrega um conteúdo, criando um espaço relacional de cuidado. Em ambientes de saúde e vulnerabilidade, o envolvimento com as narrativas e a dor do outro pode gerar desgaste emocional. Por isso, o autocuidado do contoterapeuta não é opcional, constituindo parte integrante da ética do ofício.

Até aqui, já refletimos sobre a intencionalidade simbólica. Entretanto, questões práticas emergem nesse campo de experiência: Até que ponto o repertório simbólico do paciente influencia a interação dele com a história? Seria possível medir, de alguma maneira, o impacto das narrativas considerando esse aspecto? Ainda que não haja resposta definitiva para elas, a escuta clínica sugere que, quanto maior o repertório simbólico do paciente, maior o envolvimento ativo dele com a narrativa, que se reconhece nela e a utiliza como espelho para a própria experiência.

Isso reforça a ideia de que o conto pode atuar como catalisador do vir a ser, ajudando a pessoa a atravessar sua transição com mais consciência e utilizando seus recursos internos.

A história, portanto, não é um elemento fixo ou imutável; ela se molda ao encontro, respondendo ao momento do paciente e ao olhar do contoterapeuta. Nessa dinâmica, oferece iluminação para um caminho possível, promovendo ressonância simbólica e reorganização interna. **É na qualidade da escuta que essa resposta simbólica se torna possível. A escuta atenta do contoterapeuta permite que a história seja recebida no tempo e no tom certos, favorecendo um processo de elaboração que respeita o ritmo do paciente e dá sentido à experiência vivida.**

A ESCUTA EMPÁTICA COMO ATO TRANSFORMADOR

A Contoterapia®, com sua abordagem simbólica, relacional e criativa, exige uma escuta que vá além das palavras. Escutar empaticamente é perceber não apenas o que é falado, como também o que pulsa por trás do dito: as pausas que revelam hesitações, os tons de voz que expressam sentimentos e os símbolos que emergem como janelas para o inconsciente. Esse nível de escuta transforma o contoterapeuta em um canal sensível, por onde a narrativa do paciente pode fluir com autenticidade, profundidade e cuidado.

Marshall Rosenberg, em *Practical Spirituality* (2004), destaca que a verdadeira empatia consiste em um ato de presença que cria espaço para o outro ser visto e ouvido em sua totalidade, indo além de uma técnica para solucionar problemas ou convencer. Na atuação contoterapêutica, essa escuta é a raiz que sustenta todo o processo e a lente pela qual os símbolos do paciente se tornam visíveis e acolhidos.

Por exemplo, quando um paciente menciona estar perdido em "uma floresta escura", o contoterapeuta acolhe essa escuta com o coração simbólico, reconhecendo a floresta como território a ser explorado com delicadeza. A imagem se torna um ponto de partida narrativo, um chamado para que o paciente projete e elabore suas vivências de maneira segura e criativa, tecendo significados no tempo certo de sua escuta interna.

Apesar do potencial transformador, a escuta empática exige constante vigilância e cuidado. Julgamentos, conselhos prematuros e desconexão interna podem minar a conexão genuína entre contoterapeuta e paciente. Escutar para avaliar ou criticar bloqueia a expressão autêntica do paciente, ao passo que oferecer respostas prontas o priva da oportunidade de encontrar, com autonomia, significado em sua própria jornada. Além disso, o contoterapeuta precisa cultivar sintonia consigo mesmo, reconhecendo e gerenciando suas próprias emoções, crenças e expectativas. Dessa forma, torna-se possível que esteja verdadeiramente presente no encontro com o outro.

A escuta empática é, ao mesmo tempo, postura e prática. Pode ser refinada com estratégias essenciais, como:

- Cultivar a presença plena, reservando instantes de silêncio antes de cada encontro, nos quais esvazia a mente e abre o coração.
- Sustentar o silêncio ativo, possibilitando a emergência de emoções e reflexões no ritmo do paciente.
- Parafrasear o que foi ouvido ou refletir com delicadeza sobre o assunto, sinalizando escuta sem interromper o fluxo.

- Observar o corpo que fala — gestos, postura, respiração — como parte da narrativa invisível.
- Identificar símbolos e metáforas com sensibilidade, reconhecendo neles pontes para o mundo interno do paciente.

Esses gestos simples e profundos formam uma abordagem flexível que indica uma escuta viva, em movimento, enraizada na relação.

A empatia transcende uma técnica de escuta, constituindo um campo simbólico de acolhimento. Graças a ela, cria-se um espaço no qual o paciente pode, em segurança, acessar novas imagens de si, reconstruir memórias, ressignificar feridas e recontar a própria história com mais leveza e inteireza.

Escutar com empatia transforma também o contoterapeuta, que se vê convidado a entrar num processo contínuo de autoconhecimento, humildade e entrega. Nesse espaço vivo e liminar, paciente e contoterapeuta se encontram como coautores de um processo simbólico, em que o silêncio, a palavra e a escuta formam os fios da narrativa que cura.

Narrativas na Contoterapia®: curadoria e criação

A arte de trabalhar com narrativas ocupa lugar basal na Contoterapia®. A curadoria e a criação de contos são caminhos intencionais e simbólicos, que transcendem a estética ou o entretenimento. Por meio das histórias, o contoterapeuta abre portais de transformação pessoal e coletiva, conectando os mundos internos dos pacientes ao vasto e rico universo simbólico presente nas narrativas.

As histórias são espelhos arquetípicos que refletem aspectos profundos da experiência humana. Elas iluminam caminhos, despertam reflexões e oferecem novas possibilidades de percepção. Em sua essência, como já vimos, elas têm o poder de dialogar com o inconsciente, proporcionando espaço seguro para a projeção, simbolização e elaboração de emoções, desejos e desafios. Ao trabalhar com narrativas, o contoterapeuta facilita o encontro entre o mundo interno do paciente e o simbolismo das histórias, promovendo processos de reintegração simbólica muitas vezes inacessíveis pela linguagem direta.

Nesse contexto, a curadoria de narrativas exige postura ética, escuta sensível e repertório simbólico. Trata-se de selecionar histórias que dialoguem com o paciente ou grupo, respeitando seus contextos afetivos, culturais e existenciais. Os contos da tradição oral, como mitos, lendas, fábulas e contos de fadas, desempenham papel fundamental ao carregar uma riqueza simbólica e cultural que transcende gerações.

1. A categorização proposta por mestres como Roi Gal-Or em curso livre presencial ministrado na Internacional School of Storytelling, em 2019, pode apoiar esse processo, distinguindo as histórias segundo profundidade e alcance. Segundo essa perspectiva, há contos diurnos, noturnos e mitológicos. Os diurnos são histórias acessíveis, cujos significados podem ser compreendidos rapidamente pela consciência. Eles funcionam como um primeiro passo na reflexão e na transformação.
2. Os noturnos contemplam narrativas com camadas simbólicas mais complexas, que desafiam o consciente e convidam o inconsciente a participar do processo interpretativo.

3. Os mitológicos, por sua vez, são relatos arquetípicos que abordam as grandes questões da humanidade, situando o paciente em uma dimensão cósmica de pertencimento e transcendência.

Essas distinções, embora não sejam absolutas, funcionam como bússolas narrativas, as quais possibilitam ao contoterapeuta alinhar a escolha do conto à escuta do momento.

Selecionar uma história é um gesto de responsabilidade poética e ética. Cada conto carrega consigo as marcas do local de onde advém, representando valores, crenças e histórias de uma comunidade ou cultura específica. Dessa forma, a curadoria transcende uma questão de "encaixe temático", constituindo um gesto de reverência e adaptação cuidadosa, respeitando a origem e a integridade da narrativa ao trazê-la para o espaço terapêutico.

Um exemplo significativo é o conto cigano "O violino cigano", encontrado no livro homônimo de Regina Machado (2004). A história narra uma tragédia envolvendo Leila, jovem bondosa, e suas irmãs, Dronha e Catina, que a empurraram de um precipício por inveja. No lugar de onde Leila foi arremessada, uma árvore mágica nasceu. Ela era mágica porque emanava uma melodia que revelou a verdade sobre o crime. Lavuta, jovem pastor cigano, foi atraído pela música, sonhou com Leila e seguiu as orientações oníricas recebidas: ele deveria transformar a madeira da árvore em um violino. O instrumento musical não apenas desvendou o crime, como também também trouxe Leila de volta à vida, presenteando o pai e o pastor com amor e renovação. Essa narrativa, rica em simbolismo e emoções, ilustra temas como injustiça, revelação e renascimento, tornando-se um poderoso recurso terapêutico.

Ao escolher um conto como esse, o contoterapeuta deve estar atento para não descontextualizar a narrativa de sua origem cultural. Histórias como "O violino cigano" pertencem a tradições específicas e carregam valores e símbolos de seu povo. Incluir tais narrativas no espaço terapêutico exige delicadeza e consciência ética: é preciso reconhecer as raízes dela e adaptar o uso com o cuidado de quem traduz, em vez de quem apropria.

Nesse mesmo gesto, é essencial reiterar que intencionalidade simbólica difere da manipulação narrativa. O conto oferece imagens simbólicas capazes de abrir sentidos, ao invés de impor respostas ou conduzir o paciente a uma conclusão desejada, como se fosse uma ferramenta de convencimento. As narrativas semeiam ressonâncias que germinam no tempo e no ritmo de quem escuta.

A curadoria, portanto, vai além de encontrar uma história que "funcione". Ela exige presença, escuta e propósito, buscando narrativas que estejam em sintonia com o momento interno do paciente ou do grupo: histórias que toquem, de modo simbólico, os dilemas, as transições ou as dores ali presentes. Essa escolha se nutre da intuição refinada, do repertório simbólico e do compromisso ético com o cuidado, transformando cada narrativa em uma chave simbólica que abre portais para processos de transformação profunda.

No caso de "O violino cigano", a melodia que desvela a verdade e a justiça não apenas ecoa nas cordas do instrumento, como também no coração do ouvinte. Essa ressonância é o que torna a história tão potente, permitindo ao paciente projetar seus próprios dilemas e encontrar possibilidades de transformação dentro da própria narrativa de vida. Dessa maneira, ética e sensibilidade na curadoria se tornam os pilares do trabalho com as narrativas, garantindo que elas sejam usadas com autenticidade e propósito.

As narrativas constituem vivências simbólicas e afetivas. Elas oferecem ao paciente espaço simbólico no qual pode organizar experiências, dar sentido ao caos e encontrar novos significados para os desafios da vida. Por exemplo, ao ouvir uma história como "Fátima, a fiandeira", conto grego encontrado no livro *Histórias de Dervixes*, de Idries Shah (2016). Nele, a protagonista, filha de um fiandeiro, sofre sucessivas perdas e recomeços ao ser lançada por naufrágios e infortúnios em terras distantes, em que aprende diversos ofícios. Sem entender o sentido de suas desventuras, segue acumulando saberes manuais — fiar, tecer, moldar madeira — que pareciam apenas frutos do acaso. Até que, ao chegar à China, descobre que cada fragmento de sua dor compôs o exato saber necessário para cumprir uma antiga profecia e construir a tenda do imperador, encontrando, enfim, sentido, reconhecimento e plenitude. Este conto convida o paciente a refletir sobre a paciência e a confiança no processo de transformação. A narrativa sugere que o tempo e o esforço consciente podem transmutar crises em sabedoria, como o fio tecido com perseverança que se transforma em instrumento de destino.

Como já sabemos, cada narrativa é um convite ao encontro — consigo mesmo, com o outro e com o mundo. Quando uma história ressoa profundamente, ela transcende as palavras e se transforma em experiência viva. Da mesma forma que o som do violino no conto desperta a vida adormecida, as histórias com potencial terapêutico tocam cordas internas dos pacientes, possibilitando-lhes reencontrar sentido, conexão e direção em sua trajetória.

Além de utilizar contos da tradição oral, que carregam consigo a sabedoria coletiva e os arquétipos ancestrais, a Contoterapia® também valoriza a criação de histórias, cuidadosamente desenvolvidas para dialogar diretamente com as experiências e os desafios do paciente. Essa prática transforma a escuta empática e a observação sensível em sementes simbólicas, que brotam como contos personalizados.

A título de ilustração, quando um paciente se sente "preso", essa percepção pode inspirar um conto sobre uma protagonista que encontra uma "chave mágica", capaz de abrir a porta de uma torre. Essa metáfora oferece caminhos de imaginação para que o sujeito visualize e construa sua própria libertação emocional, sem fornecer solução concreta. Além disso, a recriação de histórias da tradição oral desempenha papel importante, permitindo que contos antigos sejam atualizados e ressignificados, tendo sua essência simbólica e suas possibilidades interpretativas preservadas.

As histórias, na prática contoterapêutica, transcendem meios de comunicação; constituem espaços de transição. Elas constroem pontes entre o vivido e o possível, entre o passado e o porvir. Na cocriação de narrativas, o contoterapeuta produz, junto ao paciente, uma nova tessitura de si, possibilitando que o simbólico e o real se entrelacem de maneira fértil e restauradora.

Nesse gesto narrativo, o contoterapeuta oferece imagens ao invés de respostas. Nessas imagenss, o paciente encontra espelhos, mapas e portais. É assim que, no coração da Contoterapia®, as histórias não apenas são contadas; elas cuidam.

Oralidade e a presença no contar: a magia do momento narrativo

Contar histórias é, antes de tudo, um diálogo entre o contador e o conto. Antes de ser compartilhada, a narrativa precisa ser escutada por dentro, sentida no corpo, saboreada no tempo certo. Essa conexão inicial, que podemos chamar de "conversa com o conto", é essencial para transformar uma sequência de eventos em experiência simbólica. O contador deve entrar na história com presença intuitiva, descobrindo os ritmos, as pausas e os mistérios dela, como um músico que ensaia a melodia antes do concerto. Essa escuta profunda é o solo fértil em que nasce a oralidade viva.

A oralidade, como uma arte viva e relacional, resgata o poder das histórias como eventos únicos e transformadores. Ela é moldada pelo momento presente e pelas conexões humanas que se estabelecem entre quem conta e quem ouve. Ao integrar presença, voz e corpo, contar histórias vai além de um simples ato comunicativo, criando uma experiência narrativa visceral e coletiva. No contexto da Contoterapia®, a oralidade se revela como um encontro profundo com o simbólico, em que a magia do instante narrativo promove cura, empatia e transformação.

No ambiente contoterapêutico digital, a escolha entre modalidades síncronas e assíncronas não é neutra. Sousa *et al.* (2011) apontam que a comunicação síncrona favorece conexão mais intensa entre os participantes, permitindo interações espontâneas, respostas imediatas e adaptação contínua do conteúdo à dinâmica do grupo. A presença em tempo real viabiliza ajustes na história ao campo emocional do grupo, acolhendo silêncios, pausas e expressões não verbais. Por outro lado, a modalidade assíncrona, embora útil em certos contextos, tende a diluir a potência relacional da oralidade.

Desde os tempos mais antigos, antes da palavra escrita, as vozes humanas carregavam saberes, emoções e memórias de uma geração à outra. Contar histórias é uma expressão fundamental da vivência humana, capaz de construir conexões profundas entre narrador e ouvintes. Cada narrativa contada oralmente é moldada pelas circunstâncias, pelo espaço e pelas reações dos ouvintes, tornando-se única e adaptável. A escrita preserva a história de modo fixo, ao passo que a oralidade mantém a narrativa em movimento, permitindo sua ressonância de maneiras inesperadas e sua renovação no momento presente.

Walter Ong (1998) diferencia a oralidade primária, característica de sociedades sem escrita, da secundária, que emergiu com as mídias eletrônicas, como rádio e televisão. No contexto contoterapêutico, essa distinção é essencial, pois a prática busca resgatar a potência da oralidade primária — uma comunicação viva e relacional, existente apenas no instante da enunciação. Essa comunicação cria um senso de grupo e de presença que transcende a simples transmissão de informações.

A Contoterapia® valoriza a prática ao vivo e síncrona, seja presencial, seja *on-line*. Ainda que, graças à tecnologia, seja possível que a contação aconteça à distância, o essencial da oralidade permanece: interação direta entre contador e ouvinte, adaptação da narrativa ao momento presente e construção de um espaço simbólico compartilhado. A oralidade contoterapêutica contrasta com a leitura silenciosa ou com a escuta passiva de um texto gravado, uma vez que existe no encontro, no diálogo e na ressonância emocional entre narrador e ouvinte. Quando uma história é contada, seu impacto vai além das palavras: o corpo do contador, sua entonação e as pausas que faz moldam a experiência do ouvinte, criando uma conexão que não pode ser reproduzida da mesma forma em um texto escrito ou em um conteúdo pré-gravado.

Essa qualidade da oralidade, contudo, tem se perdido na contemporaneidade. A sociedade atual, altamente influenciada pela escrita e pelas tecnologias digitais, deslocou a experiência narrativa do espaço vivo da interação oral para suportes textuais e audiovisuais que enfraquecem o caráter espontâneo e transformador da contação de histórias. Como observa Ong (1998), a oralidade secundária, mediada por tecnologias, gerou um espírito de grupo autoconsciente, embora distante da experiência visceral e comunitária da oralidade primária. Diante dessa realidade, a Contoterapia® propõe um retorno simbólico: trazer a história de volta à roda, ao encontro, à escuta mútua.

Na prática contoterapêutica, a oralidade serve como um caminho para acessar camadas profundas da psique, além de um meio de transmitir histórias. Stephens *et al*. (2010) demonstraram que, durante a contação de histórias, ocorre um acoplamento neural entre narrador e ouvintes, no qual a atividade cerebral do ouvinte espelha a do narrador ao longo do tempo. Esse fenômeno está relacionado ao sucesso da comunicação e à compreensão da narrativa, sugerindo que ouvintes altamente engajados compartilham padrões neurais semelhantes aos do narrador, criando uma ressonância que favorece a conexão emocional e o envolvimento na história. Essa conexão transforma a narrativa em vivência coletiva, na qual cada participante encontra algo de si na história compartilhada. Ao incorporar ritmo, entonação, pausas e silêncios, a oralidade proporciona uma experiência imersiva, destacando seu potencial como arte viva e transformadora.

Embora ainda faltem estudos comparativos entre contar e ler histórias, a experiência prática sugere que a oralidade gera um envolvimento sensorial e emocional mais amplo. Elementos como a interação direta e a vivacidade da contação oral contrastam com a experiência menos imersiva de ouvir uma história lida, que tende a manter o ouvinte mais consciente da realidade externa. Essa distinção pode ser compreendida à luz de estudos sobre imaginação e realidade, que indicam que estímulos sensoriais mais intensos e multifacetados aumentam a probabilidade de o cérebro interpretá-los como reais. Nesse contexto, a oralidade amplifica a experiência sensorial, aproximando a narrativa do que é percebido como realidade e transportando o ouvinte para o universo simbólico da história.

Além do impacto sensorial, a oralidade estabelece um vínculo emocional mais forte entre narrador e ouvinte. Essa conexão transforma o ato de contar histórias em um evento vivo e relacional, no qual a história, além de ouvida, é também sentida e vivenciada em um nível mais profundo do ser. Historicamente, a oralidade desempenhou papel central na transmissão de conhecimentos e valores culturais, sugerindo que o cérebro humano evoluiu para responder a histórias contadas oralmente como experiências envolventes e presentes.

Para a Contoterapia®, a oralidade transcende a performance artística e se torna um recurso intencional de conexão e transformação. Da mesma forma que o contador de histórias busca despertar imaginação e emoção, o contoterapeuta utiliza esses elementos como portais para reflexões mais profundas. Ao provocar questionamentos e explorar simbolismos, conduz o paciente a acessar aspectos significativos de sua trajetória, transformando a narrativa em um catalisador para autoconhecimento e mudanças internas.

Ainda que ambos compartilhem o poder das narrativas, suas finalidades divergem. O contador de histórias opera no domínio do coletivo, encantando o público com performances que celebram a cultura e a imaginação compartilhada. O contoterapeuta, por sua vez, atua de modo personalizado, moldando histórias que dialogam diretamente com os desafios e as aspirações individuais do paciente ou de um grupo específico. O contador oferece um espetáculo vivo que une a audiência, enquanto o contoterapeuta cria uma ponte simbólica para que o envolvido no processo terapêutico se conecte consigo mesmo e com suas experiências.

Essa complementaridade evidencia a riqueza de cada abordagem: a contação de histórias mantém viva a chama da tradição oral, ao passo que a Contoterapia® a transforma em foco de cura e autoconhecimento. Ambas reverenciam o poder da palavra viva e é nesse território comum que contador e contoterapeuta se encontram: como guardiões da escuta, do rito e da transformação.

CONVERSAS REFLEXIVAS: DIÁLOGO E TRANSFORMAÇÃO

Na Contoterapia®, o diálogo reflexivo é o fio que costura o conto à vivência do paciente. Ele amplia sem explicar; escuta sem direcionar. É nesse espaço de troca simbólica que a narrativa, antes apenas ouvida, começa a se enraizar na experiência, convertendo imagens em percepções e metáforas em significados vividos.

Contudo, a forma como essa conversa se dá varia de acordo com o contexto. Em grupos, o movimento é mais imediato e coletivo. O contoterapeuta propõe perguntas abertas e simbólicas, incentivando os participantes a compartilhar impressões, identificar símbolos e reconhecer ressonâncias. Esse campo compartilhado de escuta multiplica as leituras possíveis, abrindo espaço para que os integrantes se vejam através da lente do outro. O contoterapeuta atua como guardião da roda: garante a escuta, modula o tempo, sustenta o espaço simbólico.

No atendimento individual, o tempo é outro. Após ouvir o conto, o paciente é orientado a revisitá-lo em silêncio, especialmente em momentos de introspecção ou à noite, como será detalhado adiante. A história repousa, e o paciente caminha com ela. As imagens atuam por dentro, mesmo sem palavras. O contoterapeuta respeita esse tempo, aguardando que a narrativa reverbere. Só então, ao retomar o contato, a conversa se dá como acolhimento das descobertas, sem a intenção.

Nesse momento, a escuta do contoterapeuta precisa ser fina: ele colhe as imagens que emergiram, valida os sentidos que nasceram e pode, com cautela e sensibilidade, oferecer referências simbólicas que ampliem sem reduzir o campo de significados já acessado. A premissa é clara: o conto se vivencia antes de se explicar.. O silêncio da escuta antecede qualquer análise.

Inspirando-se na maiêutica socrática, o contoterapeuta atua como quem ajuda o outro a "dar à luz" seus próprios significados. Pergunta e acolhe, sem oferecer respostas prontas. Essa postura se traduz na forma como as perguntas são formuladas. Perguntas exploratórias ajudam a expandir o campo simbólico e estimular a imaginação. São exemplos de questionamentos que carregam esse caráter: "O que mais chamou sua atenção nesse conto?" e "Se você pudesse mudar algo na história, o que mudaria e por quê?". Interrogações reflexivas, por sua vez, aprofundam a integração simbólica e emocional. Para ilustrar, pensemos nestas estruturas: "De que forma essa história se conecta com algo que você está vivendo?" e "O que dessa narrativa você levaria com você?".

Além disso, as indagações podem ser organizadas por nível de profundidade e intencionalidade. As pedagógicas, presentes em contextos educativos, são, por exemplo: "Quais valores culturais essa história evoca?" e "Quais símbolos dessa narrativa você reconhece de outros contos?". Já as terapêuticas, que integram atendimentos com função de cuidado emocional, envolvem: "Qual personagem mais te representa?" e "O que na história o lembrou uma situação da sua vida?". Por fim, aquelas de caráter psicoterapêutico, formuladas por profissionais com formação clínica adequada, podem ser ilustradas por: "Como essa dinâmica se repete na sua vida?" e "Ao lembrar da cena mais difícil, em que parte do corpo você sente isso?".

Essa diferenciação ajuda o contoterapeuta a atuar dentro dos limites éticos e profissionais, garantindo que a escuta simbólica se mantenha segura, profunda e responsável.

Na prática, contudo, as conversas ultrapassam categorias. Uma pausa, um suspiro, uma emoção inesperada: tudo pode se tornar semente. O contoterapeuta precisa escutar com todos os sentidos. Em grupo, isso exige habilidade para sustentar o espaço coletivo sem perder o vínculo com o individual. Quando uma narrativa mais delicada emerge, o contoterapeuta pode acolhê-la, mas também redirecioná-la com firmeza e cuidado, sinalizando que ali há algo importante que pode ser aprofundado em outro momento, fora da roda.

No atendimento individual, há mais liberdade para a exploração do ritmo interno do paciente. A escuta é mais longa, mais silenciosa, mais profunda. Quando chega o momento do reencontro, o contoterapeuta acolhe as imagens que emergem, valida as emoções compartilhadas e oferece referências simbólicas que ampliam o campo de sentido, sempre com respeito à experiência vivida e ao tempo de elaboração do paciente. Nesse espaço, o gesto do contoterapeuta é o de quem caminha ao lado, sustentando o simbólico com presença e escuta.

Tal escuta se sustenta em uma postura clara: o contoterapeuta acompanha e espelha, sem interpretar ou explicar. Seu papel é facilitar o encontro entre o paciente e as imagens que emergem, confiando que a própria narrativa encontrará o caminho de ressonância.

Por isso, reforçamos: o conto não é uma resposta pronta. É um campo simbólico. Uma semente. O poder dele reside no que insinua, mais que no que revela imediatamente. Assim, seu valor está nas imagens que evoca, não nos fatos que narra. Explicá-lo antes da hora é como colher uma fruta verde: pode parecer pedagógico, mas tira o sabor do processo. Na Contoterapia®, preservar o mistério é um ato de ética simbólica.

Promover reflexões profundas vai além de fazer boas perguntas. Requer escuta viva, validação sincera, silêncio consciente, espelhamentos sensíveis. A presença do contoterapeuta cria o continente simbólico em que as imagens podem germinar.

Nesse processo, a palavra se torna gesto; o silêncio, solo fértil; a presença, abrigo para a escuta simbólica. Não há roteiro. Há encontro. Cada conversa reflexiva é única. E quando o simbólico se conecta ao real, algo se move, mesmo que sutilmente. Novos sentidos surgem. Novos caminhos se esboçam.

Em um tempo que valoriza a rapidez e a produtividade, a Contoterapia® propõe uma escuta que desacelera, aprofunda e transforma. Nela, histórias não apenas são contadas, são vividas, ressignificadas e cocriadas. E é nesse espaço de profundidade simbólica que o paciente encontra, muitas vezes, as respostas que nenhuma explicação daria conta de oferecer.

SUBJETIVIDADE E SIGNIFICADO: O ENCONTRO HUMANO NA CONTOTERAPIA®

A Contoterapia® oferece um espaço singular de acolhimento, no qual as histórias, como já vimos ao longo deste livro, se tornam espelhos simbólicos que iluminam a riqueza subjetiva de cada indivíduo. Essa prática se alinha aos princípios da abordagem humanista ao reconhecer que em cada pessoa habita um reservatório de recursos, saberes e potências, que pode ser acessado com sensibilidade e respeito. As histórias, na Contoterapia®, existem para tocar fios invisíveis da subjetividade, revelando nuances de força, vulnerabilidade e possibilidade, além de comunicar ideias.

A experiência humana é valorizada como um processo dinâmico simbólico e não linear. Cada encontro é moldado pela singularidade do paciente e pelo momento que ele atravessa, criando espaço de reflexão e imaginação. Nesse contexto, as histórias funcionam como convites à descoberta, permitindo ao paciente encontrar caminhos únicos e significativos. O contoterapeuta, em tal processo, sustenta o campo com presença e cuidado, promovendo um ambiente de entrelaçamento do simbólico e do relacional como forças transformadoras.

Transcender o reducionismo funcional é reafirmar o valor das narrativas como entidades vivas e mutáveis, que ganham sentido no encontro entre quem conta, quem escuta e a história em si. Nesse espaço, a subjetividade é acolhida e reconhecida como solo fértil da transformação. Cada história recebida ou criada em uma sessão contoterapêutica funciona como semente simbólica, que germina no tempo interno do paciente, revelando novos sentidos à medida que suas experiências amadurecem.

Assim como os contos tradicionais se moldam ao tempo e ao público que os ouve, as histórias na Contoterapia® também se transformam de acordo com o contexto e a escuta. Um exemplo disso pode ser encontrado na figura de Robin Hood, personagem cuja história foi contada e recontada ao longo dos séculos, sempre se ajustando ao tempo e ao espaço em que era compartilhada. Seus trajes verde-oliva e sua vida na floresta, por exemplo, faziam dele um símbolo adequado para histórias contadas na primavera, em rituais que celebravam a renovação da vida (Burke, 2010). Da mesma forma, as narrativas, na prática contoterapêutica, não são estruturas fixas, mas arquétipos em movimento, que ganham novos contornos conforme ressoam na subjetividade do seu público.

Essa maleabilidade narrativa é central na Contoterapia®. O significado emerge na relação viva entre a narrativa, o contoterapeuta e o paciente, sem estar fixado na história. O que toca um ouvinte hoje pode não o afetar amanhã e isso não fragiliza o conto, apenas confirma a profundidade simbólica dele. A mesma história pode abrir portais diferentes a cada escuta, conforme as transformações ocorridas na vida interna de quem a recebe.

Por isso, a Contoterapia® sustenta o campo simbólico em que os sentidos possam florescer. O contoterapeuta caminha ao lado do paciente, ampliando paisagens internas. Não se trata de corrigir rotas, mas de ampliar paisagens internas. Nesse contexto, as histórias atuam como "chaves simbólicas", capazes de destrancar portas que antes pareciam inacessíveis e promover o reconhecimento de possibilidades novas, mesmo diante do caos aparente.

Ao nos aproximarmos da etapa de criação de contos na metodologia Tecendo Realidades®, é fundamental reforçar, uma vez mais que as histórias, na Contoterapia®, não têm como objetivo solucionar dilemas ou oferecer respostas definitivas. Elas são formas simbólicas de olhar para a vida, fontes de imaginação, reflexão e reorganização de sentido. Contar, escutar e elaborar uma narrativa é, nesse contexto, um gesto relacional e criativo. O significado é construído no encontro entre voz, imagem e presença.

Na prática, o contoterapeuta prepara um espaço simbólico fecundo, que propicia ao paciente acolher sua vivência e reorganizá-la por meio das imagens despertadas pela história. Esse campo é tecido com escuta empática, curadoria cuidadosa de narrativas e profundo respeito pelo ritmo único de cada indivíduo. No próximo capítulo, ingressaremos na criação de contos terapêuticos, e essa base se torna ainda mais fundamental: é graças a ela que a narrativa criada deixa de ser mera intervenção mecânica para ocupar o lugar de um gesto terapêutico construído com intencionalidade simbólica, beleza e cuidado.

CAPÍTULO 11

O PROCESSO DE CRIAÇÃO DE CONTOS TERAPÊUTICOS

> *"Palavras são, na minha nada humilde opinião, nossa inesgotável fonte de magia"–*
> *Alvo Dumbledore (J.K. Rowling)*

A criação de contos terapêuticos é uma arte que entrelaça técnica, intuição e escuta simbólica. Essas narrativas atuam como recursos potentes de transformação, oferecendo novas formas de ressignificar experiências humanas, para além de simples histórias. Ao tecer realidades simbólicas, os contos dialogam com o inconsciente, acessam imagens arquetípicas e promovem movimentos sutis e, muitas vezes, profundos, de reorganização psíquica.

Esse processo exige mais do que criatividade ou domínio narrativo. É necessário compreender o momento existencial do paciente e transformar esse conteúdo em símbolos e metáforas que façam sentido para sua travessia. A construção da história, nesse contexto, parte da escuta profunda de um campo relacional onde paciente, símbolos e narrativas se entrelaçam. É nesse espaço de inspiração e mistério que a Contoterapia® revela sua força: unindo o imaginário ao real em narrativas que cuidam, tocam e transformam.

Contar uma história é, em essência, um gesto quase ritualístico. As palavras têm o poder de tecer realidades, abrir portais para mundos invisíveis e plantar sementes que florescem na mente e no coração. No processo terapêutico da Contoterapia®, esse gesto ganha forma estruturada por meio do método Tecendo Realidades®, que orienta a criação de histórias com intencionalidade simbólica. Nele, o contoterapeuta tece imagens simbólicas que conectam o "aqui e agora" ao "era uma vez", o vivido ao imaginado, o concreto ao simbólico. Esse gesto narrativo cria um espaço seguro e fértil, que propicia experiência de novas percepções, construção de sentidos e elaboração de conflitos com liberdade.

A ciência vem corroborando o poder transformador das histórias. Estudos da psicologia cognitiva e experimental indicam que narrativas ativam áreas do cérebro ligadas ao processamento emocional, à memória e à tomada de decisões. A pesquisa de Kidd e Castano (2013), publicada na revista *Science*, demonstrou que a ficção literária aprimora a Teoria da Mente — capacidade de compreender os pensamentos e emoções dos outros —, o que impacta diretamente a forma como interagimos socialmente. Outros estudos, como o de Green e Brock (2000), sugerem que histórias imersivas promovem o chamado transporte narrativo (termo original "*narrative transportation*", tradução nossa), estado de envolvimento profundo que amplia a receptividade emocional e facilita a integração de novas perspectivas cognitivas.

Além disso, como já vimos com Lakoff e Johnson (1980), as metáforas as metáforas funcionam como ferramentas estruturantes da linguagem e do pensamento, para além de meros adornos linguísticos. Em um conto terapêutico, elas funcionam como ponte simbólica entre o mundo interno e externo, traduzindo experiências difíceis em imagens compreensíveis e ressignificáveis. A escolha das metáforas, nesse sentido, é estratégica e sensível, determinando os caminhos simbólicos por onde o paciente poderá transitar.

Na prática contoterapêutica, a narrativa funciona como espelho simbólico que reflete e reorganiza o mundo interno. Ela não apenas favorece a ressignificação de padrões emocionais, mas também amplia o repertório do paciente, oferecendo novas formas de compreender dilemas, desafios e desejos. Ao permitir que ele imagine desfechos alternativos e perceba sua experiência através de outras lentes, o conto expande a consciência e fortalece seus recursos internos. A criação de histórias, nesse método, não visa oferecer respostas prontas, mas semear perguntas fecundas. Parte da escuta sensível e culmina na construção de uma narrativa que dialoga com a dor, a busca ou o desafio trazido pelo paciente — sem moralismos nem didatismos, abrindo um campo simbólico em que seja possível a ele se reconhecer, se distanciar, reorganizar e criar.

Ao integrar os potenciais simbólico, emocional e cognitivo das histórias, a Contoterapia® propõe um espaço narrativo de transformação subjetiva. Nele, o paciente reordena sua trajetória e reinventa seus vínculos com o passado, com os afetos e com o futuro. Por isso, ao criar um conto, o profissional tece um território simbólico, no qual o ser humano pode se reencontrar, se reconstruir e se reencantar.

Passo a passo da criação de contos terapêuticos

A criação de contos terapêuticos é uma arte que entrelaça escuta, intuição e imaginação simbólica. Como já sabemos, essas narrativas são territórios de transformação, em que real e imaginário se encontram para gerar novas formas de compreender a vida. Ao tecer realidades simbólicas, os contos criados na Contoterapia® acessam camadas profundas da psique, ativando processos internos de reorganização e descoberta.

Na metodologia chamada Tecendo Realidades®, esse processo criativo é estruturado em quatro etapas. Cada uma delas tem uma função clara e poética, contribuindo para guiar o contoterapeuta em direção a uma narrativa que seja, ao mesmo tempo, ética, sensível e transformadora. O conto é um gesto narrativo intencional, que nasce da escuta e retorna ao ouvinte como imagem viva, capaz de ressoar, mobilizar e ampliar o campo de sentido.

A metodologia oferece um caminho de criação simbólica, no qual o contoterapeuta transita entre escuta e elaboração, entre subjetividade e linguagem. Durante o capítulo, cada etapa do método será apresentada e, na sequência, ilustrada pelo relato de um caso real de atendimento individual, ocorrido em janeiro de 2017. A narrativa do paciente será apresentada gradualmente, à medida que avançarmos pelas etapas, permitindo ao leitor compreender "como", e também entender o "porquê" de cada decisão criativa.

ETAPA 1 — TECENDO INTENÇÕES: OUVINDO O QUE DESEJA FLORESCER

A primeira etapa do método Tecendo Realidades®, chamada "Tecendo Intenções", é o momento em que a escuta se transforma em semente. Nesse momento, o contoterapeuta acolhe o mundo interno do paciente com atenção plena e escuta simbólica, captando os fios mais sutis de sua vivência emocional. É nesse primeiro encontro — feito de palavras, pausas e metáforas espontâneas — que começa a se formar o contorno da história que virá.

A escuta empática, elemento fundamental dessa etapa, se estende aos silêncios, às pausas, às metáforas espontâneas e às figuras de linguagem que revelam aspectos profundos da subjetividade, para além da simples audição literal. O contoterapeuta escuta não para responder, mas para compreender, acolhendo as nuances emocionais e os conflitos internos que emergem durante o diálogo.

O objetivo central dessa fase é identificar a intenção essencial: aquilo que o paciente deseja transformar, compreender ou libertar. O contoterapeuta busca responder a perguntas que guiarão a construção do conto: "Qual é o principal desafio enfrentado pelo paciente?", "Quais emoções precisam ser acolhidas e elaboradas?", "Que mudança ele deseja vivenciar?". Esse mapeamento inicial molda a direção da narrativa e garante que ela ressoe com a vivência simbólica do indivíduo.

1. Para facilitar a identificação das intenções, o contoterapeuta utiliza perguntas abertas e reflexivas, que convidam o paciente à exploração de suas experiências e seus sentimentos. Alguns exemplos incluem: "O que você sente que mais te desafia neste momento?";
2. "Se pudesse nomear o que mais te incomoda, o que seria?";
3. "Qual seria a mudança mais importante que você gostaria de ver em sua vida agora?".

Nesse momento, exige-se do contoterapeuta escuta sensível e intencionalidade criativa. Mais especificamente, a capacidade de reconhecer, nas entrelinhas, os temas centrais que poderão ser traduzidos em símbolos narrativos. É um equilíbrio entre acolher e decantar, entre ouvir com empatia e perceber as imagens que ali já começam a se formar.

Para ilustrar a manifestação prática dessa etapa, vamos analisar o caso real de atendimento mencionado. Em tal contexto, a escuta empática e a identificação das intenções revelaram os fundamentos para um conto terapêutico profundamente transformador.

Na ocasião, um homem, que vamos chamar de Rafael, chegou ao consultório acompanhado de sua namorada. Haviam buscado atendimento para questões conjugais, e já no primeiro encontro ficou evidente que vivenciavam conflitos internos distintos. Antes mesmo de falar, seu semblante cansado já era capaz de revelar o peso que carregava. Diante do que se apresentou, optou-se por conduzir atendimentos individuais — criando espaço para que as histórias de cada um emergissem com autonomia.

No encontro individual, Rafael descreveu sua vida por meio de metáforas como "carregar o mundo nas costas" e "ter uma montanha de coisas para vencer". Pai de um menino de 7 anos e recém-separado, ele reconstruía sua vida ao lado de uma nova companheira, que também cuidava de três filhos. As exigências emocionais, familiares e financeiras o deixavam em exaustão constante.

Durante o diálogo, expressou o desejo de melhorar os vínculos afetivos, criar um ambiente saudável para o filho e superar as dificuldades materiais. Havia algo mais profundo: busca por paz, por alinhamento interno, por realização pessoal — ainda que ele não soubesse nomear exatamente o que procurava.

"Eu só quero sentir que consigo", disse ele ao final da conversa, revelando, com simplicidade, o centro de sua procura. Essa frase tornou-se o ponto de partida para o conto terapêutico que viria. Suas metáforas, suas aspirações e seus desafios foram transformados em imagens narrativas, dando forma a uma história capaz de abrir caminhos internos para reflexão e mudança.

Partindo dessa base, o processo de Tecendo Realidades® prosseguiu, explorando as próximas etapas com cuidado e intencionalidade, de modo a ampliar as possibilidades e conectar o paciente a um universo de significados e descobertas. A narrativa criada após a realização do encontro inicial é testemunho vivo da potência dessa primeira etapa — e de como a escuta pode se tornar solo fértil para a transformação simbólica.

Etapa 2 — Tecendo Significados: construindo a narrativa transformadora

Na etapa "Tecendo Significados", o contoterapeuta transforma as informações recolhidas na escuta empática em imagens, símbolos e metáforas que espelham os desafios do paciente de maneira sensível e criativa. É nesse momento que a situação atual e o estado desejado do paciente começam a se conectar por meio de narrativas indiretas, que refletem emoções, conflitos e aspirações. O conto funciona como ponte poética entre o vivido e o possível, criando um espaço no qual o paciente pode se reconhecer e imaginar novas trajetórias.

O foco do contoterapeuta está em colocar o mundo interno do paciente em movimento, oferecendo imagens em ação capazes de deslocar a percepção. O conto tem como território o simbólico e imaginativo, possibilitando ao paciente acessar seus próprios recursos e vislumbrar caminhos ainda não trilhados. O equilíbrio entre lógica e intuição e entre intenção e liberdade criativa é o que sustenta a potência transformadora da narrativa.

É essencial, nesse momento do método, evitar narrativas moralizantes. Enquanto algumas histórias da tradição oral, como fábulas ou mesmo parábolas — que, muitas vezes, carregam uma lição explícita sobre certo e errado —, a atuação contoterapêutica busca abrir sentidos, não os fechar. O objetivo não é ensinar, mas provocar ressonância, permitindo a cada paciente percorrer uma jornada própria dentro da história, acessando descobertas que partem de dentro.

Para ilustrar essa diferença, vejamos um exemplo comum de narrativa moralizante de autor desconhecido:

> *Uma mulher costumava observar pela janela a vizinha estendendo roupas no varal. Reiteradamente, comentava com o marido que as roupas da vizinha estavam sempre sujas e que ela não sabia lavar direito.*
>
> *Isso se repetiu por dias, até que, certa manhã, ao olhar pela janela novamente, ela percebeu que, dessa vez, as roupas da vizinha estavam limpas. Surpresa, comentou com o marido:*
>
> *— Finalmente ela aprendeu a lavar roupa direito!*
>
> *O marido, então, respondeu calmamente:*
>
> *— Na verdade, hoje de manhã eu limpei os vidros da nossa janela.*
>
> *Moral da história:*
>
> *"Antes de criticar os outros, devemos garantir que nossa própria visão não esteja obscurecida."*

Embora eficaz como metáfora sobre julgamento, essa narrativa conduz a uma única conclusão, deixando pouco espaço para a interpretação subjetiva. Na Contoterapia®, preferimos histórias que permitam múltiplas camadas de leituras, abrindo espaço para que o ouvinte se mova com liberdade, reflita com base em sua experiência e acesse sentidos próprios.

A construção da narrativa, portanto, utiliza símbolos, metáforas e arquétipos para representar os dilemas trazidos pelo paciente. A ideia central é criar um ambiente no qual o paciente possa se ver refletido na história de modo indireto, explorando os aspectos simbólicos de sua experiência sem exposição direta ou explicitação didática. Esse reflexo indireto é essencial para diferenciar a Contoterapia® de outras abordagens que buscam uma relação mais íntima entre a história narrada e a vida do paciente. Em nossa prática terapêutica, o objetivo vai além de refletir o que já é conhecido, mas abrir portais para novas compreensões e movimentos de superação sempre que possível. O conto, cuidadosamente tecido, evita reforçar padrões conhecidos e oferece, no lugar disso, um espaço criativo que convida o paciente a explorar soluções simbólicas e vislumbrar um futuro transformador.

Na prática, o participante da Contoterapia® busca mais do que reconhecimento ou validação de sua situação atual; ele deseja ter inspiração e encontrar possibilidades que apontem para além do que já se sabe ou se repete. Para isso, a narrativa criada parte dos desafios e das aspirações compartilhadas pelo paciente, mas é moldada visando à abertura de espaço para imagens e cenários inéditos, que promovam sua expansão simbólica e emocional. Esse cuidado na construção narrativa previne que o paciente compare a história diretamente à sua vida, evitando a ativação de resistências inconscientes ou a busca por discrepâncias. O conto age como ponte criativa e simbólica, permitindo a visualização de caminhos alternativos, a exploração de resoluções simbólicas e o acesso a recursos internos de maneira fluida e transformadora.

Se considerarmos o conto como semente e o ouvinte como solo que a nutre, o contoterapeuta atuaria como jardineiro cuidadoso, que escolhe e prepara a semente ideal para aquele terreno. Essa prática exige uma conexão profunda, capaz de criar histórias ressonantes e transformadoras. Freud explorou a projeção como um mecanismo psicológico, enquanto

Jung trouxe à luz o inconsciente coletivo e os arquétipos, estruturas simbólicas universais que conectam o indivíduo a algo maior.

Na Contoterapia® e entre contadores de histórias, essa interação entre a história e quem a ouve é expressa por meio de um estado de conexão simbólica já mencionado anteriormente neste livro — aquilo que Lévy-Bruhl (1923) chamou de "mística da participação". Na análise do antropólogo francês sobre a mentalidade primitiva, as sociedades tradicionais não separam o eu do mundo externo. Elas percebem tudo — seres humanos, animais, plantas, objetos e até mesmo espaços — como interligados por forças místicas, que fazem parte da realidade vivida, indo além de uma crença simbólica.

A atenção cuidadosa ao potencial simbólico do conto viabiliza ao paciente ir além da simples identificação com o presente, abrindo brechas simbólicas por onde o futuro possa emergir como possibilidade. Ao iluminar caminhos em lugar de reforçar padrões conhecidos, o conto terapêutico promove um encontro seguro e criativo com o futuro desejado. É justamente no equilíbrio entre real e imaginário que a Contoterapia® se firma como território fértil de reintegração simbólica e desenvolvimento humano.

Para alcançar os objetivos da etapa "Tecendo Significados", as técnicas de escrita criativa desempenham papel fundamental. Entre elas, destaca-se a técnica de *in media res* — expressão latina que pode ser traduzida livremente para o português como "no meio da coisa". Tradicionalmente usada por escritores e cineastas para iniciar uma narrativa já no meio do conflito, a estratégia captura de imediato a atenção do público. Na atuação contoterapêutica, a técnica é adaptada para atender às especificidades da criação de contos terapêuticos. Como nossas histórias geralmente começam no "mundo comum", estabelecendo o cenário e as condições iniciais, o recurso do *in media res* não é aplicado para estruturar o início do conto em si, mas é empregado como ferramenta investigativa. Por meio da investigação simbólica, torna-se possível mergulhar na ideia central do conto antes mesmo da escrita dele, mapeando os elementos vivos da experiência do paciente.

O processo investigativo utiliza o *in media res* para reunir elementos essenciais, como o passado do protagonista, as nuances de seus desafios e a presença de aliados, inimigos ou objetos mágicos. Ao mergulhar no coração simbólico da história, o contoterapeuta obtém clareza sobre o tecido narrativo, assegurando que a narrativa ressoe profundamente de maneira simbólica e terapêutica.

Outra técnica essencial é a chamada "mostre, não conte", na qual há transmissão de emoções e significados por meio de ações, descrições e imagens, evitando explicações diretas. Por exemplo, ao invés de dizer "o protagonista estava triste", a narrativa poderia descrevê-lo sentado sozinho sob uma árvore, com os ombros caídos e os olhos fixos no chão, enquanto folhas secas se acumulam ao seu redor. Essa abordagem cria-se uma experiência imersiva, permitindo ao paciente absorver sensações e perceber ressonâncias sem que isso precise ser dito ou racionalizado.

A antecipação é mais uma ferramenta poderosa, utilizada para inserir pistas sutis que sugerem soluções ou transformações ao longo da história. Imagine, por exemplo, uma cena inicial em que o protagonista encontra uma chave misteriosa, mas não sabe qual porta ela abre. Isso pode plantar a expectativa de descoberta ou resolução mais à frente. Essa técnica desperta curiosidade, esperança e coesão simbólica, conduzindo o paciente por uma jornada simbólica sem forçar conclusões, e permitindo participação ativa no processo de construção emocional e narrativa.

O subtexto também desempenha papel crucial na construção de narrativas terapêuticas. Por meio dele, significados mais profundos podem ser descobertos nas entrelinhas da história. Em uma narrativa na qual o protagonista encontra um jardim abandonado e decide restaurá-lo, o subtexto pode sugerir renascimento interior, recuperação de algo valioso ou cuidado consigo mesmo, sem que isso seja explicitamente mencionado. O protagonista está apenas limpando o jardim, mas o simbolismo nas entrelinhas ressoa com o paciente, permitindo que ele conecte a ação à própria jornada de cura. Quando essas técnicas são combinadas, elas criam uma narrativa rica e multifacetada, capaz de guiar o paciente de sua situação atual para o estado desejado de maneira segura e simbólica.

Para além das técnicas, o processo de "Tecendo Significados" exige decisões narrativas intencionais sobre os símbolos e arquétipos que comporão a narrativa. Perguntas como: "Quais metáforas podem representar o desafio do paciente?", "Como estruturar a história para que ele se veja refletido de forma indireta e segura?" e "Quais arquétipos podem ser úteis nessa jornada: o Herói, o Sábio, o Vilão, o Aliado ou outros?" ajudam a moldar a narrativa e garantem que ela esteja alinhada às intenções identificadas na etapa anterior.

Os dicionários de símbolos e metáforas tornam-se parceiros indispensáveis nesse processo, uma vez que oferecem uma riqueza de associações coletivas e culturais que podem enriquecer a narrativa. É fundamental, contudo, complementar essas referências com uma escuta ativa e atenta às figuras de linguagem que emergem durante o atendimento. A título de exemplificação, enquanto o sapato tradicionalmente simboliza proteção ou conexão com o mundo externo, para algumas pessoas, pode representar aprisionamento — como no caso de um paciente que menciona preferir ficar de pé descalço em casa, porque se sente "mais livre e à vontade". A atenção ao sentido vivido e às metáforas espontâneas possibilita que o contoterapeuta crie narrativas profundamente alinhadas à experiência única de cada indivíduo.

No caso apresentado, foi durante essa etapa que as metáforas da vida do paciente começaram a se transformar em conto. Conforme já relatado, ele descrevia sua sensação de sobrecarga com frases como "carregar o mundo nas costas" e "ter uma montanha de coisas para vencer". Essas imagens inspiraram a criação de desafios simbólicos que refletiam sua busca por equilíbrio e realização. A ideia dos doze trabalhos de Hércules emergiu como eixo estruturador. Afinal, o lendário herói da mitologia grega, que era conhecido por carregar uma força extraordinária e por ter de completar os doze trabalhos como expiação por seus erros, enfrentava desafios um a um. Do mesmo modo, o paciente também precisaria de paciência e perseverança para superar as demandas que o sobrecarregavam.

A história criada não deveria oferecer soluções mágicas nem respostas prontas. Seu papel era refletir, com delicadeza e potência simbólica, que a transformação pessoal é um processo contínuo, feito de esforço, paciência e autodescoberta. Cada desafio presente no conto foi inserido com o objetivo de representar um aspecto específico da vida do paciente: questões financeiras, relações familiares e autoestima, por exemplo. Isso lhe permitia se reconhecer e vislumbrar a própria travessia rumo ao estado desejado de paz e realização.

Para compreender melhor como a etapa de "Tecendo Significados" se manifesta na prática, será apresentada na sequência a narrativa "As quatro etapas", criada durante o atendimento. Embora a criação do conto propriamente dito ocorra na etapa seguinte — chamada de "Tecendo Histórias" —, trazê-lo como recurso didático neste momento permite visualizar de que modo as imagens, as metáforas e os arquétipos desta etapa influenciam a construção da narrativa.

A história a seguir, inspirada pelos desafios e desejos do paciente Rafael, reflete os elementos simbólicos identificados na escuta empática e os transforma em uma narrativa rica em potencial terapêutico.

As quatro etapas

Era uma vez, num reino não muito distante daqui, um campeonato que acontecia a cada sete anos. Era um evento muito especial e todos aguardavam por ele ansiosamente, pois oferecia uma chance única de provar seu valor e conquistar um grande prêmio: uma habilidade especial, única para cada participante.

O campeonato era composto de quatro etapas, cada uma mais desafiadora que a anterior. Poucos conseguiam completá-las, mas aqueles que o faziam tornavam-se lendas, vivendo vidas plenas e cheias de sabedoria. Não havia competição entre os participantes; era uma jornada de superação pessoal, na qual cada um enfrentava seus próprios medos e limites.

Gordon, um jovem sonhador, sempre quis participar do campeonato. O medo do desconhecido, porém, o impedia. Até que, naquele ano, não teve escolha. Sua vida e a de muitos ao seu redor dependiam daquela habilidade especial. Com o coração cheio de dúvidas, porém determinado, ele se inscreveu.

A primeira etapa levou Gordon à montanha mais alta do reino, onde um javali terrível aterrorizava os moradores. A criatura era enorme, com olhos que brilhavam como brasas e um grunhido que fazia o chão tremer. Diziam que, ao cortar sua cabeça, outra nascia no lugar.

Gordon sabia que força não seria suficiente. Ele passou dias observando o javali, estudando seus movimentos. Então, teve uma ideia. Com muito esforço, construiu uma cerca forte ao redor do território da criatura. Quando o javali foi atraído para dentro, lutou para escapar, mas, aos poucos, cansou-se. Gordon, então, o levou para longe, devolvendo a paz aos moradores.

Na segunda etapa, Gordon precisava capturar uma corça sagrada e levá-la ao Templo da Sabedoria sem machucá-la. A corça era bela e ágil, seu pelo brilhava ao sol e seus movimentos eram tão rápidos que ela parecia desaparecer no ar.

Ele passou semanas estudando a corça, descobrindo que ela sempre cruzava o mesmo rio ao entardecer. Com cuidado, preparou uma rede delicada e a escondeu nas águas. Quando a corça apareceu, ele a capturou sem a ferir e a conduziu ao templo.

A terceira etapa era a mais temida. Gordon precisava conquistar o cinto de ouro da mais bela e temida guerreira do reino. Ela era imbatível, e ninguém que tentara roubar seu cinto havia sobrevivido.

Gordon, porém, decidiu adotar outra estratégia. Ele observou a guerreira e percebeu que, por trás de sua armadura reluzente, havia uma mulher que desejava ser reconhecida por sua verdadeira beleza — não a beleza do ouro, mas a de suas ações.

Ele se aproximou e disse: "Sua verdadeira beleza está no que você faz pelos outros, não no cinto que carrega." A guerreira, tocada por suas palavras, entregou-lhe o cinto como um gesto de respeito.

A última etapa era a mais misteriosa. Gordon precisava atravessar os Portais das Possibilidades, que conectavam o mundo manifesto ao mundo dos sonhos. Diziam que, ao cruzá-los, ele descobriria tudo sobre sua vida: suas alegrias, suas dores e até o dia de sua morte.

No equinócio de outono, o portal se abriu diante dele. Gordon respirou fundo e entrou. Por um tempo que pareceu a eternidade, ele vagou por um mundo de luzes e sombras, onde tudo era possível. Quando retornou, no equinócio da primavera, estava transformado. Seus olhos brilhavam com sabedoria profunda, e ele trazia consigo uma habilidade única: a capacidade de encontrar soluções para qualquer problema.

Gordon tornou-se uma lenda. Ele usou sua habilidade para ajudar todos que o procuravam, inspirando seu povo a enfrentar desafios com coragem e sabedoria. Sua história foi passada de geração em geração, lembrando a todos que, com paciência, verdade e determinação, é possível superar qualquer obstáculo e abrir os portais para as infinitas possibilidades da vida.

Nesse conto, cada elemento carrega símbolos e metáforas cuidadosamente entrelaçados, tornando a narrativa um recurso impactante para a superação e o autoconhecimento. A clareza sobre os significados, no entanto, é fruto de uma reflexão posterior, uma vez que o processo de criação é, por natureza, intuitivo e fluido. Durante a construção da história, os símbolos, as imagens e as metáforas emergem organicamente, permitindo a revelação espontânea de associações simbólicas e ressonâncias inconscientes.

A aplicação do *in media res*, adaptada à Contoterapia®, exemplifica bem essa fluidez criativa. Antes mesmo da escrita do conto, o contoterapeuta mergulha em uma investigação sensível, explorando os desafios do paciente e os elementos que comporão a narrativa. No caso deste conto, a estrutura inicial — um campeonato dividido em etapas — capturou a essência das dificuldades enfrentadas pelo paciente, criando uma base narrativa que viabilizou o desdobramento de significados. O campeonato simboliza progresso com propósito, enquanto as etapas refletem as demandas graduais vivenciadas pelo sujeito, convidando-o a uma jornada de transformação. Cada uma espelha um aspecto interno dele, criando um convite narrativo para que percorra sua própria travessia.

Na primeira etapa do conto, o javali, descrito com pele dura como pedra e olhos brilhantes feito brasas, é um exemplo claro da técnica "mostre, não conte". Ele representa desafios que parecem intransponíveis, simbolizando as dificuldades financeiras enfrentadas pelo paciente. Ao invés de uma explicação direta sobre como lidar com esses desafios, a narrativa mostra a construção de uma cerca, símbolo de limites e contenção cuidadosa. Essa imagem, além de engajar o ouvinte, abre um espaço simbólico de reflexão, no qual o paciente pode reconhecer seus próprios recursos internos sem ser confrontado diretamente.

A segunda etapa, com a corça sagrada, aborda a delicadeza e o respeito necessários para lidar com situações frágeis. A narrativa antecipa a importância do planejamento cuidadoso ao descrever o estudo dos hábitos do animal e a preparação da rede delicada, processos executados por Gordon. Essa metáfora conecta-se às relações afetivas e familiares, sugerindo que harmonia e equilíbrio podem ser alcançados com paciência e ações bem pensadas. Novamente, o "mostre, não conte" permite que o paciente perceba, de modo sutil, que suas próprias relações exigem atenção semelhante.

O cinto da guerreira, conquistado na terceira etapa, simboliza a autoestima e a autenticidade. Aqui, o subtexto é especialmente relevante: Gordon opta por uma abordagem diferente em lugar de tentar roubar o cinto pela força; sua escolha é reconhecer e valorizar a beleza interior da guerreira. Essa postura oferece ao paciente uma chave simbólica: a verdadeira força reside no reconhecimento da própria essência e na escuta empática do outro. A cena, sem moralizar, comunica um entendimento mais profundo sobre dignidade, reciprocidade e integridade.

Na quarta etapa, os portais que conectam o mundo manifesto ao mundo das possibilidades representam a travessia para o autoconhecimento. A antecipação é evidente na descrição deles como pontos de revelação e transformação. Eles simbolizam o processo de introspecção do paciente, que exige coragem para enfrentar verdades difíceis e encontrar propósito em meio aos desafios. Quando Gordon retorna, seus olhos carregam a sabedoria adquirida — reflexo simbólico do que se deseja despertar no paciente: presença, clareza e reconexão com sua potência vital.

O conto, como um todo, exemplifica como o Tecendo Significados transforma intenções em uma narrativa rica, plena de imagens e passagens simbólicas cuidadosamente elaboradas. As quatro etapas

— paciência para conter o javali, cuidado para capturar a corça, empatia para conquistar o cinto e coragem para atravessar os portais — estão diretamente conectadas aos desafios do paciente. Elas reconhecem os dilemas enfrentados e oferecem possibilidades de superação e crescimento.

Essa narrativa revela a potência do conto terapêutico como espelho simbólico, capaz de refletir camadas profundas da experiência e iluminar rotas possíveis de superação. Por meio de símbolos, subtextos e técnicas narrativas específicas, o conto alcança o inconsciente, criando ressonâncias que permitem ao paciente acessar novas percepções sem ativar resistências conscientes. Criar uma história com esse grau de precisão simbólica demanda escuta sensível, maturidade e discernimento por parte do contoterapeuta.

Para além de oferecer respostas prontas, essa abordagem favorece um alinhamento simbólico autêntico, respeitando a singularidade do paciente e o tempo necessário de sua travessia. Na Contoterapia®, não se conduz; acompanha-se. E é nesse equilíbrio entre intenção e intuição, estrutura e fluidez, que se revela a verdadeira essência do ofício contoterapêutico.

ETAPA 3 — TECENDO HISTÓRIAS: DANDO VIDA À TRANSFORMAÇÃO

Na terceira etapa do processo de criação de contos terapêuticos, a história começa a ganhar forma, tornando intenções e significados em narrativa viva e significativa. Após identificar as intenções e os significados nas fases anteriores, o contoterapeuta tece uma trama coerente, que ressoe com a subjetividade do paciente e convoque sua imaginação. Essa etapa se refere a confiar no processo criativo e permitir que a inspiração se manifeste, não apenas à técnica.

Para estruturar o conto, o contoterapeuta pode recorrer a diversas ferramentas narrativas. A simplicidade de uma estrutura de três partes — metáfora, enredo e resolução, conforme proposto por Susan Perrow no livro *Histórias curativas para comportamentos desafiadores* (2013), ou o tradicional "começo, meio e fim" — pode ser eficaz em muitos casos. Outra possibilidade é a estrutura da Pixar, amplamente utilizada em narrativas cinematográficas e literárias, composta de seis passos principais:

1. Era uma vez... (apresentação de cenário e personagem);
2. Todos os dias... (estabelecimento do *status quo*);
3. Até que um dia... (ocorrência do evento disruptivo que inicia a jornada);
4. Por causa disso... (reação e sequência de eventos decorrentes do conflito);
5. Por causa disso... (escalada e clímax);
6. Até que finalmente... (resolução e transformação do personagem).

Essa estrutura, conhecida como "*story spine*" — em português, "espinha dorsal da narrativa"), foi desenvolvida por Kenn Adams e apresentada no livro *How to Improvise a Full-Length Play: The Art of Spontaneous Theater* (2007). Ela é especialmente eficaz para criar conexão emocional entre a narrativa e o ouvinte, promovendo engajamento e identificação no decorrer da história. A técnica ajuda a construir uma narrativa coesa, com fluxo natural, que conduz o ouvinte por uma jornada emocionalmente envolvente, desde a apresentação do cenário até a resolução transformadora.

Essas estruturas são trampolins criativos que ajudam a organizar os elementos da narrativa de maneira coesa e emocionalmente envolvente, não regras rígidas. Elas fornecem um ponto de partida claro para o processo intuitivo, embora não devam engessar a linguagem simbólica nem limitar a escuta do contoterapeuta. Cada história é única, pois nasce do encontro entre duas subjetividades: a de quem escuta e a de quem será tocado por ela.

Quando o objetivo é promover travessias mais profundas de transformação, as jornadas do Herói, da Heroína e da Eco-Heroína se destacam como ferramentas particularmente úteis. Essas estruturas oferecem abordagens específicas que conectam a narrativa aos desafios e aspirações do paciente, moldando histórias que ressoam profundamente. Embora cada uma delas siga padrões e temas universais, sua aplicação é flexível e adaptável às necessidades do paciente.

A Jornada do Herói

O monomito, conceito desenvolvido por Joseph Campbell em *O herói de mil faces* (1949), descreve um padrão narrativo recorrente em mitos, lendas e histórias de diferentes culturas. O autor observou que muitas histórias seguem um ciclo semelhante: um protagonista deixa seu mundo comum, enfrenta desafios transformadores e retorna renovado, trazendo algo de valor para si e para sua comunidade. Como ele explica, "[...] o percurso padrão da aventura mitológica do herói é uma magnificação da fórmula representada nos rituais de passagem: separação-iniciação-retorno — que podem ser considerados a unidade nuclear do monomito" (Campbell, 2008, p. 17).

Influenciado pela Psicologia Analítica de Carl Gustav Jung, Campbell viu nesses mitos expressões arquetípicas do inconsciente coletivo, as quais refletiam processos profundos da jornada humana. Embora esse modelo tenha ficado amplamente conhecido como "Jornada do Herói", Campbell usava o termo "monomito", popularizado mais tarde pelo roteirista Christopher Vogler, que simplificou as etapas que o constituem para aplicação em roteiros cinematográficos.

O monomito é estruturado em três grandes estágios: partida, iniciação e retorno. Na partida, o Herói recebe um chamado à aventura e, após superar a hesitação inicial, cruza o limiar rumo ao desconhecido. Durante a iniciação, enfrenta provações, aprende com aliados e mestres e, no momento crucial, encara sua maior dificuldade, a qual é símbolo de um renascimento psicológico. Após essa superação, ele conquista um elixir — uma dádiva simbólica, que pode ser conhecimento ou transformação. No retorno, o Herói resiste ou encontra dificuldades para reintegrar-se, mas, ao finalmente cruzar o limiar de volta, torna-se senhor de dois mundos, compartilhando o que aprendeu.

Tal estrutura narrativa transcende a ficção e ressoa com os ciclos de transformação da vida humana. A Jornada do Herói representa processos psicológicos de amadurecimento, luto, superação e descoberta de sentido, sendo uma ferramenta valiosa para a atuação contoterapêutica, que busca estruturar simbolicamente a trajetória do paciente sem determinar seu percurso. O conto espelha, criando ressonância interna e ativando imagens que organizam o vivido de maneira poética e reveladora, ao invés de explicar.

Essa estrutura é especialmente indicada para pacientes que enfrentam obstáculos externos e concretos, como questões profissionais, financeiras ou familiares, que demandam superação prática e tangível. Na Jornada do Herói, os desafios têm uma natureza predominantemente externa e física, colocando o protagonista em situações que exigem ação direta e resolução prática. O objetivo desse percurso é alcançar uma conquista pessoal que se estende ao coletivo, reunindo superação interna e impacto externo.

Durante a trajetória, o Herói frequentemente recebe ajuda ou apoio de mentores, figuras sábias ou até mesmo forças sobrenaturais, que oferecem orientação e recursos para superar os obstáculos. O resultado é a vitória sobre os desafios, acompanhada de uma transformação profunda e duradoura. Essa narrativa convida o paciente a se perceber como protagonista de uma travessia com sentido, na qual cada obstáculo representa uma parte essencial do processo de amadurecimento e reintegração.

O conto "As quatro etapas", que temos trabalhado como exemplo, ilustra perfeitamente a Jornada do Herói. Gordon, o protagonista, inicia no mundo comum, hesitando em participar do campeonato por temer os desafios desconhecidos. Esse é o momento de recusa ao chamado. Ele só decide aceitar a aventura quando percebe que sua vida e a de outros dependem da conquista dessa habilidade especial, um típico chamado para a aventura. A travessia do limiar ocorre quando ele se compromete com o campeonato, deixando o mundo seguro para entrar em um espaço cheio de desafios e provações.

Cada etapa do campeonato representa um momento importante da iniciação. O javali, descrito com força incontrolável, exige paciência e planejamento, simbolizando problemas práticos que não podem ser resolvidos pela força bruta. A corça, graças à delicadeza que retrata, reflete situações frágeis que demandam sensibilidade e respeito. A guerreira e seu cinto de ouro desafiam Gordon a reconhecer a beleza existente na verdade e na escuta — símbolos de autoestima e autenticidade. Por fim, os portais conectam o mundo manifesto ao mundo das possibilidades, representando a provação suprema: a travessia para o autoconhecimento.

O retorno de Gordon ao mundo comum, agora com a habilidade de encontrar soluções para qualquer problema, completa a Jornada do Herói. Ele compartilha sua conquista com os outros, ajudando a comunidade e inspirando aqueles ao seu redor, além de se beneficiar da transformação por que passou.

Ao integrar essa estrutura na Contoterapia®, o contoterapeuta oferece ao paciente um campo simbólico estruturado, no qual o paciente pode reconhecer suas forças, seus desafios e seus potenciais de transformação. A jornada serve como fio invisível que sustenta o enredo, permitindo que a história se torne um espelho sensível da trajetória interior, embora não precise ser seguida à risca. A narrativa de Gordon em "As quatro etapas" exemplifica como essa arquitetura simbólica pode gerar movimento interno, acarretando novas percepções e, sobretudo, coragem de continuar caminhando.

A Jornada da Heroína

A Jornada da Heroína, descrita por Maureen Murdock em *A jornada da heroína* (2022), é um percurso arquetípico próprio, não apenas uma adaptação da Jornada do Herói. Começa com a "separação do feminino" e culmina na "integração de masculino e feminino" (Murdock, 2022, p. 28). Enquanto a Jornada do Herói enfatiza a conquista de feitos tangíveis e a superação de desafios externos, a Jornada da Heroína conduz a uma travessia interior, marcada por crises de identidade, rupturas relacionais e busca por reconciliação entre forças internas opostas.

Essa narrativa é dividida em etapas simbólicas, com ênfase no movimento interno da transformação. A travessia inicia-se com a rejeição de aspectos intuitivos, emocionais ou espirituais da identidade, influenciada por valores de um sistema que privilegia o controle e o fazer. A heroína, na busca por sucesso e validação, tenta se adaptar a modelos externos, muitas vezes em desconexão com sua essência.

Essa jornada conduz a um ponto de esgotamento: a dádiva ilusória do sucesso. É nesse momento que a heroína percebe o vazio deixado por conquistas que não atendem à alma. Esse colapso simbólico a empurra para uma descida ao submundo, em que encontra os fragmentos perdidos de si mesma: intuição, memória ancestral, vínculo com o corpo e com o feminino ferido, elementos que abrem espaço para a cura.

Ao integrar essas dimensões negadas, ela acessa um novo modo de ser no mundo, íntegro ao invés de fragmentado. O retorno não é ao mundo antigo, mas a um novo posicionamento, no qual os opostos se reconciliam. A força não anula a sensibilidade; a ação não exclui a escuta; o fazer é enraizado no ser.

Na Contoterapia®, a Jornada da Heroína oferece uma estrutura simbólica especialmente útil para pacientes em busca de reconciliação consigo mesmos. Ela favorece narrativas que tocam temas como autoaceitação, resgate da voz própria e equilíbrio entre autonomia e cuidado. A escuta dessa jornada convida o paciente a habitar o paradoxo e a encontrar força na vulnerabilidade e sentido na travessia interna.

Embora o conto "As quatro etapas" se alinhe mais fortemente à Jornada do Herói, alguns elementos sutis da Jornada da Heroína também estão presentes. A travessia dos portais por Gordon pode ser lida como um mergulho simbólico no inconsciente, onde o personagem confronta verdades profundas e retorna com uma sabedoria transformadora. A cena com a guerreira, que reconhece o valor da empatia e da beleza interior, também ecoa esse movimento de reconexão com valores esquecidos.

No entanto, é importante destacar que a narrativa que estamos analisando está mais centrada em desafios externos e superação prática, características predominantes da Jornada do Herói. A Jornada da Heroína, com fóco em reconciliação interna e emocional, seria mais aplicável a um conto cujo protagonista enfrenta conflitos relacionados à identidade ou à busca de equilíbrio em suas relações pessoais.

Ao aplicar essa estrutura, o contoterapeuta escuta o que deseja emergir, sem impor um modelo. A Jornada da Heroína se torna, então, uma forma de acolher o processo simbólico da paciente com delicadeza e profundidade, oferecendo uma história que busca revelar, não ensinar.

A Jornada da Eco-Heroína

Por fim, a Jornada da Eco-Heroína, proposta por Sharon Blackie em *If Women Rose Rooted* (2016), apresenta uma estrutura narrativa que integra transformação pessoal e regeneração coletiva, unindo o mundo interno à paisagem natural e simbólica da Terra. Embora possa parecer, à primeira vista, mais distante do universo clínico tradicional, a inclusão dessa perspectiva na Contoterapia® revela afinidades simbólicas e éticas com uma geração de pacientes e praticantes que buscam transformação com raízes, que desejam alinhar o cuidado de si ao cuidado do mundo.

Essa jornada combina transformação interna e externa, destacando a reconexão entre o indivíduo e a natureza. A Jornada do Herói aborda desafios concretos, enquanto a Jornada da Heroína explora conflitos emocionais e sociais, já a Jornada da Eco-Heroína integra sabedoria ancestral e relação profunda com a Terra. O propósito desse percurso é promover equilíbrio e harmonia como resultado. Assim, os contos criados na Contoterapia® podem dialogar tanto com a necessidade de transformação individual quanto com o desejo coletivo por regeneração, sustentabilidade e alinhamento com valores ecológicos e espirituais. Essas histórias podem inspirar uma visão de futuro que une responsabilidade, propósito e esperança.

Embora a narrativa siga princípios comuns às jornadas de transformação, os desafios da chamada "eco-heroína" estão intrinsecamente ligados à natureza e à restauração de harmonia com o mundo natural. O enredo pode abordar temas como o impacto das ações humanas no meio ambiente, a busca por um estilo de vida sustentável ou a reconexão espiritual com a Terra e suas forças regeneradoras. A transformação ocorre em níveis individuais e coletivos, destacando o papel do protagonista como agente de mudança em um ecossistema maior.

Os obstáculos enfrentados nessa jornada geralmente envolvem reconexão com a natureza e redescoberta de um sentido de pertencimento ao mundo natural. Eles podem ser externos, como a luta contra a degradação ambiental, ou internos, como a superação de sentimentos de alienação ou desconexão. O objetivo principal é alcançar cura e regeneração — tanto pessoal quanto ecológica — com o apoio de elementos que simbolizam sabedoria ancestral: guias, símbolos ou práticas tradicionais, por exemplo. O resultado final é um equilíbrio profundo entre o ser humano e o ambiente ao seu redor, para o protagonista e para o contexto em que ele está inserido.

Embora a Jornada da Eco-Heroína não siga um modelo tão rigidamente estruturado quanto a Jornada do Herói, há um fluxo recorrente em suas narrativas, composto de momentos essenciais (Blackie, 2016). São eles:

- Despertar para a necessidade de mudança: a heroína percebe a desconexão entre sua vida e o mundo natural. Com isso, sente um chamado para transformação.
- Reconhecimento do impacto das ações humanas: ela enxerga as crises ecológicas, sociais e espirituais ao seu redor e reconhece o papel que desempenha nesse sistema.
- Encontro com fontes de sabedoria ancestral: guiada por símbolos, mitos ou figuras de conhecimento, a heroína acessa uma compreensão mais profunda sobre sua relação com a Terra.
- Superação de barreiras internas e externas: ela enfrenta resistências emocionais, culturais e práticas para integrar sua nova visão de mundo.
- Integração de uma nova relação com a natureza: a heroína retorna ao mundo com um novo senso de pertencimento e responsabilidade, promovendo regeneração em sua vida e em sua comunidade.

A estrutura apresentada é ideal para pacientes ou participantes que buscam sentido em temas ambientais, espirituais ou comunitários ou que estejam atravessando crises existenciais ligadas às sensações de vazio, exaustão ou perda de pertencimento. Assim, é especialmente relevante para aqueles que desejam integrar práticas de autocuidado e cuidado com o planeta, reconhecendo a interdependência entre as ecologias interna e externa.

Ainda que o conto "As quatro etapas" não dialogue diretamente com os temas centrais dessa jornada, ele reforça a importância de adaptar a narrativa às necessidades específicas de cada paciente.

Na Contoterapia®, a escolha da jornada simbólica deve estar sempre a serviço da escuta. A Jornada da Eco-Heroína, nesse sentido, é apresentada como uma ferramenta potente para apoiar quem deseja reencantar sua relação com o mundo por meio da criação de narrativas que germinam um novo jeito de viver, estar e pertencer.

O papel da intuição e do inconsciente

Embora as estruturas narrativas sejam essenciais para organizar o processo criativo, na Contoterapia®, o papel do profissional transcende a função de facilitador de histórias. Ele atua como ponte entre a lógica e a intuição, permitindo que a narrativa surja de modo espontâneo e ressonante. Após a etapa Tecendo Significados, uma inspiração inesperada frequentemente emerge, como se viesse de um lugar além da consciência. Mesmo que o conto criado pareça, à primeira vista, desconectado das intenções previamente discutidas, ele pode se revelar profundamente ressonante e preciso. Nesse momento, confiar no processo criativo torna-se fundamental.

Enquanto o consciente processa apenas uma fração limitada das informações, o inconsciente opera em um nível muito mais profundo, evocando símbolos e imagens que ressoam de maneiras inesperadas. Segundo Dispenza (2007, p. 352), "[...] nosso cérebro recebe 400 bilhões de bits de informação por segundo. Entretanto, nossa consciência só percebe 2.000 bits/s desse total". Isso revela o quanto a percepção consciente é limitada frente à vastidão do que nos atravessa em silêncio. Um conto que não segue exatamente as intenções iniciais ainda pode alcançar camadas inconscientes, acessando aspectos que não foram planejados conscientemente, embora sejam essenciais para a transformação do paciente.

Esse fenômeno é amplamente explorado por teorias já apresentadas neste livro, como os campos morfogenéticos, de Rupert Sheldrake. Para relembrar, segundo sua hipótese de ressonância mórfica, "[...] aquilo que foi aprendido por muitas pessoas no passado deveria ser mais fácil de aprender hoje. Todos recorrem e, por sua vez, contribuem para uma memória coletiva humana" (Sheldrake, 2009, p. 291). Outra explicação encontra-se na teoria do inconsciente coletivo, de Carl G. Jung, já vista, que descreve um depósito universal de símbolos e arquétipos compartilhados por toda a humanidade. Ademais, vimos com Corbin que o *mundus imaginalis* seria o espaço no qual tais imagens ganham existência autônoma, tornando-se acessível por meio da imaginação simbólica e da escuta visionária.

Todas essas perspectivas oferecem fundamentos para compreender de que modo o conto pode acessar dimensões mais amplas da psique e da experiência humana. No entanto, acima de tudo, é a experiência clínica que revela o poder das narrativas: quando ele toca, com verdade e beleza, algo que o paciente nem sabia que precisava nomear.

As estruturas narrativas que utilizamos são ferramentas flexíveis, projetadas para facilitar o processo criativo, embora não devam se tornar moldes fixos ou limitar a espontaneidade simbólica. O verdadeiro valor de um conto terapêutico reside na capacidade de o contoterapeuta escutar além da lógica, dando autorização para que a intuição conduza o processo sem abrir mão do cuidado técnico. Um conto estruturado inadequadamente pode perder força, o que faz dele incapaz de ultrapassar as defesas conscientes do paciente. Por isso, o artesanato narrativo é essencial para criar histórias coesas, simbólicas e emocionalmente envolventes, sobretudo porque estas têm maior chance de gerar ressonância transformadora.

Esse cuidado pode ser comparado à preparação de um prato delicado: nem todos os ingredientes disponíveis são usados, apenas os que criam harmonia e despertam o paladar certo. Do mesmo modo, o contoterapeuta escolhe com sensibilidade os elementos narrativos que comporão a história, buscando equilíbrio entre leveza e profundidade.

Retomando uma metáfora já presente neste livro, o conto é uma semente; o paciente, o solo onde ela será plantada. Esse gérmen carrega o potencial de crescimento e transformação, embora sua eficácia dependa da qualidade do terreno psíquico que o acolhe. A mente humana, com suas camadas consciente e inconsciente, atua como terreno fértil. Enquanto a mente consciente costuma resistir a mudanças profundas, o inconsciente, rico em símbolos, afetos e imagens primordiais, pode acolher e integrar novas possibilidades.

Ao trabalhar com imagens simbólicas, os contos ultrapassam a mente lógica e atingem camadas mais sutis da psique, em que transformações mais profundas podem se processar. Estudos sugerem que narrativas impactantes podem engajar regiões cerebrais associadas ao processamento emocional e motor, gerando respostas neurais semelhantes às das experiências reais (Hassan *et al.*, 2014). **Além disso, pesquisas indicam que o processamento de metáforas envolve múltiplas áreas cerebrais, incluindo aquelas responsáveis pelo processamento semântico e pela integração de significados abstratos, refletindo a complexidade desse mecanismo cognitivo (Lima,**

2017). Isso reforça o valor neuropsicológico da narrativa simbólica como recurso terapêutico.

Confiar no processo criativo é essencial. Um conto intuitivo, mesmo que inesperado, pode encontrar caminhos invisíveis para tocar o coração do paciente. É nesse espaço entre intenção e inspiração que floresce a essência da Contoterapia®. Quando permitimos que o conto cresça e floresça no terreno do inconsciente, criamos um espaço seguro e simbólico no qual o paciente pode cultivar recursos internos, atravessar seus desafios e reinventar a própria jornada.

Etapa 4 — Tecendo Vozes: encontrando-se de modo transformador com a narrativa

Na etapa final do processo de Contoterapia®, a história ganha vida por meio da oralidade. O contoterapeuta assume papel de narrador, utilizando sua presença, sua voz e sua respiração para transformar o conto em uma experiência imersiva e significativa. Nesse momento, a narração cria espaço simbólico, no qual o ouvinte pode mergulhar profundamente nas imagens e emoções evocadas pela narrativa, além de transmitir palavras.

A contação é conduzida com cuidado, para que o paciente — ou integrante do grupo — não apenas ouça, mas experimente a história. O tom de voz, as pausas, a entonação e até mesmo o ritmo são elementos fundamentais que potencializam a ressonância emocional da história. Quando apresentada com atenção aos detalhes, a narrativa torna-se portal simbólico que atravessa o consciente e toca camadas mais profundas, despertando reflexões que o intelecto, sozinho, não alcançaria.

Após a escuta, o paciente é convidado a identificar um símbolo ou elemento da história que tenha ressoado de forma especial. Embora a Contoterapia® **não se baseie diretamente na Teoria dos Objetos Transicionais de Winnicott, inspira-se em sua compreensão sobre a função simbólica dos objetos afetivos. Como vimos, esse teórico introduziu a expressão "objeto transicional" para descrever a "área intermediária de experiência" (Winnicott, 1975, p. 11) como espaço entre o mundo interno e o externo, em que brinquedos, panos e outros objetos especiais funcionam como pontes entre realidades. De modo análogo, o símbolo destacado pelo paciente atua como ponto de ancoragem emocional e poética, viabilizando a transformação de vivências em novos significados.**

Com essa conexão simbólica ativada, inicia-se um diálogo reflexivo. No caso de atendimentos em grupo, esse momento ocorre nos moldes das conversas reflexivas, já descritas neste livro: uma escuta mútua, respeitosa, na qual perguntas abertas e expansivas ajudam os participantes a dar forma às próprias percepções. O contoterapeuta atua como facilitador dessa escuta, permitindo que os sentidos emergentes da história sejam construídos conjuntamente no coletivo, sem pressa nem direcionamento excessivo.

No atendimento individual, entretanto, o ritmo é outro. Após receber o conto — enviado em duas versões: escrita e narrada em áudio —, o paciente é orientado a escutá-lo quantas vezes desejar durante um período estendido e contínuo, suficiente para que a narrativa seja verdadeiramente assimilada. Embora, na prática, esse período costumeiramente dure cerca de dois meses, não há um número exato de dias que se aplique a todos os casos. A orientação se apoia na experiência clínica acumulada, que mostra que poucas semanas, em geral, não são suficientes para que o conto atue em profundidade, ao invés de métricas fixas. Esse intervalo simbólico possibilita a absorção intuitiva da história, no tempo próprio de cada paciente, evitando interpretações imediatas que possam interromper a germinação interna dela. Como tudo na Contoterapia®, trata-se de um processo sutil, que exige tempo, escuta e presença — e que opera no ritmo silencioso do inconsciente.

Decorrido esse período, busca acompanhar os efeitos da história — seja por meio de um novo encontro, seja por instrumentos formais de acompanhamento, como questionários. Ao contrário do espaço grupal, aqui prevalece a escuta individualizada e a contemplação dos efeitos simbólicos que emergiram da história. O paciente compartilha *insights*, mudanças percebidas ou imagens marcantes que o acompanharam. Somente após essa escuta é que o profissional, se necessário, oferece breves explicações sobre os símbolos ou inspirações da narrativa, abrindo outras portas de sentido sem anular com interpretações fixas. A integração entre vivência intuitiva e reflexão consciente fortalece a internalização simbólica da jornada realizada.

Para ampliar o impacto transformador, o paciente ou participante é incentivado a narrar a história para outra pessoa. Esse gesto simbólico inicia um novo ciclo: quem conta reinscreve a história em seu corpo e sua memória, tornando-se cocriador do processo de autocuidado e cura. Contar é um ato de autonomia e generosidade, que resgata a tradição ancestral de transmissão oral como forma de aprendizado e regeneração. Esse gesto fortalece a integração da narrativa e amplia seu campo de atuação.

O processo se encerra com um gesto simbólico, que pode assumir formas diversas: um silêncio, um gesto ritual, um desenho, uma vela acesa, um bilhete deixado em um lugar especial. O que importa não é a forma, mas a intencionalidade do ato como marca de passagem, um sinal de que algo foi vivido, sentido e transformado. O momento final confere a essa vivência contorno poético. Assim, o paciente é encorajado a concluir a experiência com sentido e presença.

Tecendo Vozes é o ápice do processo de Contoterapia®: a história, tecida ao longo das etapas anteriores, encontra sua voz, sua vibração, seu corpo. É quando o conto se realiza como encontro, espelho e travessia. Nesse momento, a narrativa se manifesta como convite à descoberta e permite que o paciente siga viagem, agora com recursos, imagens e sentidos novos, tecidos na própria voz.

Como usar o conto no atendimento individual: orientações e práticas

Ao receber um conto terapêutico, elaborado para refletir desafios e necessidades de um momento específico, o paciente é orientado sobre como integrá-lo ao seu cotidiano de maneira significativa. O conto é uma via simbólica que opera de modo sutil, plantando sementes de transformação no inconsciente, não apenas uma história. Para maximizar os benefícios dessa experiência, é essencial seguir práticas que potencializem sua integração emocional e simbólica.

Nos primeiros anos de aplicação do método Tecendo Realidades®, foi natural que a Contoterapia® dialogasse com abordagens como a Programação Neurolinguística (PNL), especialmente porque esse referencial fazia parte da minha formação em Reprogramação Biológica® — uma base que, à época, parecia coerente, embora ainda não houvesse sido profundamente questionada. Assim, compreendia-se o conto terapêutico como possível instrumento de reorganização mental e emocional.

Com o tempo, aspectos como prática clínica aprofundada, escuta de centenas de histórias e pesquisa teórica cuidadosa tornaram evidente o que repito ao longo deste livro: a Contoterapia® se sustenta em outra perspectiva. A narrativa simbólica não é uma técnica de substituição de padrões, mas uma vivência com vida própria, que se revela no tempo do símbolo e da imagem. O conto não pretende reprogramar o pensamento, mas escutar, sustentar e reintegrar a experiência humana por meio da linguagem simbólica, oferecendo ao paciente uma travessia transformadora e respeitosa.

Embora algumas pessoas possam aplicar o método com finalidades próximas às da PNL, essa não é a intenção fundante da Contoterapia®, tampouco a que este livro propõe valorizar. Os sentidos — visão, audição, tato, movimento — são recursos fundamentais tanto na PNL quanto em outras abordagens; porém, na Contoterapia® **são extensões da escuta sensível, não instrumentos de controle interno. Um contoterapeuta escuta com o corpo, vê com a imaginação, sente com a pele da presença. É justamente esse mergulho sensorial que permite acessar uma imaginação robusta, poética e encarnada, capaz de dar forma a símbolos que cuidam — e não que apenas reinterpretam.**

Recomenda-se ouvir a narração do áudio do conto à noite, antes de dormir, quando todas as tarefas do dia já foram concluídas. Esse momento de relaxamento é crucial, pois permite ao paciente entrar em um estado de tranquilidade, mais propício para acessar camadas profundas da mente e absorver a experiência simbólica da narrativa. O médico e pesquisador Herbert Benson (1982) descreveu um fenômeno chamado "resposta de relaxamento" — estado fisiológico caracterizado por diminuição da frequência cardíaca, redução da atividade do sistema nervoso simpático e maior predominância das ondas cerebrais alfa e theta. Esse estado reduz os efeitos do estresse e favorece a assimilação de experiências simbólicas, facilitando processos de integração emocional.

A relação entre o relaxamento e a atividade cerebral foi amplamente estudada na Neurociência. Estudos indicam que, à medida que nos acalmamos, as frequências das ondas cerebrais diminuem: saímos do estado beta, caracterizado por atividade intensa e foco no mundo externo (com frequências acima de 12 Hz), e entramos em alfa, associado ao relaxamento e à introspecção (entre 8 e 12 Hz), ou até mesmo em theta, estado ainda mais profundo, propício para processos criativos e imaginativos (entre 4 e 8 Hz). Tais oscilações refletem a complexa atividade mental e variam entre diferentes regiões do cérebro (Goleman; Davidson, 2017).

Ademais, as alterações cerebrais ativam estruturas como o hipocampo e o córtex pré-frontal, áreas essenciais para a aprendizagem, a consolidação de memórias e a integração emocional. Dessa forma, ao acessar estados cerebrais mais receptivos, o inconsciente processa o conteúdo narrativo de maneira mais efetiva, potencializando a ressonância simbólica do conto e ampliando o impacto terapêutico dele.

O paciente é incentivado a ouvir o conto repetidamente por um período regular, pois a repetição de experiências tem impacto significativo na organização neural e na consolidação de padrões emocionais e cognitivos ao longo do tempo. Estudos demonstram que as experiências vividas moldam diretamente a estrutura e o funcionamento do cérebro, influenciando a regulação emocional e a aprendizagem (Siegel, 2012).

O cérebro permanece plástico ao longo da vida, e essa plasticidade é especialmente ativada em resposta a interações emocionais e relacionais. Embora a formação de novos padrões dependa de múltiplos fatores, a repetição de estímulos com valor simbólico pode fortalecer circuitos responsáveis por recursos internos e por novas formas de interpretar a realidade.

Esse processo de ouvir o conto repetidamente é reforçado pela plasticidade cerebral, que possibilita não apenas a assimilação das narrativas simbólicas apresentadas no conto, mas também a integração delas ao repertório emocional e cognitivo do paciente. Ao revisitar a história, o paciente reforça circuitos neurais e imaginativos que sustentam novos modos de estar no mundo. Simultaneamente, o conto atua como espelho simbólico, oferecendo caminhos coerentes, embora não lineares, para a construção de novos sentidos.

Embora o período sugerido sirva como referência prática, o paciente é encorajado a observar seus próprios ritmos e sentimentos em relação à interação com o conto. A intuição e a percepção individual desempenham papel essencial na assimilação simbólica, garantindo que o processo respeite as necessidades emocionais e cognitivas únicas de cada pessoa. Assim, a narrativa torna-se uma vivência incorporada, um território simbólico de cuidado entranhado no cotidiano, deixando de ser apenas algo que se ouve.

É comum que o paciente adormeça antes de concluir a audição completa do conto. Essa situação, além de aceitável, é desejável: o inconsciente continua a processar informações

mesmo durante o sono. Conforme já destacado por Dispenza (2007), enquanto nosso cérebro recebe cerca de 400 bilhões de bits de informação por segundo, nossa consciência é capaz de perceber apenas 2.000 bits desse total. Isso significa que a maior parte do processamento ocorre em níveis não conscientes, tornando o relaxamento e a transição para o sono terreno fértil para que as imagens simbólicas da narrativa penetrem mais profundamente, favorecendo a consolidação emocional delas.

Essa abordagem respeitosa e atenta expressa a essência da Contoterapia®: um caminho que acolhe o tempo interno, valoriza o silêncio do símbolo e confia na potência da narrativa como gesto de cuidado. Ao escutar o conto de maneira intuitiva e sensível, o paciente se reconecta com sua capacidade de habitar sua própria história, como quem reencanta o presente com presença, coragem e poesia, não apenas acessando novos sentidos, ao invés de buscar apagar o passado.

Considerações finais sobre a metodologia da Contoterapia®

A Contoterapia® é, antes de tudo, um convite: à escuta sensível, à criação intuitiva e à confiança no gesto narrativo. No decorrer deste capítulo, percorremos os fundamentos e as etapas que compõem essa metodologia, compreendendo que a força dela reside no cuidado poético que a escuta e a linguagem simbólica podem oferecer diante dos desafios humanos, não apenas na técnica. Trata-se de um processo que entrelaça história e presença, símbolo e experiência, tempo interno e imaginação.

O método Tecendo Realidades® estrutura esse percurso sem aprisioná-lo em fórmulas fixas. Cada narrativa se desdobra conforme o encontro entre o contoterapeuta, o paciente e a história que deseja nascer. A maleabilidade da Contoterapia® possibilita o encontro da forma e do tempo próprios de cada narrativa, respeitando a singularidade de quem a recebe. Algumas histórias reverberam de imediato; outras, como sementes simbólicas, germinam em silêncio, florescendo apenas quando o solo interno está pronto para acolhê-las.

O contoterapeuta, por sua vez, sustenta um espaço de reintegração simbólica e de reorientação subjetiva, não apenas escrevendo ou contando histórias. Sua escuta empática, seu repertório narrativo e sua capacidade de perceber nuances simbólicas dão forma ao conto, porém é na entrega — mais que isso, no ato de confiar que a história encontrará seu caminho dentro do outro — que a profundidade desse ofício é revelada.

Agora, seguimos para a próxima parte deste livro, na qual a teoria ganha corpo na prática. Os relatos a seguir trazem exemplos reais da Contoterapia® em ação, ilustrando como as histórias criadas em sessão reverberam na trajetória dos participantes. São testemunhos do impacto simbólico das narrativas e de como essa prática terapêutica abre espaço para novas perguntas e, com elas, para novas formas de viver, escutar e significar a própria existência, ao invés de oferecer respostas diretas.

CAPÍTULO 12

ESTUDOS DE CASO: O ENCONTRO TRANSFORMADOR COM AS NARRATIVAS

> *"Toda história tem um final. Mas na vida, cada final é um novo começo" – Autoria desconhecida*

A Contoterapia® **se manifesta essencialmente na experiência viva: no espaço de escuta, na intuição do contoterapeuta e, principalmente, no impacto simbólico que as histórias despertam em quem as recebe, transcendendo apenas fundamentos teóricos.**

Como vimos no início deste livro, o uso das narrativas em saúde pode ser pautado em um tripé fundamental: tradição, ciência e experiência. Essa base sustenta também a prática da Contoterapia®, pois a tradição nos reconecta ao saber ancestral das histórias como forma de cuidado entre as pessoas; a ciência oferece caminhos para compreender seus efeitos na subjetividade; e a experiência mostra, na prática, como as narrativas ressoam na vida interna dos indivíduos, promovendo movimento, sentido e autonomia.

Nesta parte do livro, exploraremos exemplos reais de atendimentos individuais que demonstram a atuação prática da Contoterapia® por meio das histórias construídas em sessão e suas reverberações na vida simbólica dos participantes. Para enriquecer essa abordagem, contamos também com estudos de caso conduzidos por Sílvia Guimarães e Renata

Brügger, cujas práticas em Contoterapia® ampliam as possibilidades de aplicação dessa metodologia. Cada conto carrega a técnica e a intenção de quem o construiu, juntamente com a escuta sensível e a ressonância simbólica singular por ele despertada em cada ouvinte.

Embora essas observações sejam empíricas, acumuladas ao longo de quase dez anos de prática, elas oferecem pistas valiosas sobre a profundidade, a fluidez e o alcance transformador desse processo. Alguns contos ecoam imediatamente na vida do participante; outros, como sementes simbólicas, levam meses ou anos para florescer plenamente.

Diante disso, organizamos os estudos de caso em temas simbólicos universais: reconhecimento e validação; transformação e renascimento; perdão e ressignificação e pertencimento e autoexpressão. Por meio dessa estrutura, torna-se mais fácil acompanhar as narrativas. Ao mesmo tempo, o leitor é convidado a uma travessia reflexiva e emocional, alinhada à experiência da Contoterapia®. A proposta é que as histórias encontrem eco em quem lê, permitindo que o simbólico se revele de maneira profunda e singular.

Cada narrativa que se segue é única, carregando um fio condutor: a possibilidade de transformação por meio do simbólico. **Que, ao percorrer estas páginas, você possa conhecer as histórias apresentadas ao mesmo tempo em que percebe de que forma elas ressoam em sua própria trajetória.**

Reconhecimento e validação: redescobrindo nosso valor

> *"Você é muito mais forte do que imagina"—*
> *C.S. Lewis*

Desde cedo, buscamos ser vistos, compreendidos e reconhecidos. Muitas das dores que carregamos estão ligadas a momentos em que tivemos nossa voz silenciada, nossa essência negligenciada ou nossa presença ignorada. O reconhecimento e a validação nascem também de dentro, no ato de nos enxergarmos com honestidade e acolhimento, além de vir do outro.

Nesta seção, você encontrará histórias que falam sobre o despertar do próprio valor e a reconexão com a essência. Contos como "Sancha, a garota que venceu o escuro", "A roda das estrelas", "Sofia, a rainha sábia curandeira" e "Pés Grandes" exploram essa jornada simbólica de autodescoberta. Cada um deles nos lembra que, ao reconhecermos nossa luz, também podemos iluminar o caminho de outros.

Estudo de caso: "Sancha, a garota que venceu o escuro"

A paciente chegou à Contoterapia® trazendo consigo um fardo emocional intenso. O pai, advogado — profissão que ela também exercia —, foi assassinado por denunciar irregularidades. Ela foi quem o encontrou sem vida na estrada e, desde então, assumiu os casos em que ele estava trabalhando. Sentia que tinha uma dívida de honra a cumprir e precisava continuar o que o pai havia começado. Todavia, era frequentemente confrontada por clientes com posturas machistas. Além disso, carregava, ainda, um trauma transgeracional: o avô paterno também havia sido assassinado durante um assalto, diante do próprio filho — no caso, o pai da paciente.

Em razão do acontecido, a paciente passou a sustentar a mãe e a irmã. Também se dedicava ao trabalho voluntário em uma ONG de proteção animal, sua verdadeira paixão, embora visse essa atividade apenas como um projeto paralelo. Pouco tempo antes de começar o processo terapêutico, havia recebido um convite para entrar na política, a fim de apoiar a ONG. A proposta, no entanto, gerava um forte conflito interno: fora justamente a política que levara o pai à morte.

O dilema principal era simultaneamente externo e simbólico: como seguir em frente sem sentir que estava abandonando sua história ou traindo o legado do pai? Ela buscava compreender se seria possível construir um novo caminho sem a culpa que a aprisionava ao passado.

Esse foi o contexto de criação da história "Sancha, a garota que venceu o escuro". O propósito da narrativa era oferecer uma imagem simbólica que evocasse coragem, confiança e liberdade interior, possibilitando à paciente considerar a possibilidade de dar um novo passo, sem medo de perder as próprias raízes. A história, transcrita a seguir, buscava lembrar que, mesmo quando tudo parece perdido, há sempre uma nova jornada à espera de ser iniciada.

Sancha, a garota que venceu o escuro

Diziam que, em certo tempo e lugar, toda menina, ao crescer, era chamada a atravessar um território desconhecido. Não importava de onde vinham ou quem haviam sido antes — o caminho apagava suas lembranças, deixando apenas pistas sutis em seus bolsos e ecos distantes em seus corações. Aquela jornada não era uma escolha, mas um chamado inevitável, uma travessia que moldava o que viriam a se tornar.

As mais velhas, aquelas que já haviam concluído suas jornadas e hoje seguiam suas missões, garantiam que todo o esforço valia a pena. Elas diziam isso para manter viva a esperança das mais jovens, pois sabiam que, nos momentos mais difíceis, era preciso confiar em si mesmas.

Sancha tinha iniciado sua jornada havia alguns anos. No bolso, levava três objetos: uma foto da família, uma varinha que emitia luz quando necessário e uma bola de ouro com seu nome gravado. Com o tempo, começou a esquecer o que fazia ali. O motivo da caminhada se tornava nebuloso e, aos poucos, ela foi se acostumando àquela vida errante. Olhava para a foto e sentia algo profundo, mas não conseguia lembrar quem eram aquelas pessoas.

Com os anos, estabeleceu-se em um pequeno vilarejo ao pé de uma montanha. Trabalhando como amoladora de facas, levava uma vida simples e previsível. No entanto, algo dentro dela inquietava-se de tempos em tempos. Era um pensamento insistente: "Será que eu não deveria fazer algo mais?". Logo, porém, afastava essa ideia e voltava à rotina.

Certa noite, Sancha acordou sobressaltada. Alguém havia sussurrado seu nome. Olhou ao redor, mas estava sozinha. Então ouviu novamente, agora vindo de fora. Vestiu seu único casaco e seguiu o chamado. Conforme andava, a voz se tornava mais urgente. De relance, viu uma criança correndo adiante e, antes que percebesse, já havia subido metade da montanha.

A criança desapareceu dentro de uma caverna. Sancha hesitou. O medo se enroscava em suas pernas como raízes invisíveis. Decidiu, então, buscar sua varinha no bolso, mas, antes que a encontrasse, sentiu algo escorregar de sua mão: a bola de ouro! Ela rolou para dentro da caverna escura. Agora não havia mais volta. A criança e sua bola estavam lá dentro.

Exasperada, finalmente encontrou a varinha, que se iluminou no mesmo instante. Com passos cautelosos, adentrou a caverna.

Quanto mais avançava, mais claramente ouvia seu nome. O caminho era estreito e sinuoso. De repente, ao chegar a uma bifurcação, a varinha se apagou. O coração acelerou. O escuro era denso como uma névoa que engolia tudo ao redor. O ar parecia pesado. A angústia crescia, prendendo-lhe os pés ao chão. Sentia-se paralisada, sufocada por uma sombra invisível.

Foi então que, tremendo, enfiou as mãos no bolso. Seus dedos tocaram a foto. Ao senti-la, um calor suave percorreu seu peito, espalhando-se por todo o corpo. Um calor que dissipava o medo. As imagens voltaram à sua mente. Lembrou-se do rosto das pessoas da foto. Lembrou-se do amor que um dia sentiu. Seu peito se expandiu. E, naquele instante, a varinha voltou a brilhar! Agora, sabia para onde ir.

Seguiu adiante, firme. O sussurro tornou-se um chamado claro e nítido. Pouco depois, chegou a uma grande câmara subterrânea. No centro, uma lagoa que brilhava com luz suave. O chamado cessou. A bola de ouro rolou em direção à água e afundou. Sem hesitar, Sancha mergulhou atrás dela.

A profundidade era maior do que imaginava. Quanto mais descia, mais era puxada. O ar faltava. Sentia-se perdida. Quando suas forças se esgotaram e ela se viu prestes a desistir, deu uma última braçada e... emergiu!

Mas algo estava diferente. A luz do dia banhava sua pele. O céu era azul. À sua volta, uma floresta vibrante e viva. E, na margem do lago, pessoas a chamavam pelo nome. Olhou para elas e as reconheceu. Eram as pessoas da foto. Sua família.

E, como se uma névoa se dissipasse de sua mente, tudo voltou. Lembrou-se de quem era. Lembrou-se do motivo de sua jornada. E, principalmente, lembrou-se de que a jornada não era sobre se perder, mas sobre encontrar a confiança dentro de si mesma.

Hoje, Sancha ajuda outras meninas a embarcarem em suas próprias jornadas. Com sabedoria e respeito, guia aquelas que decidem dar esse passo. Porque ela sabe, melhor do que ninguém, que, mesmo na mais densa escuridão, há sempre uma luz esperando para brilhar novamente.

Análise e aplicação do método Tecendo Realidades®

O conto atuou como uma semente simbólica profundamente conectada à jornada da paciente. A bola de ouro gravada com o nome da protagonista representa sua essência e seu propósito. No momento em que ela rola para dentro da caverna, Sancha não tem outra escolha senão segui-la. A paciente também sentia-se impelida a continuar o caminho do pai. O que parecia ser uma escolha, na verdade, ressoava como um chamado inevitável.

A escuridão da caverna reflete a sensação de estar perdida e sem saída. A paciente carregava um forte senso de dever, mas, ao mesmo tempo, vivia um vazio profundo diante da possibilidade de escolher por si. O fato de Sancha não se lembrar de onde veio simboliza o risco de se perder na repetição de um destino que não foi elaborado.

A varinha que se apaga no momento de maior dúvida ilustra como a sabedoria e a clareza podem parecer distantes quando estamos imersos no medo. O conto sugere, contudo, que a luz interior aguarda um gesto de reconexão, ao invés de se extinguir. Para Sancha, isso ocorreu quando ela tocou a foto da família — imagem que evocava vínculos afetivos e memória ancestral. Esse detalhe foi significativo para a paciente, pois a ajudou a perceber que poderia trilhar um novo caminho sem abandonar o próprio passado ou trair a memória do pai.

O mergulho na lagoa representa a entrega à própria jornada. Sancha precisa atravessar a água, símbolo das emoções, para emergir renovada. A paciente parece ter vivenciado movimento semelhante: ao ouvir o conto, percebeu que poderia caminhar por novas vias transformando sua história, em vez de romper com ela.

Duas semanas após iniciar a escuta do conto, ela tomou uma decisão que transformaria sua trajetória: candidatou-se a um cargo político local, impulsionada pela proposta de sua organização. Foi eleita, e seu trabalho — focado na ética, nos direitos dos seres mais vulneráveis e na reparação de injustiças — passou a ganhar visibilidade.

Nos anos seguintes, aprofundou-se ainda mais na área, enfrentando resistência institucional semelhante àquela que seu pai havia vivido décadas antes. Uma de suas ações provocou debate nacional e contribuiu para mudanças significativas na forma como determinados sujeitos passaram a ser reconhecidos juridicamente.

Continuou sua caminhada com firmeza: iniciou um mestrado, passou a participar de eventos internacionais, publicou artigos e consolidou sua atuação como referência em seu campo de trabalho. Hoje, relata sentir-se alinhada com sua missão, num percurso em que ética, afeto e compromisso coletivo se entrelaçam.

Ao autorizar a publicação deste relato, compartilhou: "Foi interessante ler o conto hoje novamente, passados tantos anos, porque percebi que fiz essa jornada de Sancha sem me dar conta".

O conto "Sancha, a garota que venceu o escuro" parece ter atuado como ponto de virada, abrindo um espaço interno para que a paciente enxergasse que era possível honrar seu legado sem se aprisionar a ele. Em vez de se perder na escuridão, encontrou uma passagem simbólica na qual sua luz — fortalecida pela ancestralidade e pelo amor à vida — pôde brilhar ainda mais forte.

Estudo de caso: "A Roda das Estrelas"

Desde cedo, a paciente enfrentou desafios familiares significativos. A mãe teve que criar as filhas sozinha após a separação, o que a fez crescer em um ambiente de necessidades financeiras e tensões emocionais. Com um pai ausente e uma mãe emocionalmente distante, desenvolveu fortes sentimentos de rejeição e falta de amor.

A relação com os avós — especialmente com a avó, que representava uma figura materna — era mais afetuosa, emquanto a relação com a mãe sempre foi marcada por distanciamento emocional. A irmã mais velha, com comportamentos problemáticos, atraía muita atenção familiar. Por essa razão, a paciente se sentia invisível e desvalorizada, apesar de cumprir o papel da "filha perfeita", que não causava problemas e ainda apresentava bom desempenho escolar.

Esses sentimentos de não pertencimento e falta de reconhecimento podem ser ilustradas por uma cena marcante da infância da paciente: enquanto lavava roupa ao lado da mãe, ainda pequena, disse que estava "ajudando o sol a secar a roupa". De forma brusca, contudo, esta respondeu que o sol não precisava da ajuda dela. Ainda que a resposta possa ter sido neutra ou impensada, cristalizou-se simbolicamente na memória da paciente, alimentando a sensação de que sua presença e imaginação não eram bem-vindas.

Apesar da busca constante por aceitação, sentia-se sempre à margem dos conflitos familiares, lutando para se encaixar em padrões que não dialogavam com sua sensibilidade. Isso dificultou o reconhecimento de sua identidade e valor próprios, assuntos abordados no conto transcrito a seguir.

A Roda das Estrelas

Era uma vez um reino que acreditava que todos os seres eram feitos de pó das estrelas. Quando uma vida se apagava na terra, dizia-se que ela se acendia no vasto céu noturno. E quando uma estrela no céu desaparecia, uma nova vida surgia na terra.

Por acreditarem nessa conexão entre o céu e a terra, os habitantes do reino criaram a Roda das Estrelas, um oráculo sagrado que ocupava o coração do reino. Aqueles que buscavam orientação podiam fazer uma pergunta à roda. Ao girá-la, ela oferecia um mapa com posições de estrelas que indicavam caminhos e respostas.

Muitos interpretavam os mapas e encontravam suas direções, mas havia aqueles que não conseguiam — estes eram chamados de estrelas cruzadas. As estrelas cruzadas viviam sob olhares desconfiados, como se representassem a fragilidade da certeza. Tornavam-se invisíveis para os outros, até mesmo para suas próprias famílias. Era uma vida solitária e dolorosa.

Então, uma noite, algo extraordinário aconteceu: muitas estrelas do céu começaram a desaparecer. Os habitantes aguardaram ansiosos o nascimento de novas vidas na terra, mas nada aconteceu. Os dias passaram, e mais estrelas se apagaram. O céu, antes repleto de luz, ficou completamente escuro.

A aflição tomou conta de todos. Pior ainda, arbustos densos e espinhosos começaram a crescer ao redor da Roda das Estrelas, isolando-a do resto do reino. Quando a última estrela desapareceu, a barreira de espinhos tornou-se impenetrável. Sem acesso à roda, os habitantes enfrentaram um período de grande angústia, sem saber como decidir seus caminhos.

Rumores começaram a se espalhar: as estrelas estavam presas na Roda, e libertá-las era a única maneira de restaurar o céu. Em uma reunião urgente, decidiram tentar romper a barreira.

Um velho, usando um machado afiado, foi o primeiro a tentar. Ele cortava os galhos, mas, assim que os removia, eles cresciam de novo, mais densos. Exausto, desistiu.

Uma mulher, com a ajuda de uma pá resistente, tentou cavar por baixo. As raízes dos arbustos, porém, eram profundas e entrelaçadas, impossíveis de atravessar. No final do dia, ela também desistiu.

Um jovem garoto, ágil como ninguém, tentou escalar os arbustos. No entanto, os espinhos eram longos e afiados, e rasgavam suas roupas e feriam sua pele. Ele também desistiu.

No dia seguinte, Inani, a última estrela cruzada, se aproximou da barreira. Invisível para todos, passou a maior parte da vida sendo ignorada, mas foi justamente por isso que enxergou o que ninguém via. Parou diante dos espinhos e começou a cantar:

"Cwebezela inkanyezi, cwebezela inhliziyo"

("Brilha, estrela, brilha, coração")

Sua voz era tão bela que os animais do reino se aproximaram para ouvi-la.

"Cwebezela inkanyezi, cwebezela inhliziyo"

Os pássaros desceram do céu e pousaram nas árvores.

"Cwebezela inkanyezi, cwebezela inhliziyo"

As minhocas e lagartas saíram da terra e se arrastaram até seus pés.

"Cwebezela inkanyezi, cwebezela inhliziyo"

Até as nuvens desceram do céu, iluminando Inani com a luz do sol. Nesse momento, ninguém mais conseguiu a ignorar. Todos os olhos estavam voltados para ela e para aquele momento único.

Uma pequena nuvem se aproximou e, como se fosse mágica, carregou Inani por cima da barreira de espinhos até o centro do reino, onde a Roda das Estrelas aguardava.

Ninguém sabe exatamente o que ela fez, mas um clarão explodiu no céu, como milhares de fogos de artifício. Naquela noite, as estrelas voltaram a brilhar.

Os arbustos ao redor da roda permaneceram ali por um ano e um dia, até desaparecerem misteriosamente. Durante esse tempo, o reino passou por uma transformação. Os habitantes aprenderam a tomar suas próprias decisões e, mais importante, a acolher as estrelas cruzadas.

Quando a Roda das Estrelas se tornou acessível novamente, eles encontraram muito mais do que as estrelas: agora, também tinham o Sol e a Lua para guiá-los. E se alguém não conseguisse decifrar o mapa, os habitantes se reuniam ao redor dessa pessoa para cantar a antiga canção:

"Cwebezela inkanyezi, cwebezela inhliziyo."

("Brilha, estrela, brilha, coração")

Assim, juntos, ajudavam cada um a encontrar o caminho de volta ao seu próprio coração.

Análise e aplicação do Método Tecendo Realidades*

O conto "A Roda das Estrelas" foi construído com o objetivo de trabalhar temas de validação, reconhecimento e expressão da essência. Inspirado em relatos da paciente, aborda, de maneira simbólica e metafórica, sua busca por significado e força interior, bem como o desejo de superar inseguranças internalizadas desde a infância.

Na história, a figura de Inani representa uma heroína invisível que descobre sua força na autenticidade da própria voz. Essa escolha narrativa foi diretamente influenciada pela vivência da paciente, que compartilhou sua paixão por cantar e seu desejo de se expressar de modo mais livre e confiante. O canto de Inani, que atraiu a atenção dos animais e das forças da natureza, simboliza a potência da expressão genuína como caminho de conexão, beleza e transformação.

Os elementos simbólicos do conto ampliam essas mensagens. A Roda das Estrelas, símbolo cíclico, reflete a constante renovação e a possibilidade de novas escolhas e perspectivas. Os espinhos que a cercam aludem às defesas emocionais construídas após experiências dolorosas — barreiras que protegem, mas também limitam. A transformação dos espinhos com o canto de Inani demonstra o poder da vulnerabilidade e da expressão como ferramentas de superação. A estrela cruzada, marcada e invisível, representa os aspectos internos da paciente, que a faziam se sentir esquecida ou sem valor, carregando simultaneamente uma força silenciosa e singular.

O impacto do conto foi significativo. A paciente relatou sentir-se profundamente tocada pelo simbolismo do canto, que ressoou com sua prática e paixão pessoal. Compartilhou que a história dialogava com perguntas internas não verbalizadas, ajudando-a a reconhecer a própria capacidade de transformação. A metáfora da heroína que restaura o brilho das estrelas ao expressar sua voz trouxe à tona sentimentos de validação e pertencimento, alinhando-se às suas vivências e aspirações.

Desde que foi trabalhado, em 2023, o conto permanece atuando, sua natureza simbólica permitindo que continue ressoando com o tempo, abrindo novas camadas de sentido. Da mesma forma que Inani libertou as estrelas e transformou seu reino, a paciente foi convidada a reconhecer que sua força reside na autenticidade e que sua voz, ao emergir, pode iluminar seu caminho e tocar o mundo à sua volta.

O conto e seus elementos, escolhidos cuidadosamente, funcionam como um reflexo simbólico da jornada da paciente, e simultaneamente como um gesto contoterapêutico que ofereceu inspiração, reconhecimento e possibilidade, transcendendo apenas um exercício narrativo. Uma história que segue viva, guiando futuros passos com delicadeza e coragem.

A VOZ DA CONTOTERAPEUTA SILVIA GUIMARÃES

Os próximos dois contos foram criados pela portuguesa Silvia Guimarães, contoterapeuta, professora e narradora oral. Ao longo de sua trajetória, a profissional encontrou nas histórias espaço sagrado de escuta e transformação.

Desde a infância, Silvia vive entre narrativas. Era sob o castanheiro do quintal que mergulhava nos mundos de Hans Christian Andersen, guiada pelas histórias que o pai lia em voz alta. Para ela, as histórias constituíam presenças vivas, que habitavam o vento, o cheiro da madeira e o silêncio cheio de significado, transcendendo apenas palavras.

Em sua atuação com mulheres e crianças, Silvia sempre soube, de maneira intuitiva, que os contos carregam em si um poder de acolher o que está escondido, de ressignificar o vivido e de criar novos caminhos. Ao conhecer a Contoterapia®, ela encontrou uma linguagem que nomeava esse saber ancestral e oferecia estrutura para aprofundá-lo. As histórias se tornaram também recurso terapêutico, ponte simbólica e gesto de cuidado, além de ser encantamento.

Como ela mesma diz: "As histórias nos convidam a olhar para o que estava escondido, fazendo isso de maneira gentil".

Silvia nos oferece dois contos que traduzem a alma da Contoterapia®: "Sophia, a rainha sábia curandeira" e "Pés Grandes". Suas narrativas iluminam, com delicadeza e profundidade, as paisagens internas de quem escuta. São histórias que tocam, nutrem e permanecem — mesmo depois do ponto final.

Estudo de caso: "Sophia, a rainha sábia curandeira"

A paciente, uma mulher de 30 anos, veterinária apaixonada por sua profissão, sonhava em ter a própria clínica. Sua história familiar era marcada por um ambiente rígido e pouco acolhedor em termos emocionais. Cresceu com uma mãe submissa e um pai austero, que impunha exigências elevadas e não permitia a expressão espontânea das emoções. Desde cedo, aprendeu que o erro não era tolerado e desenvolveu um perfeccionismo implacável, colocando o trabalho acima de tudo.

Contudo, seu maior desafio emergiu em um atendimento terapêutico, quando compartilhou que descobriu que o pai biológico era outro homem, com quem não tinha qualquer vínculo afetivo. A revelação abalou profundamente sua percepção de pertencimento e identidade, tornando difícil reconstruir a narrativa da própria trajetória e encontrar um novo eixo de sentido.

O conto criado para essa paciente teve como intenção auxiliá-la na integração entre passado e presente, permitindo-lhe o acolhimento de sua história antes e depois da descoberta. Também buscava convidá-la a ressignificar sua relação com o feminino e com a função paterna, libertando-se da necessidade constante de aprovação externa e fortalecendo sua soberania interior, para que pudesse seguir seu caminho com mais liberdade e autenticidade.

SOPHIA, A RAINHA SÁBIA CURANDEIRA

Era uma vez uma linda princesa, que vivia em um solene castelo, enorme, com dezenas de janelas amplas e envidraçadas, voltadas para um jardim de flores perfumadas e coloridas: margaridas, lírios, rosas, malmequeres e todas as outras flores silvestres que se possa imaginar. As árvores eram frondosas, parecendo gigantes sorridentes. Durante todo o ano, o ar exalava o perfume da primavera. Ao longe, via-se uma floresta imensa, de tirar o fôlego, tão grandiosa, majestosa e misteriosa que parecia não ter fim.

Era no jardim que a garota brincava de faz de conta e fazia magia com seus dons de curandeira. Naquele lugar, era só ela e a natureza. Conversava e imitava o chilrear dos pássaros, o som do vento... Ali, era feliz.

Seu nome era Sophia.

Sophia era como um lírio serpenteado, incandescente, mas marcado por proibições e amarras tão antigas que, carcomidas pelo tempo, lembravam as velhas e grossas peles de um elefante. Todos admiravam sua beleza e seu porte diplomático e brilhante. O corpo era esguio e elegante; a pele, alva. Os cabelos pretos e longos brilhavam como estrelas em uma noite de verão. Sua voz, limpa e sorridente, escondia o medo de falar.

Sophia era como uma fada que cuidava do jardim-hospital. Todas as plantas e animais doentes encontravam nela o bálsamo da cura. Com seus dons e sua varinha de condão, restabelecia a saúde dos seres vivos e os replantava com cuidado, dedicação e amor. Sim, amor. Incansável em sua missão, recebia com alegria e calor no coração o agradecimento de toda a natureza.

No castelo, a azáfama era constante. A disciplina era exigente, pois seu pai, o rei, gostava de tudo impecável, e todos deviam agradá-lo. Ele próprio fazia vistorias diárias, fosse inverno, fosse verão, sempre no mesmo horário. Os criados do castelo viviam aterrorizados. O rei era humano, mas parecia não ter sentimentos. Diziam que era justo, mas sua comunicação era rígida e inflexível. Era o que se sussurrava pelos corredores, em tom de segredo. Trabalhar para o rei, no entanto, era uma honra. Por isso, todos obedeciam e cumpriam escrupulosamente suas ordens. Quando conseguiam... Porque sempre chegava o dia em que nada estava exatamente como ele havia ordenado.

A mãe de Sophia morrera muito jovem, e a menina havia sido criada por uma ama submissa às ordens do rei. Nada lhe faltava, exceto o colo e o perfume da mãe. Faltavam-lhe também as palavras doces que a embalavam todas as noites até adormecer.

Seu professor era um homem austero, de olhos esbugalhados e penetrantes, com expressão rígida e séria. Gostava muito de regras e sempre dizia, a voz firme:

— Tens de fazer o que digo! Tens de seguir as minhas regras, senão...

Nunca terminava a frase e, por isso, Sophia tinha sempre de puxar pela imaginação para adivinhar o que poderia acontecer. Dia após dia, sem descanso, esforçava-se. Porém, a carga de trabalho e as exigências eram tantas que, ao final do dia, sentia que todo o seu empenho e estudo haviam sido em vão.

Seu pai, sempre muito ocupado com a gestão do reino, passava pouco tempo com ela.

Certo dia, após uma forte tempestade, o céu amanheceu cinzento, coberto por nuvens compactas. A notícia espalhou-se rapidamente pelo castelo: o professor desaparecera na floresta durante um passeio. Todo o reino se mobilizou para procurá-lo.

Sophia não sabia bem por que — afinal, nem tinha certeza se gostava do professor —, mas sua mente criativa imaginava uma série de aventuras e compunha histórias sobre o que poderia ter acontecido. Estavam todos tão distraídos que até se esqueceram dela.

Livre como um passarinho, esgueirou-se por uma porta dos fundos que ninguém usava e seguiu em direção à floresta. O chamado da aventura era mais forte que o medo.

Havia dado poucos passos quando ouviu uma voz:

— Sophia! Sophia! Ajuda-me!

O som vinha de uma gruta. O professor estava caído lá dentro. Se a cena não fosse desesperadora, até daria vontade de rir diante da caricatura do seu ar assustado. Sophia chegou a sorrir, mas tentou disfarçar o riso estridente que teimava em escapar. Como nos tempos de infância, quando gargalhava despreocupadamente no jardim.

A voz do professor, antes rígida e imponente, agora era frágil e sofrida.

Sophia olhou em volta e percebeu que se afastara muito. Estava no coração da floresta e, por mais que tentasse, não conseguia encontrar o caminho de volta.

Exausta, sentou-se e acabou por adormecer.

Foi acordada pelo som estridente do professor:

— Sophia, tenho medo! Sophia, tenho tantas dores!

Seguindo um passarinho belo e colorido, que mais parecia encantado, Sophia encontrou a entrada da gruta. Para sua surpresa, o interior não era escuro e amedrontador. As paredes eram douradas, repletas de diamantes cintilantes. A luz penetrava em seu corpo como um abraço.

O passarinho, então, transformou-se em uma fada madrinha, daquelas dos contos de fadas. Belíssima, alta, elegante, de voz doce e firme.

Com sua orientação, Sophia recolheu plantas, ervas e frutos para curar o professor. Alimentaram-se de carinho e intimidade. Dormiam ao som da harmonia da floresta.

Os dias passaram. O castelo parecia um sonho distante.

A proximidade entre Sophia e o professor cresceu, e o mau humor dele desapareceu. Deu lugar a histórias. Contava sobre suas aventuras, sua infância, seus sonhos escondidos. Sophia estava verdadeiramente feliz. Ele se tornara seu melhor amigo, ao lado dos animais que os cercavam. Criaram uma verdadeira família.

Quando o professor se recuperou, decidiram voltar ao castelo. Caminharam por dias e noites, sem desistir. Sophia sabia que o pai deveria estar preocupado.

Ao chegarem, encontraram um cenário desolador. O jardim estava devastado pelo furacão. Flores arrancadas pela raiz, árvores tombadas...

Foi a cozinheira quem lhe contou a notícia: o rei havia morrido repentinamente.

Agora, Sophia era rainha.

Na cerimônia, sentou-se no trono pela primeira vez.

E, embora insegura, soube que cabia a ela decidir o melhor para seu povo. Afinal, tudo o que aprendera com o professor florescera dentro dela. Aplicava seu conhecimento com sabedoria. A fada madrinha nunca mais a deixou. Os animais da floresta, cada vez mais, recorriam a seus cuidados.

Sophia governava determinada a trazer felicidade ao seu reino.

E seu povo, grato, prestava-lhe constantes homenagens.

Seu reinado prosperou. Reinos vizinhos ouviram falar da Rainha Sophia e desejavam fazer parte do seu domínio. Era o reino dos mais belos animais livres de que se tinha memória.

Os trovadores entoavam músicas sobre sua bondade. As histórias e lendas sobre seu amor genuíno atravessaram gerações.

E, até hoje, ouvem-se as aventuras de Sophia, a rainha mais sábia e curandeira de todos os tempos.

Esta história é real.

Análise e aplicação do método Tecendo Realidades®

O nome Sophia foi escolhido pela ligação com a sabedoria, remetendo à tradição grega e ao aspecto feminino do divino. No conto, essa simbologia reflete o processo da paciente de integrar sua história e fortalecer uma identidade mais íntegra e autônoma. A rainha representa autoridade e liderança, ressignificando a noção de poder que antes estava condicionada à necessidade de agradar ao pai. No enredo, a protagonista desperta para sua própria soberania, equilibrando força e compaixão.

O jardim simboliza a harmonia, a fertilidade e o cuidado necessário para que algo floresça — imagem que espelha o desejo da paciente de criar sua clínica e materializar seus valores. A gruta, por sua vez, como espaço de iniciação e transformação, reflete a travessia simbólica em direção à ressignificação da figura paterna, viabilizando um novo olhar sobre si e sobre suas origens.

Seis meses após ouvir o conto, a paciente compartilhou movimentos significativos: passou a olhar para a própria história com mais compreensão, referindo-se ao pai biológico como "progenitor", ao mesmo tempo em que reconhecia como pai aquele que a criou. Permitiu-se expressar emoções sem culpa e passou a respeitar os sinais do corpo, reduzindo a sobrecarga no trabalho. Profissionalmente, aceitou um cargo de chefia, apesar do receio inicial, e iniciou uma formação em gestão, com o objetivo de abrir sua clínica. Adicionalmente, começou a dançar — gesto simbólico de reconexão com o corpo e com a liberdade de expressão.

O conto "Sophia, a rainha sábia curandeira" atuou como espelho simbólico e convite à transformação. Ajudou a paciente a integrar aspectos de sua história, sem rejeição, e a tomar as rédeas de sua própria vida. Guiada por sua própria soberania, ao invés de movendo-se pela busca de aprovação, ela iniciou um novo ciclo, mais alinhado com sua verdade e com o cuidado consigo mesma.

Estudo de caso: "Pés Grandes"

A paciente chegou ao atendimento expressando profunda tristeza, revolta e um forte sentimento de aprisionamento na dinâmica familiar. Vivendo em uma casa compartilhada com a família materna — avó, tias, primas, mãe e sua filha de 8 anos —, sentia-se invisível, sem um espaço próprio e com dificuldade de afirmar sua individualidade. O relacionamento com o pai era distante e emocionalmente ausente e, apesar de manter um relacionamento amoroso, carregava um peso interno que a impedia de se mover rumo a uma vida mais autônoma.

Durante as consultas, chorava enquanto falava, verbalizando frustração e ressentimento, especialmente em relação à irmã e às críticas constantes que recebia dentro de casa. Em alguns momentos, mergulhava em estados de dissociação, fechando os olhos e se afastando da realidade, o que demandava um trabalho cuidadoso de corregulação para trazê-la de volta ao presente.

O desejo de ser invisível havia se tornado um mecanismo de proteção frente à dureza do ambiente, mas essa invisibilidade a mantinha imobilizada. Havia anos tentava sair de casa e encontrar um lugar para alugar, mas desistia antes de concluir o processo, repetindo constantemente: "Não consigo". Esse padrão reforçava a crença de que não era capaz de tomar as rédeas da própria vida.

Era essencial acolher essa dor relacionada à visibilidade e fortalecer sua capacidade de mover-se no mundo, rompendo o ciclo de paralisação. Seu desafio principal era encontrar pertencimento, tanto em um novo endereço físico, quanto em um espaço interno de reconexão com sua potência e autodeterminação.

Com base nessas escutas e necessidades, foi criado um conto, transcrito na sequência, que permitisse à protagonista entrar em contato com seus próprios desafios de maneira simbólica e segura, convidando-a a vislumbrar novas possibilidades e abrir caminho para o movimento.

Pés Grandes

Era uma vez uma menina chamada Pés Grandes.

Vivia numa floresta virgem. O grande rio adornava-se de choupos, faias, bétulas, salgueiros e verdes variados, carvalhos, teixos, freixos e castanheiros. E, claro, havia uma macieira que aparecera ali, um mistério para todos.

A vida pulsava por toda parte e saturava o ar. O majestoso granito parecia abrir-se ainda mais para receber a luz.

Sua casa era pequena, com divisões frágeis e escuras. Todas estavam habituadas à falta de luz, mas não a menina-gnomo. Todas estavam acostumadas a casas pequenas, mas Pés Grandes não. Todas estavam acostumadas... Mas ela, repetia vezes sem conta, não. Tinha muito claro para si o que ainda queria viver e como o faria.

Pés Grandes não conseguia dormir nos lençóis da sua família nem se cobrir com os cobertores que haviam pertencido às avós e à mãe. A cama antiga não comportava seus pés. Eles dançavam entre o calor escaldante e o frio cortante. Caminhar era difícil... Embora todas dissessem que ela tinha os pés ideais para uma grande jornada. Seus pés doíam a maior parte da noite. Dorida e incapaz de se mover, berrava sem parar, mas, sob um céu úmido e escuro, um som voraz tragava seus gritos. Incapaz de se fazer ouvir, aprendeu a engolir as próprias lágrimas, colhendo e devorando palavras. Suas pernas, dormentes por terem estado dobradas a noite inteira, já não conseguiam se esticar nem se erguer sem hesitação.

Em seu quarto havia um tapete em forma de arco-íris, no qual acendia sete velas para se aquecer. Era um ritual diário. Pegava os fósforos, e a luz entrava, iluminando e aquecendo. Retirava do bolso cristais rosa e, harmoniosamente, construía sua mandala: uma estrela de cinco pontas. Assim, criava o santuário onde buscava paz, clareza e visão.

Havia dias em que Pés Grandes não queria ser vista, pois sempre lhe diziam algo difícil. Em outros, porém, brilhava sem parar. Isso acontecia, sobretudo, quando ia até o rio gelado, em que a paisagem cortava o ar com sua beleza crua e dura de uma estação invernal. Ali, ela se sentia livre. Dançava como uma serpente duplamente enrodilhada, que morde a própria cauda. E, antes do movimento, o respiro. A cada inspiração, a oportunidade do vazio e do luto. A cada expiração, a ampliação da consciência. E a voz ao centro, cada vez mais nítida, cada vez mais firme.

Em dança e escuta atenta, rítmica e ponderada, foi dando espaço ao som. Foi permitindo que a voz baixinha, amorosa, ao centro, fosse ouvida. E, apesar do ruído violento da experiência da intransigência, essa voz não passava despercebida. Assim, ela dançava, dançava, dançava... E cantava.

Até que, em certo dia, quando o céu escuro dava lugar a brechas de raios de sol, Pés Grandes dançava à beira do rio quando começou a ouvir um barulho estranho, cada vez mais próximo.

De repente, caiu na água.

O coração disparado. A água entrando na boca. Os olhos precisando se fechar. Os ouvidos entupidos. Os cabelos soltos e leves subindo na direção da luz dos raios solares...

Seu corpo esbracejava para alcançar a superfície... Quase desistiu, sem forças para lutar contra a corrente gelada que a atravessava. Ouvia repetidamente as vozes que tantas vezes lhe disseram que tinha pés grandes...

— Pés Grandes! — a voz da avó.

— Pés Grandes! — a voz da mãe.

— Pés Grandes! — a voz do pai.

E as palavras doíam...

Ela quis tanto ser invisível. Agora, quase morrendo, queria mais que tudo viver e ser vista.

Foi então que parou de lutar contra seus pés grandes.

Não sabemos quanto tempo durou essa luta, mas, quando se rendeu, foram seus pés que a salvaram.

Quando emergiu, estavam todos olhando para ela, sorrindo, contagiados de alegria. Sua mãe foi a primeira a abraçá-la, mostrando-lhe o quanto a amava e o quanto estava orgulhosa. Seu pai juntou-se a elas. Abraçando-os, sentiu-se família. Sua avó, maravilhada, chorou — mas, desta vez, de alegria, de leveza, de amor.

No sofrimento trazido pelo conflito, ouviu-se o borbulhar da imensidão oceânica. As feridas foram dando espaço às suturas, tocando a superfície da água e iluminando o fundo. Todas as vizinhas e a família próxima estavam felizes por terem encontrado Pés Grandes viva e cuidada.

A travessia chegara ao fim.

O amor transbordante ficou gravado no olhar atento dos pássaros que ali estavam. E, então, eles cantaram. Chilreavam melodias harmoniosas. A partir daquele dia, Pés Grandes nunca mais foi a mesma.

Agora mais velha, e já mãe de uma linda e formosa gnomo, Pés Grandes tem sua própria família. Uma nova casa, maior, onde todos cabem. Decorada com as mais belas flores da primavera e do verão. Numa nova aldeia, entre jardins floridos, bem próxima daquela antiga macieira onde, agora, construiu uma casinha de madeira elevada, com janelas amplas e, dentro dela, o seu santuário.

Sua casa.

Seu corpo.

Seu coração.

A seu gosto.

Livre.

Vai com sua filha patinar. A menina aprende rápido.

— Depressa ela vai crescer... — pensa.

E, com pés ainda maiores, um dia partirá para construir sua própria casa.

— Deixa-me aproveitar! — sorri.

Riem juntas.

Dançam e seguem inteiras. Íntegras.

Vendo, escutando, saboreando cada gota do rio, cada lágrima inexplicavelmente salgada.

E, a cada respiração, a mandala expande-se. A cada expansão, a estrela respira e existe mais. A mandala respira mais.

A cada inspiração, a força da síntese. A cada expiração, a permissão à sensibilidade. O corpo, aos poucos, deixa o balanço do desamparo e abraça a textura dos sentidos.

Tantas outras aventuras Pés Grandes ainda tem para contar...

Mas essa fica para outra história.

Porque esta, esta é real.

ANÁLISE E APLICAÇÃO DO MÉTODO TECENDO REALIDADES*

A criação do conto "Pés Grandes" surgiu de uma conexão intuitiva com o campo emocional da paciente, permitindo que símbolos e metáforas traduzissem sua jornada interna de transformação. O título remete à necessidade de ocupar espaço, afirmar presença e romper com a paralisia emocional que a mantinha presa ao ambiente familiar.

Os gnomos, tradicionais espíritos da terra, foram inseridos na história como guias que se comunicam apenas com aqueles que têm um coração forte e pronto para mudar. Tal presença simbolizava a urgência de a paciente confiar em sua capacidade de concretizar seu desejo de ter um lar próprio.

A floresta representava um espaço de refúgio e renovação, contrastando com a sensação de aprisionamento que sentia em casa. O cenário oferecia, simbolicamente, a possibilidade de transição para um ambiente onde pudesse se sentir acolhida e segura. O pentagrama representava equilíbrio e conexão com sua essência, lembrando-a de que ela já detinha os recursos necessários para se fortalecer.

A dança, uma das poucas atividades em que a paciente se sentia livre, foi incorporada como ferramenta para liberar a imobilização e se reconectar com o fluxo da vida.

A água gelada, que precisava ser atravessada na história, simboliza os sentimentos congelados pelo trauma e a necessidade de enfrentá-los para seguir adiante. Esse símbolo ressoava com sua vivência real, marcada por emoções reprimidas e sentimento crônico de não pertencimento. O mergulho representa a libertação e o renascimento, trazendo consigo a possibilidade de reescrever sua história.

Após um mês da escuta do conto, a paciente finalmente saiu de casa e foi morar com o namorado. Pela primeira vez, concretizou um movimento que antes lhe parecia impossível. A relação com a mãe se tornou mais próxima, e ela passou a acreditar no amor que recebia, algo que antes colocava em dúvida. Inesperadamente, também se reaproximou do pai, que começou a convidá-la para jantares e momentos juntos. Quando questionada se ainda sentia vontade de ser invisível, estranhou a pergunta e respondeu que já nem se lembrava disso.

Três meses depois, estava cheia de planos profissionais e iniciando sua trajetória como empreendedora. O desejo de se expressar agora se manifestava com brilho nos olhos e entusiasmo. O sonho de ter sua casa própria permaneceu, mas sem a urgência de antes. Agora, dizia com segurança: "Quando ganhar dinheiro com a empresa!".

O conto "Pés Grandes" atuou como espelho simbólico e gesto contoterapêutico que possibilitou a abertura de novas perspectivas. Transformando a imobilização em movimento, a dor da rejeição em pertencimento e o medo da visibilidade em liberdade para ser vista, a paciente iniciou um novo capítulo em sua trajetória. A travessia, que parecia impossível, foi feita. Como a protagonista do conto, ela encontrou um lugar onde podia, enfim, sentir-se livre, acolhida e inteira.

TRANSFORMAÇÃO E RENASCIMENTO: A TRAVESSIA PARA O NOVO

> *"E então o dia veio, quando o risco de permanecer fechado em um botão era mais doloroso do que o risco de desabrochar"– Anaïs Nin*

A vida é feita de ciclos — momentos em que velhas estruturas se desfazem para dar lugar ao novo. Essas transições frequentemente exigem coragem, entrega e reinvenção, nem sempre sendo suaves. É na travessia pelo desconhecido que encontramos a essência do renascimento, contudo.

Os contos desta seção — "A jornada de Hormes", "As sementes de Drys", "A travessia de Pegeia" e "Pés nas nuvens, pés no chão" — narram percursos de transformação, nos quais os desafios se tornam sementes de potência, e cada passo rumo ao desconhecido revela forças até então adormecidas. São histórias que nos lembram que, para florescer, é preciso atravessar a mudança com o coração aberto — mesmo sem saber ao certo o que virá.

ESTUDO DE CASO: "A JORNADA DE HORMES"

Um paciente chegou à Contoterapia® em um momento de profunda exaustão emocional e física, relatando sentir-se vazio e desorientado. Após dedicar muitos anos ao cuidado do avô, que enfrentava os desafios do Alzheimer, sentia que sua vida havia sido consumida por responsabilidades que o afastaram de si mesmo. Com o falecimento do avô, enfrentava agora a difícil tarefa de reconstruir sua identidade e encontrar propósito. Embora fosse um artista multifacetado — ilustrador, músico, dublador e ator —, sentia que sua criatividade estava bloqueada, sufocada pelo cansaço e pela falta de motivação.

Sua história também era marcada por questões profundas de pertencimento e segurança emocional. Nasceu prematuro, em um contexto de violência doméstica. A mãe decidiu romper com o pai ainda durante a gestação. Essa ruptura parecia ressoar em desafios recorrentes de desvalorização e dificuldade em estabelecer vínculos afetivos. Após vivenciar um relacionamento romântico traumático, o paciente se tornou receoso de novas conexões, frequentemente se autossabotando por medo de sofrer novamente.

Ele compartilhou que se sentia desconfortável com o ritmo acelerado do mundo moderno, enquanto sua essência pedia por um passo mais pausado e introspectivo. Durante a pandemia, encontrou um breve alívio nesse alinhamento forçado com a introspecção, porém agora sentia-se novamente esmagado pelas pressões do mundo externo. Ao descrever seus medos, revelou um temor inexplicável por baleias e naufrágios, imagens que, apesar de assustadoras, emergiram como símbolos potentes para a construção do conto.

O conto "A jornada de Hormes" foi elaborado para abordar temas de território, pertencimento e o reencontro com a própria criatividade e impulso vital. Ele utiliza metáforas de travessia e transformação, oferecendo ao paciente um espaço simbólico para enfrentar seus medos e redescobrir maneiras de viver em sintonia com a própria essência.

A Jornada de Hormes

Há muito tempo, em um reino cujo nome se perdeu nas brumas do esquecimento, havia uma terra outrora próspera. Nos primeiros dias, era um paraíso: colheitas abundantes, rios cristalinos e estações vibrantes. Os anos, porém, passaram, e o paraíso tornou-se árido. Sob o sol escaldante, os campos secaram, os rios desapareceram, e a vida ficou presa em uma rotina interminável.

Nesse reino vivia Hormes, jovem cujo nome parecia carregar o impulso de quem não desiste. Enquanto outros aceitavam o desespero como inevitável, ele ainda sentia algo pulsar em seu peito — uma pequena chama, fraca, mas viva.

"Não posso ficar aqui," pensava ele. No entanto, partir era aterrorizante. Ninguém que se aventurara além das fronteiras havia retornado. Muitos preferiam a segurança do mal conhecido à incerteza do desconhecido.

Hormes, quando nada mais restava, decidiu que arriscaria. Pegou sua única herança de valor: uma bússola de ouro, algo que, em tempos de fartura, seria precioso, mas que agora não podia ser trocado nem por um pedaço de pão. Com uma sacola de provisões simples, deu o primeiro passo.

O vento quente parecia sussurrar:

"Para além das fronteiras do conhecido, lá encontrarás o que buscas."

A bússola apontava para as sete montanhas, e Hormes seguiu em sua direção. Subiu e desceu cada uma delas, buscando algo melhor nos vales, mas encontrou apenas mais aridez. Quando finalmente alcançou o topo da sétima montanha, avistou algo inesperado: água. Um mar vasto, que se estendia até onde os olhos podiam alcançar.

Com esperança renovada, desceu apressado até a margem. Ao tocar a água, porém, sentiu seu gosto salgado e percebeu: aquele lugar, apesar de diferente, ainda era estéril. Sem forças, ele caiu de joelhos e chorou.

De suas lágrimas, nasceu um chamado. Algo imenso emergiu do mar — uma criatura colossal, de corpo escuro e brilhante, que captava a luz do sol como uma joia. Seus olhos gentis e profundos encontraram os de Hormes, enquanto um jato de vapor saía do alto de sua cabeça.

A bússola em suas mãos girou, apontando diretamente para a boca da criatura, que se abriu, revelando um espaço vasto, úmido e escuro. "Isso é loucura!", pensou Hormes. "A bússola quer que eu entre lá?!".

Ele hesitou, apavorado. Tentou girar a bússola para outras direções, mas o ponteiro insistia em apontar para a boca aberta. Tomado pelo medo, recuou. Para seu alívio, a criatura fechou a boca, mas permaneceu ali, esperando.

Depois do medo veio a revolta: "Já não fiz escolhas difíceis o suficiente?! Já não provei minha coragem?!", gritou. Ele sabia, porém, que não havia volta. Com lágrimas nos olhos e o coração pesado, Hormes deu os primeiros passos em direção à criatura. Ela o recebeu em silêncio, fechando-se ao seu redor.

No interior da criatura, o ambiente era escuro e úmido, mas estranhamente acolhedor. Sentia o balanço suave dos movimentos dela, como se estivesse sendo carregado por uma força tranquila e imensa.

No entanto, o momento de calmaria logo foi rompido. Algo furioso surgiu do lado de fora — correntes violentas que sacudiam o gigante e testavam sua força. Hormes sentiu o pânico crescer, mas, em meio à escuridão, algo inesperado aconteceu: ele começou a cantar.

A melodia, nascida das profundezas de sua alma, ecoou pelas paredes da criatura. Era como se a música não apenas lhe guiasse, mas também ao ser que o abrigava. O caos foi se acalmando, e a criatura retomou seus movimentos suaves. Hormes sentiu-se embalado por uma sensação de segurança e, exausto, adormeceu.

Quando acordou, a luz do sol atravessava suas pálpebras. A boca da criatura estava aberta, revelando uma terra completamente diferente. Era um lugar pulsante e vibrante: campos verdes, mercados animados, aromas deliciosos flutuando no ar.

Hormes saiu da criatura, sua bússola ainda firme nas mãos. Ele agradeceu silenciosamente enquanto a via desaparecer nas águas. Ao redor, outras criaturas semelhantes entregavam viajantes igualmente deslumbrados com aquele novo mundo.

Ele gargalhou, uma risada leve e cheia de vida. Tinha conseguido! Ali, naquele solo fértil e cheio de vida, Hormes começou de novo. Compartilhava suas histórias ao redor de fogueiras, inspirando outros a enfrentar suas jornadas.

E aqueles que o ouviam, por um momento, sentiam que subiam montanhas, enfrentavam tempestades, eram engolidos para renascer — e, no final, encontravam um lugar para chamar de lar.

"A jornada de Hormes" foi concebida como uma metáfora para a busca por pertencimento, transformação e reconexão. Os símbolos e as imagens do conto refletem vivências e desafios compartilhados pelo paciente, oferecendo um espaço simbólico para ressignificar experiências e acessar novos recursos internos.

O conto começa com Hormes em uma terra árida, um lugar no qual a escassez de recursos externos espelha um vazio interno. Essa imagem inicial ressoa com o estado de esgotamento relatado pelo paciente, que mencionou sentir-se desconectado de sua vitalidade e seu propósito após anos dedicados ao cuidado de um ente querido. A bússola de ouro, único objeto que Hormes carrega consigo, representa os recursos internos mais nobres que permanecem intactos, mesmo em tempos de adversidade. Esse elemento simboliza a orientação que vem de dentro, da própria essência, para encontrar novos caminhos.

As sete montanhas escaladas por Hormes em sua jornada trazem o simbolismo de esforço, persistência e transformação. Cada subida reflete uma tentativa de buscar clareza e propósito, enquanto os vales áridos entre elas mostram a frustração de não encontrar respostas imediatas. Essas imagens capturam o dilema do paciente, que mencionou dificuldade de alinhar seu ritmo interno às exigências externas, sentindo-se sobrecarregado pela pressão do mundo ao seu redor.

O ponto de virada ocorre com a aparição da baleia, criatura colossal e enigmática que representa o inconsciente e a travessia entre estados de existência. Sua boca, escura e misteriosa, simboliza um portal para a transformação, exigindo de Hormes a coragem de abandonar o familiar e enfrentar o desconhecido. Essa escolha narrativa foi inspirada no relato do paciente sobre seu medo de baleias e do fundo do oceano, ressignificando esses elementos como oportunidade para se render à vulnerabilidade e ao processo de autoconhecimento.

No interior da baleia, Hormes encontra a escuridão e a quietude, símbolos do momento de introspecção e reconexão com sua criatividade. A melodia que ele canta, nascida do mais profundo âmago de sua alma, reflete a sensibilidade artística do paciente, ofuscada por anos de responsabilidades e desafios emocionais. Essa melodia se torna uma bússola interior, um gesto de expressão que navega pelos territórios internos em direção ao sentido.

A saída da baleia, em uma manhã de luz e abundância, marca o renascimento de Hormes. Ele chega a uma nova terra, na qual a vitalidade e o pertencimento estão presentes. Essa imagem final reflete a possibilidade de um novo ciclo, em que o paciente pode construir sua vida fazendo escolhas mais alinhadas com a própria essência e com valores pessoais. A presença de outros viajantes desembarcando reforça a ideia de que, embora a jornada de cada pessoa seja única, ela faz parte de um processo humano universal de busca e transformação.

O conto ofertou ao paciente uma paisagem simbólica na qual seus medos e seus potenciais pudessem coexistir com segurança. A figura da baleia, inicialmente temida, tornou-se símbolo de acolhimento e transição, ao passo que a melodia interior de Hormes inspirou o paciente a redescobrir a própria criatividade e a acreditar em seu potencial.

A mensagem central, de que o renascimento exige coragem para abandonar o familiar e abraçar o novo, ofereceu um norte simbólico para sua travessia. O paciente relatou que o conto gerou conexão profunda com seus desafios e compreensão renovada da própria trajetória.

As imagens da baleia e da bússola foram especialmente significativas, proporcionando-lhe senso de direção e acolhimento em meio ao caos emocional. Após ouvir o conto, ele mencionou sentir-se mais leve e disposto a explorar novos caminhos, mesmo com as incertezas que o aguardam.

O paciente ainda compartilhou que a melodia de Hormes dentro da baleia ressoou como um chamado para redescobrir a criatividade, algo que havia deixado adormecido por muito tempo. Embora ainda recente, o conto já tem sido fonte de reflexão e inspiração para ele, ajudando-o a enxergar o desconhecido como um ponto de partida para novas possibilidades.

Sabemos que, no período de escrita deste livro, o intervalo entre a entrega do conto e o *feedback* recebido pelo paciente é relativamente curto. Muitas outras transformações podem surgir com o passar dos anos. Como toda boa narrativa, "A jornada de Hormes" oferece convite aberto para que novas travessias se revelem nas paisagens internas e nos territórios da vida que ainda estão por vir, em vez de um ponto-final.

Estudo de caso: "As sementes de Drys"

Uma jovem adolescente foi encaminhada à Contoterapia® pela mãe, que acreditava que o processo poderia ajudá-la a enfrentar sentimentos persistentes de medo, tristeza e ansiedade. Desde a infância, a paciente demonstrava sensibilidade profunda, com oscilações entre momentos de autoconfiança e de forte autocrítica. Até os 6 anos, enfrentou episódios de hipotermia, como se seu corpo expressasse simbolicamente a oscilação entre presença e ausência de vitalidade.

Nos últimos anos, essas emoções se intensificaram, coincidindo com mudanças familiares significativas. A descoberta do uso de cannabis pelo irmão mais velho trouxe tensões emocionais para a família, afetando a percepção de segurança e a sensação de estabilidade da jovem. Embora a relação entre os dois irmãos tenha melhorado após a descoberta, a jovem relatava sonhos recorrentes com um ladrão que a perseguia em uma casa sem uma parede, imagem simbólica de vulnerabilidade e exposição. Em paralelo, a autocrítica manifestava-se na busca constante por aprovação e medo de falhar, o que aumentava sua ansiedade.

Durante o atendimento, emergiu uma conexão interessante: o medo do ladrão nos sonhos remetia a uma memória epigenética de sua mãe, que havia sido assaltada na mesma idade da filha. Esses paralelos sugeriram a importância de trabalhar temas como proteção emocional, autoconfiança e reintegração simbólica de memórias familiares.

As sementes de Drys

Era uma vez uma jovem chamada Élige, que vivia em um vilarejo encantador aos pés da montanha mais famosa do reino. Montis Arbi, a cidade encantada acima das nuvens, atraía peregrinos de todos os lugares. Diziam que lá, tudo o que uma pessoa pudesse desejar ou precisar estava ao alcance dela, mas apenas aqueles de coração puro conseguiam encontrá-la.

A família de Élige possuía dois grandes tesouros. O primeiro era a Pedra do Sol, amuleto passado de geração em geração, que brilhava com calor sempre que seu portador fazia boas escolhas. O segundo era o Elfo do Jardim, pequeno ser mágico de ouvidos sensíveis, capaz de escutar vozes vindas de terras distantes e até mesmo sussurros do vento.

Tempos difíceis chegaram ao reino. O bondoso cobrador de impostos faleceu, e um novo cobrador, cruel e ardiloso, tomou seu lugar. Diziam que ele era um feiticeiro disfarçado, que lançara um feitiço sobre o rei para agir livremente, roubando muito mais do que deveria. Por onde passava, deixava vilarejos arruinados e famílias desamparadas.

Com o pai e os irmãos de Élige viajando para um país distante, ela e a mãe estavam sozinhas e preocupadas. A notícia da aproximação do cobrador trouxe grande aflição. Foi então que o Elfo do Jardim revelou algo que ouvira há muito tempo: em Montis Arbi, existiam as Sementes de Drys, sementes mágicas de carvalho. Quem as plantasse teria, na manhã seguinte, um carvalho majestoso em seu quintal, capaz de proteger contra qualquer magia ou injustiça.

Determinada a proteger sua casa, Élige partiu com o elfo montanha acima, em busca da cidade encantada. O caminho era belo, mas repleto de desafios. Eles encontraram outros peregrinos, cada um com suas esperanças e razões para alcançar Montis Arbi.

No sétimo dia, uma densa neblina cobriu a trilha, separando Élige e o elfo dos outros viajantes. Quando a visibilidade quase sumiu por completo, chegaram a um ponto em que o caminho se dividia em oito estradas diferentes.

Confusa e ansiosa, Élige buscou a Pedra do Sol para ajudá-la a escolher o caminho certo. Porém, para seu desespero, percebeu que o amuleto não estava mais ali! Procurou em seus bolsos, na mochila, no chão, mas não havia sinal da pedra.

Desesperada, pediu ajuda ao elfo:

— Por favor, Elfo do Jardim, você consegue ouvir além dessa neblina? Qual caminho nos levará a Montis Arbi?

O elfo respondeu:

— Sim, Élige, ouço muitas vozes. Em alguns caminhos, escuto gritos de desespero; em outros, apenas o silêncio absoluto. Mas há estradas em que percebo risos e vozes de alívio.

— Então me diga, qual caminho devemos seguir?

— Para isso, preciso de sua ajuda. Concentre-se na Pedra do Sol, como se ela ainda estivesse com você.

Élige fechou os olhos, respirou fundo e imaginou a pedra pendurada em seu pescoço. Sentiu seu coração se aquecer e seus pensamentos se acalmarem. Após alguns momentos, o elfo apontou uma direção, e Élige seguiu confiante.

Aos poucos, a neblina começou a se dissipar, revelando uma imensa plantação de laranjeiras em flor. O perfume doce das flores enchia o ar, trazendo sensação de leveza e esperança. Ao longe, as muralhas de Montis Arbi brilhavam sob o sol.

Quando finalmente chegaram aos portões sempre abertos da cidade encantada, Élige entendeu que apenas aqueles de coração puro conseguiam escolher a estrada certa. Os outros se perdiam em caminhos que os levavam a terras distantes e hostis.

No centro da cidade, Élige encontrou os anciãos e explicou sua situação:

— Por favor, vocês poderiam me dar uma semente de Drys?

Um dos anciãos respondeu:

— Sim, jovem Élige, mas, para recebê-la, é preciso dar algo precioso em troca. O que você tem para nos oferecer?

Desolada, Élige pensou que a única coisa de valor que possuía era o elfo. Levou a mão ao pescoço em busca de conforto — e, para sua surpresa, a Pedra do Sol estava de volta! Ao se conectar com ela mais cedo, o amuleto retornara para sua dona.

Mesmo assim, Élige sabia o que precisava fazer. Com o coração apertado, ela entregou a pedra aos anciãos. No mesmo instante, uma pequena semente brilhante apareceu em sua mão.

Ao fechar os dedos ao redor da semente, uma luz intensa a envolveu. Num piscar de olhos, Élige estava de volta ao seu jardim.

Sua mãe a recebeu com um abraço caloroso, aliviada por tê-la de volta. Apesar de lamentar a perda do amuleto, entendeu que Élige não precisava mais dele — suas escolhas agora vinham de seu próprio coração.

Naquela mesma noite, mãe, filha e elfo plantaram a semente de Drys no jardim. Na manhã seguinte, um carvalho forte e imponente ergueu-se diante deles.

Daquele dia em diante, ninguém mais viu o cobrador de impostos, e o elfo nunca mais ouviu sussurros de injustiça no ar. O carvalho trouxe proteção e segurança para toda a vila, e Élige aprendeu que sua força e sabedoria sempre estiveram dentro dela.

Hoje, graças à coragem de Élige, o reino vive um tempo de paz e prosperidade, iluminado por escolhas que partem do coração.

Análise e aplicação do método Tecendo Realidades*

Ao ouvir o conto, a paciente conectou-se profundamente com a história, destacando como as imagens e os símbolos se alinhavam aos seus sentimentos e desafios. Neste conto, os nomes foram escolhidos com intencionalidade simbólica: Élige remete à ideia de escolha, enquanto Montis Arbi — criado partindo da inspiração latina *orbis* ("mundo", "círculo") — sugere uma "montanha de decisão" e transição. Já Drys, do grego, significa "carvalho", árvore associada à força interior e à ligação entre os mundos. Esses símbolos foram tecidos para apoiar o processo de reintegração psíquica e emocional da paciente.

Um evento sincronizado reforçou ainda mais essa conexão: enquanto a mãe trabalhava em Portugal, recebeu de presente uma pedra do sol, sem saber que esse símbolo seria central no conto criado. Ela transformou a pedra em um pingente e entregou à filha, gerando uma âncora simbólica que se integrou espontaneamente ao processo terapêutico.

Três meses depois, a pedra estourou, o que inicialmente gerou preocupação na jovem. Entretanto, a mãe ressignificou o evento, dizendo que a pedra havia cumprido seu papel. Inspirada pela experiência, a paciente adotou uma nova pedra do sol, reforçando, desta forma, o símbolo da continuidade e da renovação.

A história trouxe para a paciente um espaço de reintegração simbólica e emocional. A figura do carvalho atuou como imagem de força interna enraizada, mostrando que sua proteção pode crescer de dentro para fora. O ladrão, antes elemento de medo, tornou-se uma imagem compreensível e possível de ser elaborada no campo simbólico, perdendo seu caráter paralisante.

Este caso exemplifica a potência da Contoterapia® em criar narrativas que ressoam profundamente com a subjetividade de cada indivíduo. Ao explorar suas histórias internas por meio de símbolos e metáforas, a paciente encontrou um espaço de reconexão consigo mesma, onde o medo pôde se transformar em coragem, e a ansiedade, em confiança no próprio caminho.

Estudo de caso: "A travessia de Pegeia"

Ela tinha uma trajetória que, à primeira vista, parecia bem-sucedida. Após anos no mundo corporativo, havia feito uma transição de carreira para o desenvolvimento humano, mergulhando em formações que conversavam com seu íntimo e propósito. Apesar de ter acumulado conhecimento e ferramentas nessa nova área, sentia que algo ainda faltava. Mesmo com tantas conquistas, a pergunta que a acompanhava seguia sem resposta clara: "O que é verdadeiramente importante para mim?".

A paciente compartilhava sua dificuldade em acessar a própria essência, em transformar o aprendizado acumulado em algo que ressoasse profundamente com sua identidade mais profunda. Por mais que as formações trouxessem sentido e satisfação, elas não pareciam alcançar o centro de sua busca. Era como se estivesse organizando o externo — a carreira, a vida — sem conseguir alinhar esse movimento ao que mais importava dentro de si.

Durante o processo de escuta empática, as palavras da paciente evocaram símbolos expressivos que dialogavam com sua trajetória e suas aspirações. Ela mencionou a fascinação que tinha por histórias como "A Bela e a Fera" e "A noviça rebelde", nas quais as protagonistas enfrentam desafios profundos para descobrir novas versões de si mesmas. Com inspiração nessas referências e nos elementos que surgiram na fala, foi criado o conto "A travessia de Pegeia", narrativa que explora a coragem necessária para romper com o familiar e abraçar o desconhecido.

Em Na Eínai, o arco-íris não era apenas uma ponte entre céu e terra. Era o elo entre o mundo mortal e os deuses, uma passagem sagrada que guiava seu povo por gerações. Diziam que, ao caminhar por ele, os mortais recebiam respostas e sabedoria. Havia, porém, uma regra inviolável: cada viajante deveria escolher uma entre suas quatro cores e segui-la até o fim.

As escolas superiores se dedicavam ao estudo de cada cor, formando especialistas que protegiam zelosamente seus conhecimentos. Compartilhar saberes entre cores era proibido. Assim era desde o início dos tempos.

Pegeia, uma ninfa das nascentes, pertencia à cor azul. Curiosa e generosa, ensinava outras ninfas sobre a importância de permanecerem fiéis ao azul, a cor que guiava ao deus certo. Para ela, a tradição não era apenas sagrada, mas também o alicerce de tudo que fazia sentido.

Um dia, no entanto, algo que nunca havia acontecido mudou tudo. Durante uma travessia, o arco-íris se tornou instável. Sátiros e ninfas desapareceram no ar, como se tivessem sido tragados pelo próprio arco. O povo de Na Eínai ficou em choque. O arco-íris, símbolo de estabilidade e ordem, agora parecia perigoso.

Enquanto o medo se espalhava, apenas um alguém parecia tranquilo: Skopós, o sátiro. Antigo e enigmático, ele sempre dissera que o arco-íris de quatro cores não era eterno, que sua verdade era apenas uma entre muitas. Suas palavras soavam como blasfêmia, e todos o evitavam — incluindo Pegeia, que, mesmo intrigada, mantinha distância.

Porém, algo mudou. Com a tragédia, Skopós foi acusado de trazer desordem com suas palavras, e Pegeia começou a se perguntar: "O que ele sabia que os outros não sabiam?".

Contra o julgamento dos outros, decidiu procurá-lo.

Chegando à morada do sátiro, encontrou silêncio. Apenas o vento soprava entre as árvores, carregando um bilhete pendurado na porta:

"Pegeia, me encontre no meio do céu, próximo à sua nascente."

Ela hesitou: "Como ele sabia que eu viria?". Ainda assim, foi ao encontro.

No lugar indicado, outro bilhete a aguardava, preso a um galho pelo vento:

"Agora que chegou, rompa sua esfera azul. É a única maneira de saber para onde ir. Confie em mim."

Pegeia ficou imóvel. Romper sua esfera? A esfera era sua conexão com o arco-íris, a essência da travessia. Sem ela, nunca mais poderia pisar na ponte. Isso ia contra tudo o que aprendera, tudo o que ensinara.

Segurou a esfera entre os dedos, sentindo seu peso. Pensou nas incontáveis travessias que fizera, nas vidas que tocara com seu conhecimento. "Não posso fazer isso," pensou. "Seria trair minha própria história."

Decidida a partir, algo chamou sua atenção. No canto do olho, viu um rastro de cor diferente de tudo o que já conhecera, uma mistura de luz e energia fluindo pela floresta. Parecia sussurrar, convidando-a a segui-lo.

Curiosa, seguiu o rastro. Logo percebeu outros fluxos de cores — familiares e desconhecidas — se entrelaçando como rios de luz. Contou sete ao todo, sendo três delas completamente novas. Cada cor parecia viva, pulsando com um propósito próprio.

O rastro a levou a um penhasco diante do mar, no qual as cores fluíam para o horizonte. Tomada por um misto de excitação e nostalgia, segurou a esfera azul com força. Um impulso repentino a dominou e, sem pensar muito, ela a rompeu.

No instante em que a esfera se desfez, Pegeia foi envolvida pelo fluxo de cores. Sentiu-se flutuar por vales e montanhas, mares e abismos. Ouviu os ventos sussurrarem segredos antigos. Quando voltou a Na Eínai, tudo parecia igual, mas nada era como antes. Tudo era mais vibrante, mais vivo.

No caminho para o arco-íris, encontrou seres que não via há muito tempo e outros que jamais conhecera. E lá estava ele: um arco-íris magnífico, com sete cores.

Encantada, procurou sua esfera para pisar nele, mas percebeu que não a tinha mais. Nesse momento, Skopós surgiu, sorrindo:

— Fico feliz que tenha conseguido, Pegeia.

— Como sabia que o arco-íris mudaria? Que eu viria até você?

Com calma, o sátiro respondeu:

— Dentro de cada um de nós, há algo tão antigo quanto o tempo. Essa parte sabe que o tempo é uma ilusão e que passado, presente e futuro são apenas uma questão de consciência. Ao romper sua esfera, você libertou essa parte, Pegeia. Agora, pode atravessar por qualquer cor, em qualquer plano.

Ele apontou para sua mão. Surpresa, Pegeia viu que sua esfera estava lá — mas agora era de ouro.

Por dias, ela hesitou. A liberdade de escolher qualquer cor parecia grande demais, até mesmo assustadora. Pouco a pouco, porém, sua curiosidade venceu. Pegeia atravessou muitas vezes, escolhendo a cor que sentia em seu coração.

No fim, descobriu que a cor da travessia não importava. O que era verdadeiramente importante era fazer a travessia.

Análise e aplicação do método Tecendo Realidades[*]

O conto "A travessia de Pegeia" nos conduz por uma jornada que reflete a essência da transformação pessoal: deixar o conhecido para explorar o desconhecido. Em Na Eínai, lugar cujo nome significa, em grego, "não ser", o paradoxo da mudança é revelado: para descobrir algo novo, é preciso se desprender da ideia fixa do que se é.

O arco-íris, com suas quatro cores, simboliza os caminhos seguros e tradicionais, aqueles que seguimos por conforto ou porque nos foram ensinados como únicos. Para Pegeia, a cor azul representava sua identidade e a certeza que lhe guiava a vida. A esfera azul que detinha era a concretização de suas crenças, a segurança de saber quem era e o que deveria fazer. No entanto, quando o arco-íris se torna instável e Skopós aparece com questionamentos, a ordem conhecida começa a se desfazer.

Skopós, o sátiro, representa a figura provocadora, aquele que desafia certezas e convida à ampliação da consciência. Suas palavras desconcertam, mas também despertam. Ele simboliza o impulso que nos leva a revisitar verdades absolutas e a integrar novos olhares àquilo que já somos.

O rompimento da esfera azul marca o ponto de virada. Pegeia enfrenta o dilema de soltar o que a definiu por tanto tempo. Ao fazer isso, ela não nega o passado, mas cria espaço para se abrir ao que está além de suas referências. O mergulho nas sete cores simboliza a abertura ao múltiplo, à liberdade e à possibilidade de recriar-se. Essa imagem ressoa com aqueles que atravessam transições profissionais e existenciais, como no caso da paciente, que deixava um universo de rigidez e ingressava em um caminho mais sensível e autoral.

A esfera dourada, recebida ao final, representa a integração da experiência. Não se trata mais de escolher uma única cor ou um único caminho, mas de reconhecer que há valor na multiplicidade. A nova consciência não nega a trajetória anterior, mas a amplia. A travessia deixa de ser sobre o destino e passa a ser sobre a liberdade de viver com presença e autenticidade.

O conto convida à reflexão sobre o que significa transformar-se. Não é ao seguir regras fixas ou se apegar ao que é conhecido que ocorre a verdadeira mudança, é ao se permitir o risco de atravessar. É no espaço do "não saber" que novas possibilidades ganham forma.

A paciente compartilhou que o conto tocou profundamente sua vida. A narrativa não apenas a impactou, mas despertou nela o desejo de utilizá-la em contextos terapêuticos e de grupo, reconhecendo sua força simbólica e transformadora. Durante nossa escuta inicial, revelou que os símbolos do conto ressoaram com suas vivências, permitindo significações pessoais que não dependiam de explicações.

O conto chegou a ela em mais um momento de transição. Após nossa conversa, sua vida passou por mudanças significativas: ela se mudou de continente, enfrentando o desafio de recomeçar completamente tendo de falar uma nova língua. Apesar dos obstáculos, encontrou realização e propósito na nova jornada, reconhecendo onde estava a paixão pelo que fazia.

Três anos depois, por meio de mensagens, perguntei se ela havia conseguido responder à pergunta que tanto a inquietava no passado:

"O que é verdadeiramente importante para mim?". Sua resposta foi direta e carregada de profundidade emocional: "Sim, hoje eu sei o que é verdadeiramente importante para mim".

Para reforçar o impacto de suas palavras, ela acrescentou um *emoji* de coração pulsante — gesto simples, mas profundamente eloquente, representando a integração do que havia sido vivido, buscado e descoberto.

Essa história ilustra o poder dos contos como recursos terapêuticos. Eles funcionam como espelhos simbólicos, possibilitando aos pacientes encontrar respostas dentro de si, muitas vezes em momentos de grandes mudanças. Narrativas como essa são capazes de transcender barreiras culturais, emocionais e linguísticas, iluminando novos significados e fortalecendo a autonomia emocional mesmo diante dos maiores desafios.

Estudo de caso: "Pés nas nuvens, pés no chão"

A paciente chegou à Contoterapia® com o desejo de romper ciclos antigos e encontrar um caminho mais autêntico para si e para as filhas. Apesar da trajetória marcada pela busca por autoconhecimento e auto-desenvolvimento — incluindo formações em constelações familiares e *coaching* —, sentia que havia algo pendente, uma questão essencial, ainda não nomeada, que precisava ser tocada para que pudesse seguir adiante com inteireza. A fala dela trazia a marca de uma repetição: dinâmicas familiares difíceis, com desonestidade e traições emocionais, pareciam atravessar sua história, gerando um sentimento de desconexão que ela desejava superar.

O nascimento da segunda filha havia intensificado essa busca. Ela queria que as filhas crescessem livres dessas histórias, desejava que sua própria jornada fosse um exemplo de como encontrar integridade e força interior. Durante o atendimento, mencionou que sempre havia buscado ser suficiente para o pai, esforçando-se para ser reconhecida e valorizada. Naquele momento, ao perceber como essa dinâmica se repetia em seu casamento, sentia-se exausta de sempre "dançar conforme a música" para se ajustar às expectativas dos outros. O desejo por mudança estava claro: queria abandonar as personas criadas para agradar e encontrar um modo de viver com os pés firmemente no chão.

O conto "Pés nas nuvens, pés no chão" foi criado para trabalhar sua identidade, explorando a metáfora dos sapatos como representações das muitas personas e papéis que ela adotara ao longo da vida. A narrativa buscava oferecer uma nova perspectiva sobre quem ela era além dessas construções, convidando-a a se reconectar com sua essência e a tomar decisões enraizadas na própria verdade interna.

PÉS NAS NUVENS, PÉS NO CHÃO

Era uma vez uma cidade chamada Nefilebata, um lugar mágico construído nas nuvens. Ela se parecia com as cidades da terra, mas tinha algo único: uma vista magnífica e ventos que a levavam de lá para cá. Contudo, havia uma regra clara: para se mover pela cidade, era indispensável usar calçados. Sem eles, não era possível dar um passo sequer. Pior ainda, com os pés descalços, havia o risco de cair na terra — algo que nenhum cidadão de Nefilebata queria sequer imaginar. Pés sujos de terra? Jamais!

Por essa razão, os sapatos eram o tesouro mais precioso da cidade. Havia uma infinidade de cores, estilos e decorações, criando um verdadeiro espetáculo para os olhos. Sena Pistéves, jovem organizada e meticulosa, gostava de ter um sapato específico para cada ocasião: um para estudar, outro para trabalhar, um terceiro para visitar a família e assim por diante. Essa rotina bem planejada a mantinha longe de problemas — ou assim ela acreditava.

Certo dia, após um amanhecer de ventos furiosos que sacudiram toda a cidade, Sena se preparou apressada para ir à aula. Escolheu um par de sapatos e partiu, segurando-se como podia contra a ventania. Ao chegar à biblioteca, porém, algo estranho aconteceu: seus pés começaram a sapatear. Sena olhou ao redor, percebendo os olhares irritados de outras pessoas. Então constatou, horrorizada, que havia calçado os sapatos de dança em vez dos de estudo.

Apesar dos esforços para se concentrar, os pés inquietos não colaboravam. Desistindo de estudar, voltou para casa. No caminho, foi chamada pelo confeiteiro para experimentar um doce novo, mas recusou, incapaz de entrar no lugar certo com os sapatos errados. Sua confusão só aumentou quando recebeu uma ligação da melhor amiga, que precisava urgentemente de um remédio. Mesmo dançando involuntariamente, Sena não pôde recusar o pedido.

Chegando à casa da amiga, a situação se tornou insustentável. Seus sapatos insistiam em dançar, e a amiga, debilitada, reclamava do barulho. Envergonhada, Sena se culpou por sua desatenção e partiu, frustrada por não ter conseguido ajudar. No caminho, tomada pela angústia, arrancou os sapatos dos pés e, nesse instante, começou a cair.

Ela caiu, caiu... Até que, com um "pluft", aterrissou na terra. Para sua surpresa, a cidade que encontrou era idêntica a Nefilebata — exceto por um detalhe: todos andavam descalços. No início, Sena ficou horrorizada. Seus pés estavam sujos de terra! Conforme explorava o lugar, começou a notar diferenças. Um aroma delicioso chegou às suas narinas, despertando uma sensação nova e inesperada.

Seguindo o cheiro, Sena encontrou sua casa, idêntica à que tinha nas nuvens. A diferença é que, ao entrar, não viu sapatos. Em vez disso, foi recebida por uma senhora de cabelos brancos, olhos brincalhões e pés descalços.

— Seja bem-vinda, Sena Pistéves. Eu sou aquela que dá as boas-vindas aos que estão prontos. Não há como voltar às nuvens. De agora em diante, sua vida será com os pés no chão.

Sena, surpresa, perguntou:

— Mas minha vida será igual? Com as mesmas pessoas, as mesmas coisas?

— Sim e não. Tudo estará aqui, mas agora você viverá com os pés no chão.

Antes que Sena pudesse dizer mais alguma coisa, a senhora começou a desaparecer. Num ímpeto, perguntou:

— Espere! E esse aroma maravilhoso, o que é?

A senhora, já quase sumindo, sorriu e respondeu:

— É cheiro de terra molhada, uma das muitas maravilhas que você vai descobrir na sua nova vida.

Desse dia em diante, Sena começou a viver com os pés no chão. Descobriu o prazer de sentir a terra, o calor do sol e a frescura da água em sua pele. Explorou montanhas, florestas, rios e mares. Conheceu novos amigos, viu a beleza do nascer e do pôr do sol e aprendeu a desfrutar das pequenas coisas da vida. Mais importante: encontrou um propósito verdadeiro, algo que vinha de dentro.

Dizem que aqueles que têm olhos para ver conseguem perceber as pegadas que Sena deixou para trás — marcadas por amor e fé, como um guia para aqueles que também estão prontos para viver com os pés no chão.

Análise e aplicação do método Tecendo Realidades*

O conto "Pés nas nuvens, pés no chão" foi cuidadosamente estruturado para dialogar com os desafios e as aspirações da paciente, utilizando símbolos que ressoavam com sua trajetória. A cidade de Nefilebata, lugar nas nuvens em que os habitantes dependiam de sapatos para se movimentar, representava o espaço de desconexão e das personas sociais que a paciente havia construído para atender a expectativas externas. Esses sapatos simbolizavam as identidades que ela adotava, cada um adequado a uma função específica, mas que a mantinham afastada de sua essência.

A personagem principal, Sena Pistéves — cujo nome em grego significa "acreditar em si" —, refletia a jornada interna da paciente: a busca por sair das nuvens da ilusão e tocar a terra da realidade. A confusão com os sapatos errados na narrativa ilustrava a dificuldade de encontrar equilíbrio entre as muitas demandas e os variados papéis que desempenhava. Ao tirar os sapatos e cair na terra, Sena enfrentava o desconforto da vulnerabilidade, mas também começava a descobrir a força do contato direto com o chão: a possibilidade de caminhar por si mesma.

A transição do céu à terra simbolizava o abandono das máscaras e o reencontro com a concretude da vida. Estar descalça significava reconhecer dores e limitações, mas também redescobrir a beleza nas pequenas coisas. O elemento do "cheiro de terra molhada" marcava o início de uma nova fase — uma existência vivida com mais presença e autenticidade.

O impacto do conto foi sensível e contínuo. A paciente relatou que a narrativa a acompanhava constantemente, sendo revisitada por ela e, mais tarde, pelas filhas, que pediam para ouvi-la repetidamente. Em menos de dois anos após o atendimento, compartilhou que os movimentos descritos no conto haviam se materializado em sua vida: conseguiu "sair das nuvens", colocar os "pés no chão" e transformar sua realidade. Essa transformação incluiu decisões mais assertivas, alinhadas à sua essência, e fortalecimento de sua conexão com as filhas e consigo mesma.

O conto atuou como espelho simbólico e gesto de escuta contoterapêutica, oferecendo à paciente um território imaginativo no qual pôde vislumbrar possibilidades mais alinhadas ao seu ser. Ela descreveu que, ao encontrar sua base, sua vida "deslanchou" — expressão que traduziu uma nova sensação de clareza, leveza e direção.

O caso de "Pés nas nuvens, pés no chão" ilustra como a Contoterapia® pode transformar questões existenciais em narrativas simbólicas capazes de acompanhar o sujeito em sua jornada. A metáfora dos sapatos e da terra não apenas ressoou com a experiência individual da paciente, mas plantou uma semente de transformação que germinou ao longo do tempo, permitindo-lhe viver de forma mais alinhada e enraizada.

Essa história não prova um método, mas revela o potencial dos contos como espelhos que iluminam caminhos internos. Ao viabilizar a atuação de símbolos com leveza e profundidade, a Contoterapia® oferece um espaço no qual o paciente pode se reconectar à própria sabedoria e encontrar força para atravessar os próprios territórios de mudança.

Perdão e ressignificação: o caminho de volta ao coração

> *"A ferida é o lugar por onde a luz entra em você"*
> *– Rumi*

Perdoar não é esquecer nem justificar; é transformar o modo como uma história vive dentro de nós. Carregar ressentimentos pode nos aprisionar em narrativas rígidas, enquanto a ressignificação possibilita ver sob novas perspectivas e libertar-se do peso do passado. O perdão, quando genuíno, em vez de nos subtrair, nos devolve a inteireza.

Neste tópico, os contos "A canção da Linda Rouxinol", "O castelo de vidro" e "Os vestidos de Espia" nos convidam a revisitar memórias e emoções sob uma nova luz. São histórias que falam sobre curar feridas simbólicas, liberar dores antigas e abrir espaço para novos significados.

Estudo de caso: "A canção da Linda Rouxinol"

A paciente chegou à Contoterapia® buscando compreender melhor suas necessidades emocionais e fortalecer sua autoestima em meio a um relacionamento desafiador. Morando com o parceiro e quatro crianças — três filhos dela e um filho dele — ela enfrentava dificuldades na comunicação e na rotina diária. O relacionamento era marcado por desencontros frequentes, nos quais o que era dito e o que era entendido não coincidiam, gerando tensões emocionais e sobrecarga na gestão familiar e financeira.

Ela relatava sentir-se pouco desejada e com dificuldades para equilibrar as demandas pessoais e familiares. Além disso, a vontade que sentia de retomar sua formação acadêmica e construir um novo caminho profissional era frequentemente adiada, ficando em segundo plano. A necessidade de fortalecer o senso de identidade e encontrar um espaço de pertencimento dentro da própria história era evidente. O desejo de criar vínculos mais genuínos com seus filhos e com o parceiro também aparecia como fator importante.

No momento da sessão, sua escuta se resumia à pergunta: "O que realmente quero para mim?". Urgia nela a busca por forças internas que a sustentassem na direção de seus próprios desejos, sem se perder nas exigências do entorno. A história "A canção da Linda Rouxinol" foi criada para ajudá-la a refletir sobre sua jornada emocional e sua capacidade de afirmar sua voz no mundo.

A CANÇÃO DA LINDA ROUXINOL

Era uma vez uma Linda Rouxinol que chegava à fase adulta. Todos sabiam que, nesse momento da vida, as rouxinóis fêmeas precisavam encontrar sua canção —uma melodia única e verdadeira, que refletisse a própria essência. Somente ao entoá-la ao vento e receber a resposta de seu companheiro é que estariam prontas para fazer a grande travessia até seu destino.

Porém, encontrar a melodia correta era um desafio. A canção precisava estar em harmonia com seu coração, expressando tudo o que ela era. Então, a jovem pássara dedicou dias inteiros a mergulhar em si mesma, ouvindo os ecos de sua alma, testando notas, ajustando tons. Finalmente, ao encontrar a melodia perfeita, sentiu no íntimo que aquela era sua verdadeira canção.

Preparou-se, então, para o momento mais importante: subir ao ponto mais alto de sua morada e cantar aos quatro ventos.

Quando as notas dançaram no ar, uma maravilhosa sensação de otimismo, amor e certeza tomou conta dela. Sua melodia ecoou pela floresta, subiu ao céu e atravessou montes e vales, em busca da resposta do Grande Rouxinol.

O tempo passou. O silêncio prolongado fez seu coração vacilar, mas ela permaneceu firme. Afinal, o Grande Rouxinol morava em uma terra distante, e a resposta poderia demorar. Então, certa manhã, quando o sol dourava as copas das árvores, o canto dele finalmente chegou. Era forte, vibrante e carregado de reconhecimento. A Linda Rouxinol soube, então, que seu chamado fora ouvido.

Agora, precisava partir. A jornada até a terra do Grande Rouxinol não seria fácil. No caminho, havia um bosque escuro e desconhecido, um território misterioso, cheio de sombras e segredos. Ela, porém não temia, pois os rouxinóis podiam voar grandes distâncias. Respirou fundo, invocou sua coragem e, com um salto gracioso, lançou-se ao vento.

Enquanto batia as asas na correnteza do ar, a Linda Rouxinol mantinha sua melodia viva, pois sabia que seu companheiro cantaria de volta, guiando-a na direção certa. No início, o voo era suave, e ela se encantava com as mudanças ao redor: o verde mais escuro da floresta, o cheiro amadeirado do bosque, o murmúrio profundo da natureza.

De repente, sentiu uma turbulência no ar. Seu voo, antes seguro, começou a vacilar. O vento ondulou, e ela perdeu o equilíbrio por um instante. O medo tentou tomar conta, mas logo se lembrou da sintonia com seu coração e com a correnteza do vento. Recuperou-se e continuou.

Então, uma sombra enorme cruzou seu caminho. O sol desapareceu quando uma figura amedrontadora surgiu diante dela. Antes que pudesse reagir, sentiu seu corpo ser arrastado para baixo. Seu canto foi interrompido e, com um baque, caiu no solo da floresta, atordoada.

Uma voz fria e cruel ecoou pelo bosque:

— Você achou que poderia atravessar o território do reino e se juntar ao Grande Rouxinol para trazer felicidade a este lugar? Nunca! Agora que aprendi sua canção, irei em seu lugar.

A Linda Rouxinol ergueu os olhos e viu um pássaro sombrio, de plumagem opaca e olhar ardiloso. Era o Eco Sombrio, um espírito da floresta que invejava as canções dos verdadeiros rouxinóis. Ao capturá-los, tomava suas melodias e as usava para enganar aqueles que esperavam por elas.

O medo tentou envolvê-la, mas ela se lembrou: sua canção era única. Nenhuma criatura poderia tomá-la, pois vinha do mais profundo de seu ser.

Com um esforço imenso, ergueu-se, respirou fundo e, mesmo ferida, começou a cantar novamente. Sua voz tremeu no início, mas logo cresceu, vibrante e pura. O bosque escuro pareceu estremecer com a força da melodia. Eco Sombrio tentou entoar a mesma canção, mas sua voz saiu distorcida, fraca, sem vida.

A verdadeira canção da rouxinol era inimitável.

Com um grito furioso, o impostor dissipou-se como névoa ao vento. A floresta clareou, e a luz do sol voltou a brilhar. Livre, a Linda Rouxinol bateu suas asas e retomou seu voo.

Agora, o caminho estava aberto. E, à distância, o canto do Grande Rouxinol ecoava, chamando-a para casa.

A trajetória da Linda Rouxinol reflete a jornada da paciente em busca de autenticidade. Desde o início, a personagem é apresentada como alguém que precisa encontrar a própria canção, um chamado interno que representa sua essência mais profunda. Esse elemento simboliza a necessidade de conexão consigo mesma antes de construir relações significativas ao seu redor.

O canto da personagem é sua verdade interna. Na narrativa, ela busca a melodia certa para expressar sua identidade e, ao fazer isso, espera um chamado em resposta. A paciente, por sua vez, desejava ser reconhecida e desejada dentro do relacionamento, mas sem precisar moldar-se ou silenciar-se para caber nas expectativas do outro.

A travessia pelo bosque escuro representa um momento de transição e dúvida. Ao decidir voar em direção ao seu destino, a Linda Rouxinol encontra desafios inesperados. De modo semelhante, a paciente enfrentava medos e inseguranças sobre seu futuro. O Eco Sombrio, que tenta roubar sua canção, simboliza os padrões de autoanulação que a impediam de se posicionar plenamente e tomar decisões alinhadas ao seu desejo.

No ponto de maior tensão, a Linda Rouxinol resiste e reafirma a própria melodia. Esse ato simboliza a importância de manter sua autenticidade mesmo diante da oposição. Para a paciente, esse foi um dos aspectos mais marcantes do conto: reconhecer que seus sentimentos e sua voz não precisavam ser validados por fora para existirem.

Ao final do conto, a Linda Rouxinol retoma o voo e segue em direção ao seu destino. Esse desfecho ressoou profundamente na paciente, que, semanas após a escuta, começou a tomar decisões significativas.

Finalizou a relação em que estava, reorganizou sua estrutura emocional e financeira com apoio da família, retomou os estudos na área que desejava e, com o tempo, se abriu a um novo relacionamento, mais leve e respeitoso.

Meses após a sessão, a paciente relatou que estava vivendo exatamente o que foi narrado no conto. Sentia que, assim como a Linda Rouxinol, tinha passado por um período de turbulência, mas conseguiu se libertar e reencontrar sua voz. Curiosamente, mencionou que realmente se mudou para outra cidade, gesto simbólico de travessia que espelhava a imagem do voo em direção ao horizonte.

Ela descreveu sua nova fase com entusiasmo, destacando que agora conseguia conciliar as responsabilidades maternas com seus próprios sonhos. O fim do relacionamento com o ex-parceiro não foi um fracasso, mas um passo necessário para que os dois encontrassem caminhos mais coerentes com as necessidades que tinham.

O mais significativo foi que a paciente continuou ouvindo o conto, compartilhando-o com seu novo parceiro. Essa prática ajudou-a a reforçar o compromisso com a própria essência e a recordar a importância de manter sua melodia autêntica ao longo do tempo.

No final, "A canção da Linda Rouxinol" tornou-se metáfora viva de sua travessia. O processo de escuta, reflexão e ação não ofereceu respostas prontas, mas propiciou um espaço simbólico no qual ela pôde se reconhecer e encontrar direção. A história não provou nada — mas, como um eco profundo, ajudou-a a lembrar que, quando sustentamos nossa voz, podemos atravessar qualquer bosque escuro e voar em direção ao que nos faz vibrar por dentro.

Estudo de caso: "O castelo de vidro"

A paciente chegou à Contoterapia® buscando se abrir para um relacionamento amoroso, mas sentia dificuldade em confiar no masculino e em estabelecer conexões seguras e recíprocas. Criada em um ambiente no qual as mulheres eram ensinadas a sempre esperar pelo momento em que os homens falhariam, carregava uma profunda desconfiança e um intenso sentimento de vulnerabilidade.

Desde a infância, sua relação com o masculino foi marcada por desafios. Sofreu abuso do padrasto e, após a morte dele, assumiu responsabilidades que não cabiam a uma criança, tornando-se uma espécie de "marido da mãe" e "pai do irmão mais novo". O pai era emocionalmente ausente. Esse papel de proteção e contenção fez com que desenvolvesse uma estrutura rígida de autossuficiência, dificultando sua entrega emocional em relações afetivas.

Apesar de já ter conquistado autonomia ao morar sozinha, a paciente se sentia emocionalmente estagnada. As relações que estabelecia com homens se restringiam a amizades e, embora valorizasse essa rede, ainda não conseguia se permitir envolver-se amorosamente. O medo da vulnerabilidade e a necessidade de controle a impediam de abrir a porta para o novo.

Outro elemento simbólico marcava sua trajetória: a presença constante de gatos. Esses animais, com sua natureza livre e independente, pareciam espelhar seu chamado interno à autonomia emocional, contrastando com sua tendência a se moldar para agradar os outros. Entretanto, a mãe rejeitava a presença dos felinos em sua casa, recusando-se a visitá-la, revelando um dilema inconsciente mais profundo: escolher a própria liberdade ou manter intacta a dinâmica familiar

Diante desse contexto, o conto "O castelo de vidro" foi criado para abordar a necessidade de romper barreiras internas e externas, ofertando à paciente um espaço simbólico para refletir sobre a entrega afetiva sem perder sua integridade.

O castelo de vidro

Era uma vez uma princesa chamada Elda. Filha do rei mais poderoso da região, morava em um castelo de vidro, incrustado na encosta de uma montanha. Nunca havia saído de seus limites cristalinos, apenas contemplava a natureza exuberante ao redor, sem jamais a sentir, sem jamais a tocar.

Seu pai, preocupado com o futuro do reino, buscava um príncipe para assegurar a sucessão. Havia urgência nisso, pois sabia que seus dias estavam contados por causa de uma doença rara. Porém, havia algo ainda mais importante que precisava dizer à filha: um segredo que só poderia ser revelado quando ela completasse 21 sóis. Com o avançar da enfermidade, a ansiedade do pai crescia na mesma medida.

Finalmente, o dia do aniversário da princesa chegou. O rei, já muito debilitado, chamou-a e, com dificuldade, sussurrou:

— Elda... Este castelo é... mágico... Nem tudo o que vês aqui de dentro... é como realmente é lá fora... E agora... que atingiste a maioridade... a única coisa que precisas para saber... é abrir...

Antes que pudesse concluir a frase, sua respiração cessou. O rei partira sem revelar completamente o segredo.

Elda ficou mergulhada em tristeza. Além da dor pela perda de seu pai, sentia-se frustrada e angustiada. O mistério permanecia inacabado e, para piorar, o rei não tivera tempo de encontrar um príncipe para assegurar seu reinado.

Naquele mesmo dia, uma águia gigantesca passou a sobrevoar o castelo. Sempre que a princesa olhava para o céu, a ave descia em um voo vertiginoso, trinando alto. Os dias se passaram, e a águia persistia, rondando a fortaleza de vidro, tornando-se cada vez mais insistente. Elda, perdida em pensamentos, continuava tentando desvendar o que deveria abrir, como seu pai havia dito. Tentou portas, janelas, armários — nada parecia fazer sentido.

Até que, em uma tarde silenciosa, quando estava no grande salão do castelo, viu a águia pousada do lado de fora, olhando-a fixamente. Uma força inexplicável moveu suas pernas em direção ao vidro. Seu coração bateu forte. Com um desejo crescente de tocar aquela criatura magnífica, Elda levou a mão à parede cristalina. No instante em que seus dedos tocaram a superfície fria, o vidro tremeluziu, e um trinco surgiu magicamente na palma de sua mão. Diante dela, uma porta até então invisível se revelou.

Hesitante, mas impulsionada pela descoberta, ela girou o trinco e abriu a porta.

No mesmo instante, a águia transformou-se em um belo e valoroso príncipe, que sorriu ao saudá-la:

— Estimada princesa, agradeço de coração por abrir a porta de seu belo castelo. Há dias venho tentando contato com vossa alteza. Vim em resposta ao convite de vosso pai para desposá-la.

Os olhos de Elda se encheram de lágrimas. Tudo fazia sentido agora. O segredo que seu pai tentara revelar era simples e profundo: ela sempre tivera o poder de sair. O castelo não era uma prisão, apenas um véu entre ela e o mundo.

Com o coração leve e um sorriso no rosto, convidou o príncipe a entrar. Mais do que isso, descobriu que poderia sair. E, assim, a cada novo dia, explorava os campos, sentia o vento, corria sob o sol, experimentando toda a exuberância que antes apenas observava.

Elda e o príncipe se casaram e governaram o reino com sabedoria, vivendo muitos e muitos anos em felicidade e realização. Pois, no fim, o maior presente que ela recebeu não foi um casamento, mas a liberdade de finalmente viver.

ANÁLISE E APLICAÇÃO DO MÉTODO TECENDO REALIDADES

O castelo de vidro onde a princesa Elda vive simboliza a bolha de proteção em que a paciente se colocou durante os anos. Embora pudesse ver o mundo ao redor, estava isolada, sem permitir que o contato verdadeiro acontecesse. Esse isolamento não era apenas físico, mas emocional: um modo sutil de evitar feridas antigas, mesmo às custas da própria liberdade.

O rei, que representa a figura paterna e os valores internalizados sobre o masculino, guarda um segredo essencial: a verdade sobre a liberdade da princesa. Ele deseja prepará-la para a vida, mas sua doença e morte simbolizam a necessidade de transformação. Isso simboliza que o antigo modelo de segurança precisa dar espaço a um novo caminho. A mensagem inacabada do pai reflete a necessidade de que a paciente encontrasse as próprias respostas e reconhecesse a proteção que acreditava precisar dentro de si.

A águia, símbolo de coragem e visão ampla, representa o chamado da vida para além do castelo. A insistência do animal em sobrevoar a fortaleza reflete os sinais e as oportunidades que surgiam para que a paciente se abrisse ao novo — que, até então, ela hesitava em aceitar. Quando Elda se aproxima do vidro e o toca, ocorre a grande revelação: a porta sempre esteve ali. Isso sugere que a barreira que a separava de um relacionamento saudável não era real, mas construída por medos e crenças antigas.

Ao finalmente abrir a porta, a princesa não apenas autoriza a entrada do príncipe, mas descobre que pode sair. Esse é um momento de autonomia emocional, em que compreende que o controle sobre sua liberdade e suas escolhas sempre esteve nas próprias mãos. O príncipe, por sua vez, não é um salvador, mas um reflexo de uma nova relação com o masculino — pautada na escolha, na confiança e na escuta.

Nos meses seguintes à sessão, a paciente relatou que o conto ressoava com ela, mas que ainda não percebia mudanças concretas em sua vida. No entanto, com o passar dos anos, algo foi amadurecendo silenciosamente dentro dela.

Sete anos depois, quando inesperadamente nos encontramos, suas primeiras palavras foram: "Anna! A princesa Elda abriu a porta e saiu do castelo!". Com brilho no olhar, compartilhou que, depois de muito tempo resistindo, finalmente havia se permitido viver um relacionamento amoroso. Encontrou um parceiro com quem se sentia segura, desejada e acolhida, o que, antes, parecia inatingível.

Esse relato revela que o impacto do conto não foi imediato, mas amadureceu com a passagem do tempo, como uma semente que aguardava o momento certo para florescer. O conto permaneceu vivo em sua memória afetiva, acompanhando seus movimentos internos até que estivesse pronta para atravessar a porta que, por tanto tempo, acreditou ser intransponível.

"O castelo de vidro", portanto, não foi apenas uma metáfora sobre a liberdade de amar, mas referiu-se à capacidade de confiar em si mesma e permitir que a vida aconteça sem medo. A paciente descobriu seu próprio tempo para abrir a porta. E, ao fazê-lo, encontrou não apenas um relacionamento, mas uma versão de si que lhe esperava do outro lado.

Estudo de caso: "Os vestidos de Aspia"

Ela chegou à Contoterapia® carregando um misto de tristeza e esperança. Aos 35 anos, mãe de uma menina e com formação acadêmica sólida, por fora parecia ter tudo em ordem. Por dentro, porém, sentia-se presa em um ciclo de culpa e dúvida que a impedia de seguir adiante. Apesar do desejo de reencontrar propósito na carreira, especialmente na área da Educação, o peso de um passado doloroso parecia bloquear qualquer movimento.

Anos antes, em um contexto cultural e religioso rígido, havia tomado a difícil decisão de interromper uma gravidez fora do casamento. Embora o namorado da época, atualmente marido, a tivesse apoiado, a memória desse evento seguia viva, como uma marca não integrada, gerando sensação de desconexão entre sua história pessoal e suas aspirações profissionais. Nas palavras dela, descrevia-se como uma "hipócrita", incapaz de reconciliar suas escolhas com o desejo de apoiar outras mães em suas jornadas.

Enquanto compartilhava suas dores e esperanças, surgia uma metáfora poderosa: a de uma floresta densa, escura e desafiadora. Essa imagem refletia o peso que carregava e os medos que a impediam de avançar. Durante a conversa, outro símbolo se destacou: a cobra, um medo visceral que mencionara ter. Na escuta, tornou-se evidente que esses elementos seriam essenciais para a criação de uma narrativa que a ajudasse a ressignificar sua trajetória e acessar seus próprios recursos internos.

Foi assim que nasceu o conto "Os vestidos de Aspia", uma história projetada para dialogar diretamente com as emoções da paciente e oferecer a ela nova perspectiva sobre a própria jornada. A narrativa explora a coragem necessária para enfrentar o medo, revelando que, ao acolhermos nossas sombras, podemos transformá-las em recursos valiosos para seguir em frente.

Os vestidos de Aspia

Era uma vez, em um reino não muito distante daqui, uma jovem chamada Aspia. A garota cresceu ouvindo histórias de coragem e desafios, mas nunca imaginou que a própria vida um dia se tornaria uma delas.

Tudo começou quando Aspia foi escolhida para representar seu vilarejo em uma disputa que decidiria qual jovem teria a honra de viver no castelo e, talvez, casar-se com o príncipe. A tarefa era simples na teoria, mas temida na prática: atravessar a misteriosa Floresta Negra sem se ferir.

Para Aspia, vencer era mais do que um sonho de amor. Era a chance de mudar o destino da família e de provar a si mesma que podia superar qualquer desafio.

Determinada, adentrou a floresta. No início, o lugar parecia acolhedor: a luz filtrava-se pelas folhas, passarinhos cantavam e pequenos animais saltitavam entre as árvores. Conforme avançava, porém, a paisagem mudou. O ar ficou denso e frio, os sons se silenciaram e a escuridão tomou conta do caminho.

O coração de Aspia batia mais rápido a cada passo. Foi então que, no meio da trilha, surgiu uma figura imponente. No início, parecia apenas uma sombra. Ao se aproximar, porém, ela viu que era uma cobra enorme.

Antes que Áspia pudesse reagir, o animal falou, com uma voz grave que ecoava entre as árvores:

— Para passar, precisará me tocar.

Aspia recuou. "Tocar uma cobra? E se ela me atacar?", pensou. Tomada pelo medo, decidiu dar meia-volta e tentar encontrar outro caminho.

Caminhou por horas, mas, para sua surpresa, a mesma cobra reapareceu.

— Para passar, precisará me tocar.

Aspia sentiu o desespero crescer. Não havia escapatória. Sabia que precisava enfrentar o medo. Com as mãos trêmulas e os olhos fechados, estendeu a mão e tocou a pele fria do bicho.

No instante em que o fez, algo mágico aconteceu. A cobra desapareceu em um brilho dourado, transformando-se em dois vestidos que flutuaram suavemente no ar. Uma voz, agora suave, sussurrou ao seu redor:

— Leve estes vestidos com você. Cada um tem um propósito. Escolha sabiamente quando usá-los.

O primeiro vestido era rústico, feito de tecido áspero e remendado, mas forte como a casca de uma árvore. O segundo era leve e esvoaçante, delicado como uma brisa.

Com os dois em mãos, Aspia seguiu jornada. Logo à frente, encontrou uma cerca coberta de espinhos afiados. Entendeu, então, que aquele era o momento de usar o vestido rústico. Com ele, atravessou a barreira sem um arranhão, concluindo a travessia.

Quando chegou ao final da floresta, percebeu, com surpresa, que havia sido a primeira a terminar o desafio.

Já no castelo, Aspia percebeu que o vestido rústico, apesar de querido, não era adequado para a ocasião. Era hora de trocar pelo vestido esvoaçante, que a fez parecer tão leve quanto as danças que aconteciam no salão.

Os anos passaram, e ela tornou-se princesa. Casou-se com o príncipe e, juntos, viveram momentos de alegria e superação. Muitas vezes, ela usava o vestido delicado, mas nunca esqueceu o rústico, que a lembrava de sua coragem e determinação. Sempre que os desafios surgiam, ela escolhia vesti-lo.

Assim, Aspia descobriu que a vida é feita de escolhas e que todas elas carregam um propósito próprio.

E foi assim que ela viveu feliz, navegando entre força e leveza, coragem e delicadeza, sempre escolhendo o vestido certo para cada ocasião.

Análise e aplicação do método Tecendo Realidades

Após ouvir o conto, a paciente demonstrou conexão imediata com a narrativa. A cobra, que inicialmente simbolizava o peso da culpa e o medo visceral, tornou-se imagem de superação e reintegração. Na história, tocar nesse animal representa o enfrentamento necessário para ressignificar suas vivências.

A metáfora dos vestidos trouxe clareza sobre os recursos que ela já tinha: o rústico simbolizava força e resiliência adquiridas nas adversidades; o delicado, leveza e reconciliação interna.

O conto foi produzido conforme as etapas do método Tecendo Realidades®. Na escuta empática, emergiram os símbolos da culpa, do medo e da floresta como espaço de travessia. Tais elementos foram transpostos para a narrativa de modo acessível, mantendo sua profundidade simbólica. A entrega da história aconteceu em um espaço seguro, sem interpretações, permitindo que a paciente acolhesse os significados que ressoavam com sua experiência — no tempo e ritmo que lhe eram próprios.

Com o tempo, a paciente passou a revisitar o conto com frequência, utilizando-o como fonte de reflexão e inspiração. Esse movimento favoreceu uma escuta mais compassiva da própria história, possibilitando que o peso da culpa se transformasse em aprendizado. Meses depois, assumiu com confiança sua identidade como professora, reconhecendo que seu percurso, com todas as dores e encruzilhadas que o constituíam, não a diminuía. Em vez disso, oferecia potência para acolher e inspirar outras mulheres.

Este caso ilustra como a Contoterapia® transforma experiências subjetivas em narrativas simbólicas capazes de sustentar movimentos de reconciliação e reintegração. A história de Aspia não apenas ofereceu nova perspectiva sobre a jornada da paciente, mas também lhe proporcionou caminho simbólico para enfrentar e integrar suas vivências. Por meio do método Tecendo Realidades®, a narrativa se tornou ponte entre o peso do passado e as possibilidades do porvir. Assim, tornou-se claro que, ao acolher o que foi rejeitado, tornamo-nos inteiros o bastante para seguir.

PERTENCIMENTO E AUTOEXPRESSÃO: ENCONTRANDO NOSSO LUGAR NO MUNDO

> *"Não perguntes a ti mesmo de que o mundo precisa. Pergunta-te o que te faz sentir vivo e vai fazer isso"– Howard Thurman*

Há algo profundamente humano na busca por pertencimento. Seja em um contexto familiar, em um grupo, em uma profissão ou em uma relação amorosa, desejamos sentir que somos acolhidos por quem somos. Às vezes, no entanto, encontrar esse lugar exige coragem para romper padrões, afirmar nossa autenticidade e criar um caminho próprio.

Os contos deste tópico — "O príncipe cientista", "A caixa do rei" e "A bruxa, o lampião e o sino" — falam sobre essa jornada. São histórias que nos lembram que pertencimento vai além da conformidade, representando liberdade de existir plenamente, mantendo fidelidade à nossa verdade.

ESTUDO DE CASO: "O PRÍNCIPE CIENTISTA"

A mãe de um menino de 8 anos procurou a Contoterapia® com um pedido bastante específico: auxiliar na redução dos episódios de bruxismo noturno do filho. Terapeuta e colega na formação do curso de Reprogramação Biológica®, ela compreendia o bruxismo sob a ótica da biodecodificação, em que esse comportamento é associado a agressividade reprimida, dificuldade de expressão e ação de "morder" aquilo que não se pôde "morder" durante o dia.

Diante dessa perspectiva, a mãe suspeitava que o filho estivesse somatizando tensões relacionadas à dinâmica familiar, especialmente no convívio entre os pais, que eram separados. Embora o menino tivesse tempo de qualidade com ambos, a alternância entre os lares era pré-estabelecida e inflexível. Em alguns momentos, desejava permanecer com a mãe, mas não podia escolher. Embora expressasse sua fala, nem sempre ela era acolhida com profundidade emocional.

A mãe também compartilhava a própria dificuldade em lidar com críticas ou provocações do ex-companheiro. Em certos momentos, sentia vontade de "revidar", mas se continha. A hipótese da Reprogramação Biológica® sugeria que o bruxismo do menino poderia estar relacionado a essa dinâmica: ele assumia, inconscientemente, a carga emocional da mãe, expressando no corpo a tensão contida e a impossibilidade de resposta direta.

O desejo da mãe era que o filho pudesse se sentir mais escutado, compreendido e livre para expressar os próprios sentimentos. Paralelamente, ela mesma queria ganhar clareza sobre os impactos da coparentalidade na vida emocional da criança. Assim nasceu o conto "O príncipe cientista", composto para oferecer ao menino um espaço simbólico de acolhimento e expressão e à mãe, um espelho delicado para a escuta reflexiva.

O PRÍNCIPE CIENTISTA

Era uma vez um menino chamado Alba, que adorava fazer experimentos em dias de chuva. Sempre que uma tempestade se aproximava, ele corria para o quarto que ficava no alto da torre do castelo onde morava, ansioso para ver os raios iluminando o céu.

O garoto também sonhava em encontrar uma maneira de fazer seu fiel companheiro, um gato chamado Furo, falar com ele. Para isso, havia construído uma máquina que captava a energia dos raios para seus experimentos.

Porém, seus pais, o rei e a rainha, não gostavam nada disso. Acreditavam que Alba tinha deveres como príncipe e achava que não deveria gastar tempo com coisas de cientista. Alba até gostava de ser príncipe, mas queria muito ser cientista também. Às vezes, tudo o que desejava era ficar ao lado de Furo, imerso em suas invenções. Ele sabia que precisava falar com os pais sobre isso, mas, sempre que tentava, ouvia a mesma resposta:

— Alba, sabemos que você gostaria de ser cientista, mas você é um príncipe e deve fazer coisas de príncipe!

Essas palavras o deixavam tão triste que ele apenas se recolhia em silêncio, sem forças para insistir.

Certo dia, nuvens carregadas começaram a se formar no céu, e Alba viu a oportunidade perfeita para escapar de seus deveres sem que ninguém percebesse. Correu para o quarto de experimentos, levando Furo consigo. E, finalmente, aconteceu! Ele conseguiu realizar seu grande sonho: Furo começou a falar! Os dois conversaram por um longo tempo sobre tudo o que passava em suas mentes, até que o gato se lembrou de um detalhe importante:

— Alba, você não avisou ninguém! Seus pais devem estar muito preocupados!

E Furo estava certo. Quando Alba voltou para o salão de refeições, a voz do rei ecoou firme:

— Alba, por onde você andou todo esse tempo? Outra vez fazendo experimentos?!

O príncipe, empolgado, começou a explicar:

— Papai, mamãe, desta vez foi diferente! Eu consegui fazer com que...

Antes, porém, que pudesse terminar, o rei o interrompeu:

— Quantas vezes tenho que dizer que você tem deveres como príncipe? Você precisa se preparar para ser um futuro rei!

Alba abaixou a cabeça, desanimado.

— Eu sei, papai... Sinto muito. Eu só queria fazer experimentos e hoje...

No entanto, novamente foi interrompido.

— Alba, ficamos preocupados com seu sumiço! Além disso, você precisa treinar para a competição de espadas da semana que vem!

O príncipe suspirou e respondeu que treinaria no dia seguinte. Sem conseguir contar sua descoberta, foi para o quarto, onde Furo o esperava. O gato, com voz recém-descoberta, lhe deu um conselho:

— Alba, você prrrrrecisa falar com seus pais! Explique com carinho o quanto esses experimentos são importantes para você. Se disser o que sente com clareza, eles vão entender!

Na manhã seguinte, Alba respirou fundo, encheu-se de coragem e foi falar com o rei:

— Papai, eu entendo sua preocupação. Sei que preciso me preparar para ser um bom príncipe. Só que eu também queria que o senhor soubesse que meus experimentos são muito importantes para mim. E, veja só, eu consegui fazer Furo falar!

Para provar, o gato ronronou e disse:

— Prrrrr, isso é verrrrrdade, meu rrrrrei!

O rei ficou tão impressionado que, pela primeira vez, percebeu o quanto aquilo significava para seu filho. Entendeu que precisava ouvir Alba com mais atenção. Daquele dia em diante, combinaram novas regras: o jovem príncipe poderia ser cientista metade do tempo e príncipe na outra metade.

Com os anos, Alba se tornou um rei sábio, que sempre escutava com atenção o que as pessoas lhe diziam e sabia expressar com clareza o que queria. Seu castelo se tornou um lugar mágico, repleto de experimentos, descobertas e, acima de tudo, compreensão.

Análise e aplicação do método Tecendo Realidades

O conto "O príncipe cientista" foi construído para oferecer ao menino uma narrativa que o ajudasse, de maneira simbólica, a reconhecer os próprios sentimentos e dar voz às frustrações ligadas à rotina. Inspirado nas imagens trazidas pela mãe, o enredo aborda as dificuldades de se expressar emocionalmente e de se sentir ouvido, representadas pela figura de Alba — jovem príncipe apaixonado pela ciência, mas incompreendido pelos pais.

A torre do castelo, onde o garoto realizava seus experimentos, reflete tanto um refúgio seguro quanto um espaço de isolamento emocional. O gato Furo, que ganha voz durante a história, simboliza a comunicação reprimida e a necessidade de expressão emocional. A tempestade, os raios e a tensão crescente traduzem o acúmulo de emoções não expressas — ressonando com a hipótese simbólica do "morder o não dito" presente no bruxismo.

Os pais de Alba, inicialmente desatentos às necessidades do jovem príncipe, refletem não apenas o sentimento de invisibilidade da criança, mas também a dificuldade da mãe do paciente em reconhecer como os próprios desafios emocionais impactavam o filho. À medida que Alba aprende a se comunicar com clareza e firmeza, a escuta dos pais também se transforma, revelando que o pertencimento nasce do encontro entre expressão autêntica e escuta sensível.

O equilíbrio entre ser príncipe e cientista simboliza a necessidade de conciliar diferentes papéis e necessidades, algo essencial tanto para a criança quanto para a mãe. A história, além de um recurso terapêutico para o filho, funcionou como espelho para a mãe, ajudando-a a enxergar padrões que impactavam a criança. Embora a narrativa pudesse ter sido oferecida apenas ao menino, foi recomendado que a mãe a lesse para ele. Assim, a história poderia atuar nos dois campos: o simbólico e o relacional.

Cerca de um mês após a entrega do conto, a mãe relatou diminuição significativa nos episódios de bruxismo. O conto não apenas ajudou o filho a se sentir mais compreendido, mas também serviu como catalisador para que ela percebesse como seus desafios na coparentalidade influenciavam o bem-estar da criança. O processo gerou mais escuta, pertencimento e compreensão mútua dentro da família. A Contoterapia®, nesse caso, não buscou eliminar um sintoma, mas abrir uma trilha de comunicação, pertencimento e autorregulação familiar.

Estudo de caso: "A caixa do rei"

O paciente chegou à Contoterapia® em um momento de profunda reflexão sobre sua história de vida e os padrões que pareciam conduzir suas escolhas. O pai falecera tragicamente antes de o filho completar um ano de idade. Por isso, cresceu ouvindo histórias sobre a integridade e os feitos desse pai, uma figura admirada e quase mítica dentro da família.

Embora o paciente tenha seguido uma trajetória que ecoava o legado paterno, cursando Direito e assumindo responsabilidades significativas na carreira, sentia que muitos de seus passos estavam ligados a uma lealdade silenciosa, mais do que a uma expressão genuína de si mesmo.

Além disso, enfrentava desafios físicos e emocionais que pareciam espelhar conflitos internos profundos. Mencionava episódios recorrentes de psoríase, associados a uma sensação de separação e proteção, e inflamação crônica no tornozelo. De acordo com a leitura biológica também presente no contexto de criação do conto "O príncipe cientista", esses sintomas poderiam se relacionar com questões de autodesvalorização e dificuldade de definir um rumo próprio.

Para o paciente, esses sinais do corpo não eram apenas obstáculos; eram também chamados à escuta e ao autoconhecimento. Por isso, buscava um espaço simbólico no qual pudesse reconectar-se à própria história, abrindo-se à possibilidade contida em cada lembrança, sem carregá-la como um peso.

Durante a escuta, emergiu com clareza o peso de "honrar" o pai e a sensação de que esse legado moldava decisões que já não faziam sentido. Ao mesmo tempo, havia o desejo legítimo de abrir novos caminhos sem desrespeitar o que veio antes. Esse reconhecimento guiou a criação de um conto que abordasse temas como discernimento, reconciliação com o passado e liberdade de seguir em direção à própria essência.

A sessão foi conduzida com apoio de ferramentas intuitivas e de abordagens simbólicas, como a constelação familiar, pois essa linguagem fazia sentido para o paciente. Foi assim que nasceu o conto "A caixa do rei", cuidadosamente tecido para expressar a complexidade de sua travessia.

Era uma vez, no reino de Asfália, uma relíquia que era passada de geração em geração. Uma belíssima armadura de prata, dada pelo próprio anjo Menadel, como símbolo de honra, quando um antepassado do rei havia libertado prisioneiros injustamente detidos na lendária Guerra de Afosíosi. No entanto, essa armadura só podia proteger quem a usasse se tivesse sido dada com um coração puro, em uma cerimônia que unisse todo o reino.

O pai do atual rei, Dia Krisis, não havia dado a armadura de coração para o seu filho mais velho, o príncipe. Em seu leito de morte, escolheu Dia Krisis para ser o próximo a usá-la. Indignado com a situação, o irmão mais velho partiu do castelo e, com o tempo, construiu seu próprio reino, deixando o lar sob os cuidados do irmão. Agora, como rei, Dia Krisis usava a armadura com o peso de sua responsabilidade, até o dia em que o irmão o desafiou para uma batalha pela armadura. Sem escolha, Dia Krisis aceitou o desafio.

No calor da batalha, quando muitos de seus homens estavam caídos e outros lutavam com dificuldade contra o ataque implacável, o rei viu, à distância, uma versão dele mesmo quando criança. A visão era forte e intensa, e a luz que emanava daquela figura o cegou por um momento. Logo, porém, um corte profundo na perna o fez cair na realidade. A armadura de prata, que deveria protegê-lo, falhou!

Assustado, ele viu o espanto nos olhos de seus homens e ordenou a retirada imediata. Refugiando-se em um local mais seguro, o peso da derrota o esmagava. A sensação de não ser digno da armadura o consumia. Ele havia tentado tanto provar seu valor, mas agora se sentia uma farsa.

Quando chegou à lagoa próxima ao acampamento, olhou seu reflexo na água e viu um homem solitário, vazio. A armadura de prata, embora bem ajustada ao seu corpo, era desconfortável. Não importava o quanto tentasse se encaixar nela; algo não fazia sentido. "Como aquele golpe me atingiu?", ele se perguntava, em meio a tantas dúvidas.

Foi nesse momento de desespero que se deu conta de que a felicidade de seu povo era mais importante do que a admiração que recebia por ser o detentor da armadura. Ele sabia que precisava fazer algo, mas estava perdido. Com os joelhos no chão, olhou para o céu e gritou, em angústia:

— O que eu vou fazer agora?

O silêncio foi profundo, até que o vento mudou. Um sussurro suave veio até seus ouvidos:

— Dia Krisis, somente saberás o que fazer quando ouvir seu coração.

Aquelas palavras fizeram seu corpo arrepiar. Naquele momento, soube o que precisava fazer.

Era difícil. Muito difícil. Ali, porém, vendo o reflexo na água, ele compreendeu: a armadura deveria ficar com quem a possuía por direito. Ele enviou um mensageiro para seu irmão, informando a decisão.

Quando a notícia se espalhou, seus homens, que estavam tão apreensivos, respiraram aliviados. No entanto, ao tirar a armadura, Dia Krisis sentiu um vazio que o consumia.

Chegado o dia da cerimônia de entrega, o reino estava em festa, mas o rei se sentia só. Sabia que a armadura precisava ser dada de coração, mas o vazio que sentia não o deixava em paz. Cansado, foi se deitar antes da cerimônia e, ao adormecer, teve um sonho.

No sonho, viu a mesma imagem que lhe apareceu durante a batalha: sua versão jovem, criança, aproximando-se com uma caixa ornamentada em ouro nas mãos. Ao redor dele, havia um brilho celestial. Quando a criança falou, sua voz era suave e poderosa:

— Olá, Dia Krisis. Sou Chavakiah, o anjo do perdão e da alegria. Dentro desta caixa, encontrarás o seu caminho, assim como a armadura de Menadel é o caminho do seu irmão.

A criança continuou:

— Mas só conseguirás ver o que há dentro quando conseguires respeitar o destino e dar um bom lugar para tudo o que aconteceu na sua vida. Nem antes nem depois.

Ela estendeu a caixa para o rei, mas, antes que pudesse pegá-la, Dia Krisis acordou, suando. Para sua surpresa, quando olhou ao redor, a caixa estava em suas mãos.

Decidiu que não a abriria naquele dia, temendo encontrá-la vazia. Ele tinha algo mais a fazer antes disso. O vazio que oprimia seu coração desapareceu e, finalmente, estava pronto para a cerimônia.

Diante do irmão, com humildade e sabedoria, Dia Krisis disse:

— Irmão, eu respeito o destino e dou um bom lugar em meu coração para tudo o que aconteceu.

Com isso, entregou a armadura de prata ao irmão, que, tocado, a colocou de lado e o abraçou com afeto.

No final, tudo encontrou seu lugar. O discernimento do rei restaurou a paz, e o reino prosperou, guiado pelo equilíbrio entre a prosperidade e o amor.

Análise e aplicação do método Tecendo Realidades®

O conto "A caixa do rei" foi construído para refletir as tensões internas vividas pelo paciente: entre o desejo de honrar e a necessidade de ser. A armadura de prata, símbolo do legado recebido, representa uma herança preciosa, mas que, quando usada sem escuta interna, pode se tornar um fardo. Essa imagem espelhava sua dificuldade em distinguir as escolhas herdadas e as que realmente brotavam de si.

Na história, a transformação de Dia Krisis ocorre quando ele percebe que a verdadeira força não reside na armadura, mas na capacidade de aceitar o passado e abrir espaço para um novo olhar. A caixa de ouro — que o rei recebe de presente de sua criança interior — representa a sabedoria latente que emerge quando damos um lugar à nossa história, sem sermos aprisionados por ela.

O enredo acompanha simbolicamente o processo vivido na Contoterapia®: a escuta cuidadosa, a elaboração simbólica e a entrega narrativa como gestos de cuidado. A escolha dos nomes e dos símbolos — como o anjo Chavakiah, ligado ao perdão e à reconciliação, e a armadura de Menadel, associada à libertação — ofereceu ao paciente uma linguagem rica em imagens para nomear movimentos internos que, até então, eram difíceis de traduzir.

Ao ouvir o conto, o paciente relatou ressonância imediata com os símbolos e personagens. Disse que a história ecoava em diferentes camadas de sua vida, revelando sentidos novos a cada escuta. As palavras finais do conto — "o reino prosperou, guiado pelo equilíbrio entre a prosperidade e o amor" — tornaram-se um guia afetivo, uma imagem a ser habitada, mais do que uma meta a ser alcançada.

Com o tempo, escolheu compartilhar o conto com a irmã, presenteando-a com uma sessão de Contoterapia®. Esse gesto indicava que a história não atuava apenas em no mundo interno do paciente, mas seguia reverberando em seus vínculos e relações.

"A caixa do rei" não foi um instrumento de cura; foi uma imagem viva que abriu espaço para escuta, escolha e integração. A história não ofereceu respostas, mas serviu como espelho simbólico para que o paciente habitasse a própria travessia com mais leveza, verdade e discernimento.

A voz da contoterapeuta Renata Brügger

Há momentos na vida em que nos sentimos deslocados, como se estivéssemos à margem das histórias que gostaríamos de viver. O pertencimento não se refere apenas a estarmos em um lugar, mas a sermos vistos e reconhecidos em nossa essência. O conto "A bruxa, o lampião e o sino", criado por Renata Brügger, nos convida a refletir sobre essa travessia com sensibilidade, sombras e luz.

Neste conto, ela nos conduz por uma jornada simbólica que nos lembra que encontrar o próprio lugar no mundo nem sempre é um caminho direto. Em vez disso, em algumas situações, é preciso atravessar a floresta, encarar espelhos e acender a própria chama.

Estudo de caso: "A bruxa, o lampião e o sino"

A paciente, de 33 anos, chegou à Contoterapia® em um momento de grandes mudanças. Havia retornado recentemente à sua cidade natal, decisão que envolvia seus projetos profissionais e pessoais. Buscava lidar com um desafio persistente: a angústia de decidir. Embora soubesse o que queria, por meio da escuta de um chamado interno, sentia dificuldade em confiar no que sentia.

As decisões já haviam sido tomadas e o caminho estava traçado, mas algo dentro dela hesitava, como se não lhe permitisse seguir adiante. Expressava um padrão recorrente de remoer escolhas passadas, sentir-se partida ao meio, tendo a impressão de faltar integração entre o que pensa, sente e faz.

A história familiar da paciente carregava forte simbolismo ligado ao conceito de casa. Diferentes gerações lutaram para conquistar um lar, e ela mesma buscava construir um espaço autêntico e leve para si. No momento do atendimento, passava por mais uma mudança de casa, adaptando-se a um novo ambiente e a um contexto global de incerteza trazido pela pandemia.

Dois sentidos estavam muito presentes em sua fala: a visão e a audição. Ao falar de seus sonhos e desejos, usava termos e expressões como "chamado", "sintonia" e "ouvir o coração". Já quando falava de inseguranças, mencionava a necessidade de enxergar, visualizar, conferir. Essas imagens foram incorporadas no conto por meio dos personagens do lampião, que ilumina o caminho, e do sino, que chama suavemente de volta ao sentir.

A bruxa surgiu como símbolo de uma força ambígua: algo dentro de si que a empodera, mas que também desperta medo. Utilizando esses elementos, nasceu o conto "A bruxa, o lampião e o sino", transcrito a seguir — convite simbólico à integração dos opostos e ao movimento possível, um passo de cada vez.

Havia, em algum lugar, uma bruxa nada medrosa, mas especializada em se proteger. Caminhava com cautela, vestia-se com cuidado e olhava sempre para todos os lados. Ao seu lado, inseparável, estava seu lampião — amigo para todas as horas.

Não importava a estrada, a casa, o monte ou o campo. Aonde quer que fosse, o lampião estaria com ela. Sempre aceso, pois lhe trazia exatamente a luz de que precisava. Mesmo quando ela menos esperava. Mesmo quando achava que o vento não permitiria acendê-lo ou quando acreditava que sua pequenina chama não seria páreo para uma escuridão tão densa.

O lampião sempre mostrava o que ela precisava ver para continuar seguindo. Ele era mágico! Quando apontava sua luz para qualquer caminho, revelava-lhe exatamente onde a estrada daria. Mostrava-lhe lágrimas ou sorrisos que poderia alcançar.

Contudo, saber exatamente onde um caminho levaria, às vezes, lhe tirava o gosto de caminhar.

Ela queria sentir a experiência de seguir o coração. Como, porém, confiar em sentidos que ainda não sabia usar?

Refletindo sobre isso, olhou para frente e avistou a costumeira floresta perto de sua casa. Sempre quisera adentrar aquele lugar, mas o lampião já lhe mostrara que ali haveria lágrimas à sua espera.

Curiosa, hesitante, agitada, sem saber o que fazer, resolveu parar por um instante e ouvir sua respiração.

A respiração sussurrava como o vento, levando seus sentidos a ouvirem seu coração.

E o coração, palpitante e esperançoso, finalmente era escutado — com um pouco mais da coragem que ele sempre soube que estava ali.

Mas eis que, de repente, o som interno pareceu ser silenciado.

Algo mais alto e assustador vinha de fora.

As nuvens entrelaçavam-se em tons de cinza, chocando-se entre relâmpagos e trovões. Uma tempestade estava por vir.

A bruxa correu para dentro e pegou seu lampião. Acendeu-o rapidamente e o que viu a chocou:

Sua casa iria ao chão.

Sem poder continuar a lhe oferecer abrigo, para onde iria? O que faria?

Saiu apressada, apontando o lampião em diferentes direções.

A leste: via apenas alagamentos.

A norte: alguns lugares para se proteger, mas uma vida que não lhe agradaria.

A oeste: montanhas altas e difíceis de escalar.

A sul: a boa e velha floresta que sempre quisera desbravar.

Olhou fixamente para a floresta. Ela parecia chamá-la.

Estaria ouvindo vozes?

Nesse momento, parou.

Ouviu o vento da tempestade que se aproximava.

Ouviu os raios iluminando o céu.

Ouviu sua respiração, tornando-se cada vez mais sonora aos próprios ouvidos.

Ouviu seu coração, que, naquele instante, achou um lugar em sua percepção.

E o coração tocava.

Tocava seu peito.

Tocava seu corpo.

Tocava... um sino.

— Um sino? Como assim, um sino?

Blim Blin Blin...

— Um sino? Como é possível?

Blim Blin Blin...

Conectada a si mesma, a tempestade já não parecia tão alta nem tão assustadora.

Começou a dar passos em direção à floresta.

E o som do sino se intensificou:

Blin! Blin! Blin!

Por um instante, lembrou-se do lampião.

Devia apontá-lo naquela direção e ver o que estava por vir.

Ela precisava saber se aquele caminho era seguro.

Blin! Blin! Blin!

Seu coração tocava... Mas algo mudou.

Suas mãos relaxaram.

E, da mão esquerda, o lampião foi se soltando lentamente, até que descansou no chão.

O vento forte apressou-se em ajudá-lo, apagando-lhe a chama.

O vidro encontrou uma pequena abertura e rachou com delicadeza, desenhando um traço que mais parecia um caminho.

A terra o acolheu gentilmente, para que enfrentasse a tempestade.

Mas a bruxa nada viu.

Seu lampião, mágico que era, sabia que era hora de deixá-la seguir um caminho sem certezas, mas cheio de coração.

Silenciou sua luz, aquietou suas visões...

E dormiu sereno em meio à tempestade.

O sino, no entanto, continuava a tocar.

Blin Blin Blin!

Ecoava pela floresta, vibrando entre os galhos, as folhas e os passarinhos que ali se abrigavam.

Blin Blin Blin!

Ele tocava.

Ela tocava.

Ela seguia.

Estaria o sino dentro ou fora de si?

Não sabia.

E não procurou saber.

Seguiu seu caminho entendendo que, dentro e fora, ela também poderia ser.

Seguiu seu caminho procurando nem tudo entender.

Blin Blin Blin...

E, sentindo que, do lado de dentro, ela também sabia se proteger.

Análise e aplicação do Método Tecendo Realidades*

Esse conto percorreu diferentes fases da paciente e trouxe efeitos que puderam ser acompanhados no decorrer do tempo. No início, conectou-a com a coragem de seguir em frente, um passo por vez, confiando mais no que sentia. Para ela, o sino representava o chamado ao sentir, lugar em que o racional podia descansar e a intuição, ganhar voz. Esse movimento permitiu-lhe um olhar mais respeitoso para suas necessidades internas, resgatando a confiança nos seus próprios sinais.

O lampião, por sua vez, não foi negado, mas transformado em símbolo de humildade frente ao desconhecido. Quando, na história, o objeto descansa na terra, uma nova semente é plantada: a de olhar para o mundo não com rigidez, mas com presença, aceitando o que não se vê com nitidez.

A figura da bruxa, antes ambígua em sua história pessoal, passou a ser vista como arquétipo de amadurecimento. Quando, na narrativa, ela consegue ir além da casa e da visão antiga, algo na paciente também se move. A personagem passou a representar a parte de si que finalmente confia e se entrega à própria jornada.

A floresta, arquetipicamente associada ao inconsciente e à introspecção, também tinha sentido pessoal para ela — e, por isso, foi escolhida como cenário. O conto não oferece respostas prontas ou finais felizes, mas propicia um caminho simbólico em direção à escuta, à confiança e à aceitação das próprias ambivalências.

A paciente descreveu o conto como uma experiência que a nutriu com símbolos significativos. Passou a revisitá-lo em diferentes momentos e, com o tempo, reconheceu nele não só um impulso de coragem, mas também uma fonte de centramento. Percebeu que sua busca não era apenas por superação, mas por um modo mais verdadeiro de habitar a própria existência.

A Contoterapia®, nesse caso, atuou como elo entre o concreto e o simbólico, oferecendo uma travessia possível entre o mundo interno e as escolhas externas. O conto não trouxe soluções. Em vez disso, ofereceu uma imagem que a convidava a se mover com mais autenticidade. A paciente seguiu sua caminhada — entre tropeços e descobertas —, aceitando o chamado que vinha de dentro. E, passo a passo, foi reconhecendo que a própria travessia já era parte do destino.

A JORNADA QUE NUNCA TERMINA

Os estudos de caso apresentados neste capítulo ilustram a prática da Contoterapia® e revelam a potência dos contos como gestos de cuidado, escuta e reintegração simbólica. Cada conto construído e cada história compartilhada carregam em si a semente do movimento, permitindo que experiências sejam ressignificadas e que novos caminhos possam ser intuídos.

Durante a realização deste percurso, observamos como as histórias criadas e narradas em contextos terapêuticos podem abrir espaços seguros para a escuta emocional e autodescoberta. Elas atuam como espelhos simbólicos, refletindo os desafios, os medos e as esperanças de cada indivíduo, possibilitando novas perspectivas e viabilizando acesso a recursos internos muitas vezes adormecidos.

A Contoterapia®, como pudemos explorar, convida cada participante a encontrar as próprias respostas, em lugar de oferecer soluções prontas. É um processo que respeita o tempo e a singularidade de cada um, permitindo que mudanças ocorram no ritmo certo, sem imposições externas. As histórias criadas neste contexto vão além de narrativas ficcionais; são imagens vivas que traduzem realidades internas, facilitando compreensões profundas por meio do reconhecimento, prescindindo da explicação.

Encerramos este capítulo com a consciência de que as histórias têm papel essencial na formação da identidade, na elaboração das experiências e no fortalecimento da presença emocional. Cada conto partilhado é um convite ao autoconhecimento. Cada escuta intencional abre a possibilidade de que a vida se torne mais inteira, mais habitada.

A jornada com as histórias é infinita. Sempre haverá novos enredos a serem tecidos, novos sentidos a emergirem, novos caminhos a se revelarem. Que a Contoterapia® siga iluminando essa trilha, convidando cada indivíduo a se reconectar com sua essência e com a poesia sutil que atravessa o mundo.

CONCLUSÃO

TECENDO SENTIDO, CRIANDO FUTURO

> *"E assim termina a história, mas não a jornad"– Gandalf (J.R.R. Tolkien).*

Nestas páginas, percorremos juntos um caminho simbólico que nos conduziu ao coração da Contoterapia®, **não apenas como metodologia, e sim como prática de escuta, presença e delicadeza frente à experiência humana. Descobrimos que as histórias vão além de metáforas — são presenças narrativas que podem acolher o que ainda não se nomeia, dar contorno ao que está por nascer e abrir passagens entre a dor e o sentido.**

Percebemos que a transformação independe de fórmulas prontas e, talvez, nem sempre se expresse de modo evidente. Ela começa com um gesto simples: acolher o que emerge, sustentar o que ainda carece de forma, respeitar o que pulsa sem pressa. Em um mundo que valoriza respostas rápidas e narrativas lineares, a Contoterapia® propõe um deslocamento: ouvir além dos ouvidos, estar presente com o corpo, com a memória, com o tempo interno da alma.

Retomar a linguagem simbólica, nesse contexto, vai além de uma solução mágica: oferece uma forma legítima de elaboração, um solo no qual, com cuidado e presença, sentidos podem emergir. Certas dores pedem interpretação imediata, outras pedem silêncio. Algumas vivências precisam ser traduzidas, outras precisam apenas ter companhia. E há futuros que só se tornam possíveis quando a imaginação recupera seu lugar como via legítima de expressão e escuta.

A Contoterapia® nos oferece esse espaço como um caminho possível entre o lógico e o intuitivo, o visível e o invisível, o agora e o "era uma vez", sem a pretensão de ser resposta. Uma travessia na qual o cuidado se realiza através da imagem, da presença, da relação, em lugar da explicação. Assim, convida-nos a lembrar que somos mais que histórias contadas — somos narrativas em movimento, em travessia constante.

Agora que este livro se encerra, a escuta retorna para você. Que estas páginas tenham servido como um chamado para levar a Contoterapia® como uma presença a ser encarnada, ultrapassando a ideia de uma simples ferramenta a ser aplicada. Que ela o acompanhe nos seus encontros, nos seus gestos, nas suas palavras e pausas. Que você possa perceber os símbolos que retornam, os padrões que se esgotam e os sentidos que pedem espaço. Que possa, com cuidado e liberdade, escolher os fios que deseja entrelaçar.

Afinal, a Contoterapia® transcende um método e vai além de um livro. Ela se atualiza em cada presença verdadeira, em cada história entregue com intenção, em cada escuta que acolhe o não sabido. As histórias têm fim, mas seus ecos seguem ressoando. Embora possam abrir espaços férteis para o que deseja nascer, a transformação não deriva apenas delas. O que move transcende o conto em si: reside no campo simbólico que se abre a partir dele.

E então, de tudo o que foi vivido aqui, a pergunta que permanece é: qual realidade deseja tecer a partir de agora?

REFERÊNCIAS

ADAMS, Kenn. **How to improvise a full-length play**: the art of spontaneous theater. New York: Allworth Press, 2007.

ARISTÓTELES. **Poética**. Tradução de Eudoro de Souza. 3. ed. São Paulo: Nova Cultural, 1991. (Coleção Os Pensadores).

ARMSTRONG, Karen. **Breve história do mito**. Tradução de Celso Nogueira. São Paulo: Companhia das Letras, 2005.

AYRES, José Ricardo de Carvalho Mesquita. O cuidado, os modos de ser (do) humano e as práticas de saúde. **Saúde e Sociedade**, São Paulo, v. 13, n. 3, p. 16–29, 2004. Disponível em: https://www.scielo.br/j/sausoc/a/fcYGCkRGhzGKBWSZJHyzCbf. Acesso em: 9 jun. 2025.

BARROS, Nelson. Cuidado emancipador. **Saúde e Sociedade**, São Paulo, v. 30, n. 1, e200380, 2021. Disponível em: https://doi.org/10.1590/S0104-12902021200380. Acesso em: 12 fev. 2025.

BEATY, Roger E. *et al*. Creativity and the default network: A functional connectivity analysis of the creative brain at rest. **Neuropsychologia**, v. 64, p. 92-98, 2014. Disponível em: https://www.ncbi.nlm.nih.gov/pmc/articles/PMC4410786/. Acesso em: 3 fev. 2025.

BEISER, Frederick C. **The romantic imperative**: the concept of early German romanticism. Cambridge: Harvard University Press, 2003.

BENSON, Herbert. **The Relaxation Response**: History, Physiological Basis and Clinical Usefulness. Acta Med Scand (Suppl) 660: 231-237, 1982.

BERLIN, Isaiah. **As raízes do romantismo**. Edição de Henry Hardy. Tradução de Isa Mara Lando. São Paulo: Três Estrelas, 2015.

BION, Wilfred R. **O aprender com a experiência**. Tradução de Paulo Dias Corrêa. Rio de Janeiro: Imago, 1991. (Série Analytica).

BLACKIE, Sharon. **If Women Rose Rooted**: The Journey to Authenticity and Belonging. London: September Publishing, 2022.

BLIXEN, Karen. **Out of Africa**. London: G.P. Putnam's Sons, 1937. p. 216.

BOECHAT, Walter. **O Livro Vermelho de C. G. Jung**: jornada para profundidades desconhecidas. Petrópolis: Vozes, 2014.

BROCKINGTON, Guilherme *et al.* Storytelling increases oxytocin and positive emotions and decreases cortisol and pain in hospitalized children. **Proceedings of the National Academy of Sciences**, v. 118, n. 22, p. e2018409118, 2021. Disponível em: https://www.pnas.org/doi/10.1073/pnas.2018409118. Acesso em: 4 fev. 2025.

BUBER, Martin. **Eu e tu**. Tradução do alemão, introdução e notas por Newton Aquiles Von Zuben. 10. ed. rev. 3. reimpr. São Paulo: Centauro, 2009.

BUCKNER, R. L.; ANDREWS-HANNA, J. R.; SCHACTER, D. L. The brain's default network: anatomy, function, and relevance to disease. **Annals of the New York Academy of Sciences**, v. 1124, n. 1, p. 1-38, 2008. Disponível em: https://pubmed.ncbi.nlm.nih.gov/18400922/. Acesso em: 4 fev. 2025.

BURKE, Edmund. **Reflections on the French Revolution**. London: J. M. Dent & Sons Ltd.; New York: E. P. Dutton & Co. Inc., 1910. Reimpresso em 1951.

BURKE, Peter. **Cultura popular na Idade Moderna**: Europa, 1500-1800. Tradução de Denise Bottmann. São Paulo: Companhia das Letras, 2010. *E-book*.

CAMPBELL, Joseph. **As Máscaras de Deus**. São Paulo: Palas Athena, 1968.

CAMPBELL, Joseph. **O herói de mil faces**. Tradução de Adail Ubirajara Sobral. 12. ed. São Paulo: Pensamento, 2008.

CAMPBELL, Joseph. **O voo do pássaro selvagem**: ensaios sobre a universalidade dos mitos. Tradução de Ruy Jungman. Rio de Janeiro: Record; Rosa dos Tempos, 1997.

CAPRA, Fritjof; LUISI, Pier Luigi. **A visão sistêmica da vida**: uma concepção unificada e suas implicações filosóficas, políticas, sociais e econômicas. Tradução de Oscar Motomura. São Paulo: Cultrix, 2003.

CARR, Laurie *et al.* Neural mechanisms of empathy in humans: A relay from neural systems for imitation to limbic areas. **Proceedings of the National Academy of Sciences**, v. 100, n. 9, p. 5497-5502, 2003. Disponível em: https://www.pnas.org/doi/abs/10.1073/pnas.0935845100. Acesso em: 3 fev. 2025.

CHEVALIER, Jean; GHEERBRANT, Alain. **Dicionário de símbolos**: mitos, sonhos, costumes, gestos, formas, figuras, cores, números. Tradução de Vera da Costa e Silva. 31. ed. Rio de Janeiro: José Olympio, 2018.

COLLINS, Allan M.; LOFTUS, Elizabeth F. A spreading-activation theory of semantic processing. **Psychological Review**, v. 82, n. 6, p. 407-428, 1975. Disponível em: https://www.researchgate.net/publication/200045115_A_Spreading_Activation_Theory_of_Semantic_Processing. Acesso em: 4 fev. 2025.

CORBIN, Henry. **Mundus Imaginalis or the Imaginary and the Imaginal**. 1964. Disponível em: https://www.amiscorbin.com/bibliographie/mundus-imaginalis-or-the-imaginary-and-the-imaginal/. Acesso em: 2 mar. 2025

COSTA, Liana Fortunato. A perspectiva sistêmica para a clínica da família. **Psicologia: Teoria e Pesquisa**, Brasília, v. 26, n. especial, p. 95-104, 2010.

CUNHA, Antonio Geraldo da. **Dicionário Etimológico da Língua Portuguesa**. 4. ed. Rio de Janeiro: Lexikon, 2010.

DECETY, Jean; JACKSON, Philip L. The functional architecture of human empathy. **Behavioral and Cognitive Neuroscience Reviews**, v. 3,

n. 2, p. 71-100, 2004. Disponível em: https://pubmed.ncbi.nlm.nih.gov/15537986/. Acesso em: 4 fev. 2025.

DIKKER, S.; SILBERT, L. J.; HASSON, U.; ZEVIN, J. D. Neural alignment predicts learning success in students engaged in a collective, real-world classroom experience. **Current Biology**, v. 27, n. 9, p. 1375-1381, 2017. Disponível em: https://www.cell.com/current-biology/fulltext/S0960-9822(17)30411-6. Acesso em: 4 fev. 2025.

DISPENZA, Joe. **Evolve Your Brain**: The Science of Changing Your Mind. Deerfield Beach, FL: Health Communications, Inc., 2007.

ELIADE, Mircea. **O mito do eterno retorno**. São Paulo: Mercuryo, 1992.

ELIADE, Mircea. **O sagrado e o profano**. São Paulo: Martins Fontes, 1992.

FERREIRA, Vinicius Renato Thomé; CECCONELLO, William Weber; MACHADO, Mariana Rodrigues. Neurônios-espelho como possível base neurológica das habilidades sociais. **Psicologia em Revista**, Belo Horizonte, v. 23, n. 1, p. 147-159, jan./abr. 2017. Disponível em: https://pepsic.bvsalud.org/scielo.php?pid=S1677-11682017000100009&script=sci_arttext. Acesso em: 3 fev. 2025.

FRANKL, Viktor Emil. **O homem em busca de um sentido**. Trad. Francisco J. Gonçalves. Lisboa: Lua de Papel, 2008.

FRAZER, James George. **O ramo de ouro**: magia e religião. Prefácio de Darcy Ribeiro; tradução de Waltensir Dutra. Rio de Janeiro: Zahar, 1982.

FREUD, Sigmund. A interpretação dos sonhos [1900]. *In*: FREUD, Sigmund. **Obras psicológicas completas de Sigmund Freud**. Edição standard brasileira. Rio de Janeiro: Imago, 1996. v. IV.

FREUD, Sigmund. O ego e o id [1923]. *In*: FREUD, Sigmund. **Obras psicológicas completas de Sigmund Freud**. Edição standard brasileira. Rio de Janeiro: Imago, 1976.

FREUD, Sigmund. O inconsciente [1915]. *In*: FREUD, Sigmund. **Obras psicológicas completas de Sigmund Freud**. Edição standard brasileira. Rio de Janeiro: Imago, 1976. v. XIV.

FREUD, Sigmund. O poeta e o fantasiar (1908). *In*: FREUD, Sigmund. **Arte, literatura e os artistas**. Tradução de Ernani Chaves; revisão de tradução de Pedro Heliodoro Tavares; revisão técnica de Gilson Iannini. Belo Horizonte: Autêntica, 2020. (Obras Incompletas de Sigmund Freud).

FREUD, Sigmund. Sobre as teorias sexuais infantis [1908]. *In*: FREUD, Sigmund. **Obras psicológicas completas de Sigmund Freud**. Edição standard brasileira. Rio de Janeiro: Imago, 1996. v. IX.

FREUD, Sigmund. Uma dificuldade no caminho da psicanálise [1917]. *In*: FREUD, Sigmund. **Obras psicológicas completas de Sigmund Freud**. Edição standard brasileira. Rio de Janeiro: Imago, 1976. v. XVII.

GAL-OR, Roi. **The Craft of the Storyteller**. Curso livre presencial ministrado na International School of Storytelling, Emerson College, Sussex, Reino Unido, 2019.

GEHART, Diane. **Mastering Competencies in Family Therapy**: A Practical Approach to Theories and Clinical Case Documentation. 2. ed. Belmont: Brooks/Cole Cengage Learning, 2013.

GELLER, Shari M.; GREENBERG, Leslie S. Therapeutic presence: Therapists' experience of presence in the psychotherapy encounter. **Person-Centered and Experiential Psychotherapies**, v. 1, n. 1-2, p. 71-86, 2002. Disponível em: https://sharigeller.ca/_images/pdfs/Therapeutic_presence.pdf. Acesso em: 27 nov. 2024.

GOETHE, Johann Wolfgang von. **Doutrina das Cores**. Tradução de Marco G. Giannotti. 4. ed. São Paulo: Editora Nova Alexandria, 2013.

GOETHE, Johann Wolfgang von. **Theory of Colours**. Translated by Charles Lock Eastlake. London: John Murray, 1840.

GOLEMAN, Daniel; DAVIDSON, Richard J. **A ciência da meditação**: como transformar o cérebro, a mente e o corpo. Tradução de Cássio de Arantes Leite. São Paulo: Objetiva, 2017.

GREEN, Melanie C.; BROCK, Timothy C. The role of transportation in the persuasiveness of public narratives. **Journal of Personality and Social Psychology**, Washington, DC, v. 79, n. 5, p. 701–721, 2000. DOI: 10.1037/0022-3514.79.5.701.

HAN, Byung-Chul. **O desaparecimento dos rituais: uma topologia do presente**. Petrópolis: Vozes, 2021.

HASSAN, Z. *et al.* The neuroscience of storytelling: understanding the brain's response to narrative. **Frontiers in Psychology**, v. 5, n. 75, 2014. Disponível em: https://www.frontiersin.org. Acesso em: 31 jan. 2025.

HASSON, Uri *et al.* Brain-to-brain coupling: a mechanism for creating and sharing a social world. **Trends in Cognitive Sciences**, v. 16, n. 2, p. 114-121, 2012.

HILLMAN, James. **Psicologia arquetípica**. Tradução de Lúcia Rosenberg e Gustavo Barcellos. São Paulo: Cultrix, 1991.

HILLMAN, James. **Re-vendo a psicologia**. Tradução de Gustavo Barcellos. Petrópolis, RJ: Vozes, 2010. (Coleção Reflexões Junguianas). Título original: Re-visioning Psychology.

HUSSERL, Edmund. **A crise da humanidade europeia e a filosofia**. Introdução e tradução de Urbano Zilles. 2. ed. Porto Alegre: EDIPUCRS, 2002.

HUSSERL, Edmund. **A ideia da fenomenologia**. Tradução de Artur Morão. Lisboa: Edições 70, 1989.

IMMORDINO-YANG, Mary Helen; DAMÁSIO, António. We Feel, Therefore We Learn: The Relevance of Affective and Social Neuroscience to Education. **Mind, Brain, and Education**, v. 1, n. 1, p. 3—10, 2007. Disponível em: https://doi.org/10.1111/j.1751-228X.2007.00004.x. Acesso em: 26 jan. 2025.

JACOBI, Jolande. **Complexo, arquétipo e símbolo na psicologia de C.G. Jung**. Tradução de Milton Camargo Mota. Petrópolis, RJ: Vozes, 2017.

JEANNEROD, Marc. Neural simulation of action: A unifying mechanism for motor cognition. **NeuroImage**, v. 14, n. 1, p. S103-S109, 2001.

JOHNSON, M. K.; HASHROUDI, S.; LINDSAY, D. S. Source monitoring. **Psychological Bulletin, Washington**, DC, v. 114, n. 1, p. 3–28, 1993. DOI: 10.1037/0033-2909.114.1.3.

JORGE, Marco Antonio Coutinho. **Fundamentos da psicanálise de Freud a Lacan**. 5. ed. Rio de Janeiro: Jorge Zahar, 2008.

JUNG, Carl Gustav. **A energia psíquica**. Petrópolis: Vozes, 1985.

JUNG, Carl Gustav. **Estudos sobre psicologia analítica**. Petrópolis: Vozes, 1978. (Obras completas de C. G. Jung; v. VII).

JUNG, Carl Gustav. Memórias, sonhos e reflexões [1961]. **Reunidas e editadas por Aniela Jaffé**. Rio de Janeiro: Nova Fronteira, 1996.

JUNG, Carl Gustav. **O livro vermelho**. São Paulo: Vozes, 2009.

JUNG, Carl Gustav. **Os arquétipos e o inconsciente coletivo**. Tradução de Dora Mariana R. Ferreira da Silva e Maria Luiza Appy. 2. ed. Petrópolis, RJ: Vozes, 2002.

JUNG, Carl Gustav. **Psicologia e alquimia [1944]**. 4. ed. Petrópolis: Vozes, 2009. (Obras completas de C. G. Jung; v. XII).

KAHNEMAN, Daniel. **Thinking, fast and slow**. New York: Farrar, Straus and Giroux, 2011.

KAY, K. N., Naselaris, T., Prenger, R. J., & Gallant, J. L. Identifying natural images from human brain activity. **Nature**, v. 452, n. 7185, p. 352-355, 2008. Disponível em: https://pubmed.ncbi.nlm.nih.gov/18322462/. Acesso em: 4 fev. 2025.

KAY, K. N.; NASELARIS, T.; PRENGER, R. J.; WANDELL, B. A. Neural mechanisms of visual imagery revealed by retinotopically organized fMRI responses. **NeuroImage**, v. 16, n. 1, p. 15—23, 2004. Disponível em: https://pubmed.ncbi.nlm.nih.gov/18322462/. Acesso em: 2 fev. 2025.

KEY, Wilson Bryan. **A era da manipulação**. 2. ed. São Paulo: Scritta, 1996.

KIDD, David Comer; CASTANO, Emanuele. Reading literary fiction improves theory of mind. **Science**, Washington, DC, v. 342, n. 6156, p. 377–380, 2013. DOI: 10.1126/science.1239918.

KOSSLYN, S. M.; THOMPSON, W. L.; ALPERT, N. M. Neural systems shared by visual imagery and visual perception: A positron emission tomography study. **Neuroimage**, San Diego, v. 6, n. 4, p. 320–334, 1997. DOI: 10.1006/nimg.1997.0295.

KOSSLYN, Stephen M. et al. Neural foundations of imagery. **Nature Reviews Neuroscience**, v. 2, p. 635-642, 2001. DOI: 10.1038/35090055. Disponível em: https://pubmed.ncbi.nlm.nih.gov/11533731/. Acesso em: 4 fev. 2025.

KOSSLYN, Stephen M. *et al.* Topographical representations of mental images in primary visual cortex. **Nature**, v. 378, n. 6556, p. 496-498, 1995. Disponível em: https://pubmed.ncbi.nlm.nih.gov/7477406/. Acesso em: 3 fev. 2025.

KREIMAN, J.; SIDTIS, D. **Foundations of Voice Studies**: An Interdisciplinary Approach to Voice Production and Perception. Oxford: Wiley-Blackwell, 2019.

LAKOFF, George; JOHNSON, Mark. Metaphors We Live By. Chicago: University of Chicago Press, 1980.

LAMEIRA, A. P.; GAWRYSZEWSKI, L. G.; PEREIRA JR., A. Neurônios espelho. **Psicologia USP**, v. 17, n. 4, p. 123-133, 2006. Disponível em: https://www.scielo.br/j/pusp/a/LDNz5B6sgj84PT5PfhJJtmx. Acesso em: 3 fev. 2025.

LEVINAS, Emmanuel. **Entre nós: ensaios sobre a alteridade**. Tradução de Pergentino Stefano Pivatto (coord.), Evaldo Antônio Kuiava, José Nedel, Luiz Pedro Wngner, Marcelo Luiz Pelizolli. Petrópolis: Vozes, 1997.

LÉVY-BRUHL, Lucien. **Primitive Mentality**. London: George Allen & Unwin, 1923.

LIMA, J. F. O que a Neurociência tem a nos dizer (ou ainda não) sobre o processamento da metáfora? **Letras de Hoje**, v. 52, n. 1, p. 14-21, 2017. Disponível em: https://www.scielo.br/j/lh/a/DxFXHJY5kK5QCkDcQd4Rzcn. Acesso em: 31 jan. 2025.

LISBOA, Felipe Stephan; ZORZANELLI, Rafaela Teixeira. Metáforas do cérebro: uma reflexão sobre as representações do cérebro humano na contemporaneidade. **Physis: Revista de Saúde Coletiva**, v. 24, n. 2, p. 363-379, 2014. Disponível em: Acesso em: 31 jan. 2025.

MACHADO, Regina. **O violino cigano e outros contos de mulheres sábias**. São Paulo: Companhia das Letras, 2004.

MAR, Raymond A.; OATLEY, Keith. The function of fiction is the abstraction and simulation of social experience. **Perspectives on Psychological Science**, [*s. l.*], v. 3, n. 3, p. 173–192, 2008. DOI: https://doi.org/10.1111/j.1745-6924.2008.00073.x.

MAY, Rollo. **O homem à procura de si mesmo**. Trad. Aurea Brito Weissenberg. Petrópolis: Vozes, 1983.

MEDNICK, S. A. The associative basis of the creative process. **Psychological Review**, Washington, DC, v. 69, n. 3, p. 220–232, 1962. DOI: 10.1037/h0048850

MELO, Vladimir de Araújo Albuquerque; RIBEIRO, Maria Alexina. Epistemologias sistêmicas e suas repercussões para a clínica da terapia familiar. **Pensando Famílias**, v. 20, n. 2, p. 149-161, dez. 2016.

MERLEAU-PONTY, Maurice. **Conversas - 1948**. São Paulo: Martins Fontes, 2004.

MERLEAU-PONTY, Maurice. **Fenomenologia da percepção**. Tradução de Carlos Alberto Ribeiro de Moura. 3. ed. São Paulo: Martins Fontes, 1999.

MILLER, E. K. The prefrontal cortex and cognitive control. **Nature Reviews Neuroscience**, v. 1, n. 1, p. 59-65, 2000. Disponível em: https://pubmed.ncbi.nlm.nih.gov/11252769/. Acesso em: 3 fev. 2025.

MORIN, Edgar. Introdução ao pensamento complexo. Tradução de Eliane Lisboa. 5. ed. Porto Alegre: Sulina, 2015. 120 p. ISBN 978-85-205-0598-4.

MOURÃO JÚNIOR, Carlos Alberto; FARIA, Nicole Costa. Memória autobiográfica e identidade: uma revisão narrativa. **Psicologia: Reflexão e Crítica**, v. 35, n. 1, 2022. Disponível em: https://www.scielo.br/j/prc/a/kpHrP364B3x94KcHpCkVkQM/?lang=pt. Acesso em: 2 fev. 2025.

MURDOCK, Maureen. **A jornada da heroína**. Tradução de SandraTrabuccoValenzuela. 1. ed. Rio de Janeiro: Sextante, 2022.

NEUMANN, Erich. **História da origem da consciência**. TMargit Martincic. Com a colaboração de Daniel Camarinha da Silva e Adail Ubirajara Sobral. São Paulo: Cultrix, 2006.

NEUMANN, Erich. **The origins and history of consciousness. Vol. II**. Translated by R. F. C. Hull. With a foreword by C. G. Jung. New York: Harper & Brothers, 1954. (Bollingen Series XLII).

NICHOLS, Michael P. **Family Therapy**: Concepts and Methods. 10. ed. Boston: Pearson, 2013.

NUNES, Benedito. **Heidegger & Ser e Tempo**. Rio de Janeiro: Jorge Zahar, 2002.

ONG, Walter J. **Oralidade e cultura escrita**: a tecnologização da palavra. Tradução de Enid Abreu Dobránszky. Campinas: Papirus, 1998.

OTTO, Rudolf. **O sagrado**. Tradução de E. L. de Souza Campos. Niterói: Valdemar Teodoro Editor, 2022.

PACHECO, Lílian Miranda Bastos; SOUZA, Gabriela Barbosa. Narrativas orais indígenas como diálogos socioeducativos. **Revista Internacional de Ciencias Sociales**, v. 8, n. 2, 2019. Disponível em: https://www.researchgate.net/publication/341045049. Acesso em: 21 jan. 2025.

PARCIONIK, Francis. **A Rev8lução — Neurociência e Reino Intermediário**. 1. ed.; 2. ed. Escola do Inconsciente, 2022. Curso online. Disponível em: https://escoladoinconsciente.com.br/francis/a-caverna/ Acesso em: 8 jul. 2025.

PAYNE, Martin. **Narrative therapy**: an introduction for counsellors. 2. ed. London: SAGE Publications, 2006.

PEARSON, Joel et al. **Mental imagery**: functional mechanisms and clinical applications. Trends in Cognitive Sciences, [S.l.], v. 19, n. 10, p. 590-602, out. 2015. DOI: 10.1016/j.tics.2015.08.003

PEIRCE, Charles Sanders. **Semiótica**. Tradução de José Teixeira Coelho Neto. 3. ed. São Paulo: Perspectiva, 2000. p. 64.

PERROW, Susan. **Histórias curativas para comportamentos desafiadores**. 2. ed. São Paulo: Editora Antroposófica, 2013.

POSSEBON, Ennio Lamoglia. **A teoria das cores de Goethe hoje**. 2009. Tese (Doutorado em Design e Arquitetura) — Faculdade de Arquitetura e Urbanismo, Universidade de São Paulo, São Paulo, 2009.

PRIBERAM. Conto. *In*: Dicionário Priberam da Língua Portuguesa. Disponível em: https://dicionario.priberam.org/conto. Acesso em: 27 jan. 2025.

RAICHLE, M. E. *et al.* A default mode of brain function. **Proceedings of the National Academy of Sciences**, v. 98, n. 2, p. 676-682, 2001. Disponível em: https://pubmed.ncbi.nlm.nih.gov/11209064/. Acesso em: 4 fev. 2025.

RAYNER, K. (1998). Eye movements in reading and information processing: 20 years of research. **Psychological Bulletin**, v. 124, n. 3, p. 372-422.

REMOR, Adriana; BRITO, Ilza Schmidt de; PETTERS, Vitória Regina; SANTOS, Evanguelia K. A. dos. A teoria do auto-cuidado e sua aplicabilidade no sistema de alojamento conjunto. **Revista Brasileira de Enfermagem**, Brasília, v. 39, n. 2/3, p. 6-11, abr./set. 1986. Disponível em: https://www.scielo.br/j/reben/a/8X-v8DdQTVj7zwnGfS6dvSmb/. Acesso em: 12 fev. 2025.

RENPENNING, Katherine McLaughlin; TAYLOR, Susan G. (Eds.). **Self-CareTheory in Nursing**: Selected Papers of Dorothea Orem. NewYork: Springer, 2003. Disponível em: Google Books. Acesso em: 12 fev. 2025.

REZENDE, Joffre Marcondes de. Terapia, Terapêutica, Tratamento. **Revista de Patologia Tropical**, Goiânia, v. 39, n. 2, p. 149-150, 2010. Disponível em: https://files.cercomp.ufg.br/weby/up/63/o/2010_39_2_149_150.pdf. Acesso em: 27 jan. 2025.

RICOEUR, Paul. **A metáfora viva**. Tradução de Antônio de Pádua Danesi. São Paulo: Edições Loyola, 2000.

RICOEUR, Paul. **Interpretação e ideologias**. Organização, tradução e apresentação de Milton Japiassu. Rio de Janeiro: Francisco Alves, 1990.

RICOEUR, Paul. **Percurso do reconhecimento**. Tradução de Cláudia Berliner. São Paulo: Loyola, 2006.

RICOEUR, Paul. **The Symbolism of Evil**. Translated by Emerson Buchanan. Boston: Beacon Press, 1967.

RIZZOLATTI, G.; CRAIGHERO, L. The mirror-neuron system. **Annual Review of Neuroscience**, v. 27, p. 169-192, 2004. Disponível em: https://pubmed.ncbi.nlm.nih.gov/15217330/. Acesso em: 3 fev. 2025.

RIZZOLATTI, G.; FADIGA, L.; GALLESE, V.; FOGASSI, L. Premotor cortex and the recognition of motor actions. **Cognitive Brain Research**, v. 3, n. 2, p. 131-141, 1996. Disponível em: https://pubmed.ncbi.nlm.nih.gov/8713554/. Acesso em: 3 fev. 2025.

RIZZOLATTI, G.; SINIGAGLIA, C. The functional role of the parieto-frontal mirror circuit: interpretations and misinterpretations. **Nature Reviews Neuroscience**, v. 11, n. 4, p. 264-274, 2010. Disponível em: https://pubmed.ncbi.nlm.nih.gov/21227300/. Acesso em: 3 fev. 2025.

ROGERS, Carl. **Um jeito de ser**. Tradução de Marcos Antônio Lorieri. Recife: Fundação Joaquim Nabuco, Editora Massangana, 2010.

ROSENBERG, Marshall B. **Practical Spirituality**: Reflections on the Spiritual Basis of Nonviolent Communication. Encinitas: PuddleDancer Press, 2004. p. 17.

SANTOS, Neusa Maria Mendes dos. Narrativas indígenas: um caminho decolonial para a ciência da informação. **Transinformação**, Campinas, v. 32, 2020. Disponível em: https://www.scielo.br/j/tinf/a/Xhd8Yhv8bQ7QjFFXwXrwPhs/. Acesso em: 21 jan. 2025.

SARTRE, Jean-Paul. **A imaginação**. Lisboa: Edições 70, 1940.

SAUSSURE, Ferdinand de. **Course in General Linguistics**. Translated by Wade Baskin. New York: Philosophical Library, 1959. p. 66.

SCHACTER, D. L. *et al.* **The future of memory**: remembering, imagining, and the brain. Neuron, v. 76, n. 4, p. 677-694, 2012. Disponível em: https://pubmed.ncbi.nlm.nih.gov/23177955/. Acesso em: 3 fev. 2025.

SCHACTER, Daniel L.; ADDIS, Donna Rose. **The cognitive neuroscience of constructive memory**: remembering the past and imagining the future. Philosophical Transactions of the Royal Society B: Biological Sciences, v. 362, n. 1481, p. 773-786, 2007. DOI: 10.1098/rstb.2007.2087. Disponível em: https://pmc.ncbi.nlm.nih.gov/articles/PMC2429996/. Acesso em: 4 fev. 2025.

SHAH, Idries: **Tales of the Dervishes**. London: ISF Publishing, 2016.

SHAMAY-TSOORY, Simone G. The neural bases for empathy. **The Neuroscientist**, v. 17, n. 1, p. 18-24, 2011. Disponível em: https://pubmed.ncbi.nlm.nih.gov/21071616/. Acesso em: 4 fev. 2025.

SHELDRAKE, Rupert. **Morphic Resonance**: The Nature of Formative Causation. 4. ed. revisada e expandida. Rochester: Park Street Press, 2009.

SIEGEL, Daniel J. **The developing mind**: how relationships and the brain interact to shape who we are. 2. ed. New York: Guilford Press, 2012.

SINGER, Jefferson A.; BLAGOV, Pavel S.; BERRY, Meredith; OOST, Kathryn M. **Self-defining memories, scripts, and the life story**: narrative identity in personality and psychotherapy. Journal of Personality, v. 81, n. 6, p. 569-582, 2013. DOI: 10.1111/jopy.12005. Disponível em: https://pubmed.ncbi.nlm.nih.gov/22925032/. Acesso em: 4 fev. 2025.

SOUSA, Cristina *et al.* **Tecnologias Digitais na Educação**. São Paulo: SciELO Livros, 2011. Disponível em: https://books.scielo.org/id/6pdyn/pdf/sousa-9788578791247.pdf. Acesso em: 1 fev. 2025.

STEPHENS, Greg J. *et al.* Speaker-listener neural coupling underlies successful communication. **Proceedings of the National Academy of Sciences**, v. 107, n. 32, p. 14425—14430, 2010. DOI: 10.1073/pnas.1008662107. Disponível em: https://www.pnas.org/doi/10.1073/pnas.1008662107. Acesso em: 30 jan. 2025.

STORR, W. **The Science of Storytelling**: Why Stories Make Us Human and How to Tell Them Better. William Collins, 2019.

SUÁREZ-PELLICIONI, M.; NÚÑEZ-PEÑA, M. I.; COLOMÉ, À. Math anxiety: A review of its cognitive consequences, psychophysiological correlates, and brain bases. **Cognitive, Affective, & Behavioral Neuroscience**, v. 16, n. 1, p. 3—22, 2016. Disponível em: https://pubmed.ncbi.nlm.nih.gov/26250692/. Acesso em: 2 fev. 2025.

SUÁREZ-PELLICIONI, M.; NÚÑEZ-PEÑA, M. I.; COLOMÉ, À. Mathematical anxiety effects on simple arithmetic processing efficiency: an event-related potential study. **Biological Psychology**, v. 94, n. 3, p. 517-526, 2013. Disponível em: https://pubmed.ncbi.nlm.nih.gov/24120643/. Acesso em: 3 fev. 2025.

SZPUNAR, Karl K.; WATSON, Jason M.; McDERMOTT, Kathleen B. Neural substrates of envisioning the future. **Proceedings of the National Academy of Sciences**, v. 104, n. 2, p. 642-647, 2007. DOI: 10.1073/

pnas.0610082104. Disponível em: https://www.pnas.org/doi/10.1073/pnas.0610082104. Acesso em: 4 fev. 2025.

TOLKIEN, J.R.R. **O Senhor dos Anéis**: A Sociedade do Anel. Tradução de Lenita Maria Rímoli Esteves e Almiro Pisetta. São Paulo: Martins Fontes, 2001.

TORRES, Gilson de Vasconcelos; DAVIM, Rejane Marie Barbosa; NÓBREGA, Maria Miriam Lima da. Aplicação do processo de enfermagem baseado na teoria de Orem: estudo de caso com uma adolescente grávida. **Revista Latino-Americana de Enfermagem**, Ribeirão Preto, v. 7, n. 2, p. 47-53, abr. 1999. Disponível em: https://www.scielo.br/j/rlae/a/HcNBqXBGT49LQ9wWktGdtcf/. Acesso em: 12 fev. 2025.

VALENTE, Mauricio. **Reprogramação Biológica**. Disponível em: https://mauriciovalenteoficial.com.br/2022/02/15/reprogramacao-biologica/. Acesso em: 26 jan. 2025.

VASCONCELLOS, Maria José Esteves de. **Pensamento sistêmico**: o novo paradigma da ciência. 11. ed. Campinas, SP: Papirus, 2018.

VON FRANZ, Marie-Louise. **A interpretação dos contos de fada**. Petrópolis: Vozes, 1985.

WHITE, Michael; EPSTON, David. **Narrative means to therapeutic ends**. 1. ed. New York: Norton, 1990.

WICKES, F.G. **Analyse der Kinderseele**. Stuttgart, 1951.

WIESSNER, Polly W. Embers of society: Firelight talk among the Ju/'hoansi Bushmen. **Proceedings of the National Academy of Sciences**, Washington, v. 111, n. 39, p. 14027–14035, 22 set. 2014. Disponível em: https://doi.org/10.1073/pnas.1404212111. Acesso em: 9 jun. 2025.

WINNICOTT, D. W. **Natureza humana**. Tradução de Davi Litman Bogomoletz. Rio de Janeiro: Imago Editora, 1988.

WINNICOTT, D. W. **O brincar e a realidade**. Tradução de José Octávio de Aguiar Abreu e Vanede Nobre. Rio de Janeiro: Imago Editora, 1975.

WINNICOTT, D. W. **Tudo começa em casa**. Tradução de Paulo Sandler. 3. ed. São Paulo: Martins Fontes, 1999.

YARKONI, T., Speer, N. K., & Zacks, J. M. (2008). Neural substrates of narrative comprehension and memory. **NeuroImage**, v. 41, n. 4, 1408-1425. Disponível em: https://pubmed.ncbi.nlm.nih.gov/18499478/. Acesso em: 4 fev. 2025.

ZABELINA, D. L.; ROBINSON, M. D. Don't be so hard on yourself: Self-compassion facilitates creative originality among self-judgmental individuals. **Creativity Research Journal**, v. 22, n. 3, p. 288-293, 2010. DOI: 10.1080/10400419.2010.503538. Acesso em: 3 fev. 2025.

Este livro foi impresso em papel Pólen 80g/m² e capa em papel Cartão 250g/m², com a fonte Perpétua.

www.ingramcontent.com/pod-product-compliance
Lightning Source LLC
LaVergne TN
LVHW100431051026
849518LV00004B/1445
* 9 7 8 6 5 9 8 8 3 2 7 1 1 *